나는 해볼 수 있다

나는 해낼 수 있다
ICH KANN
인생을 바꾸는 기적의 네 단어
DAS

보도 섀퍼 지음
박성원 옮김

소미미디어
Somy Media

사랑하는 아내 임케에게

당신이 '난 해낼 수 없어'라고 생각하든,

'난 해낼 수 있어'라고 생각하든,

당신의 생각은 항상 옳다.

왜냐하면 당신의 생각은 '네가 옳았어'라는 것을 증명하기 위해

'끌어당김의 법칙'에 따라 분명하게 자신을 드러내기 때문이다.

목차

PART 2 변화

PART 3 난 해낼 수 있어

ICH KANN DAS!

당신의 내면에는 자신에게 '너는 아주 멋진 일을 할 사람이야'라고 말해주는 목소리가 있는가?

그리고 이와 동시에 '너는 부족한 점이 많아. 너는 그다지 괜찮은 사람이 아니야'라고 끊임없이 속삭이는 또 다른 목소리가 있는가? 그다지 똑똑하지도 않고, 그다지 자제력도 없고, 그다지 재능도 없고, 그다지 경험도 없고, 그다지 장점이 없는 사람이라고 속삭이는 목소리가 있는가?

관건은 이것이다. 당신은 이 둘 중 어떤 목소리에 귀 기울이는가?

누구나 경험하여 알고 있듯이, 타인의 말 한마디가 우리를 춤추게도 할 수 있고 우리에게 씻을 수 없는 상처를 줄 수도 있다. 타인의 말은 우리를 왕으로 만들 수도 있고, 왕따로 만들 수도 있다.

하지만 우리가 우리 자신에게 하는 말은 어떤가?

우리가 자신에게 하는 말은 남들이 하는 말 모두를 합한 것보다 우리에게 훨씬 더 많은 영향을 끼친다.

우리가 남들에게 다음과 같은 말을 하면 안 된다는 것은 자명하다. "너는 루저야. 너는 뚱뚱하고 못생겼어. 너는 게을러빠졌어. 너는 그걸 해낼 수 없어. 너는 그다지 괜찮은 사람이 아니야. 너는 잘해봤자 평균이야." 하지만 이런 말을 우리 자신에게 하는 것은 전혀 문제가 없는가?

그렇다면 자신에게 이렇게 속삭이는 것은 어떠한가? "너는 해낼 수 있어. 너는 사랑받을 만한 사람이야. 너는 아주 멋져. 너는 아주 특별해. 너는 지금 있는 그대로 훌륭해."

이미 짐작하고 있겠지만, 만일 당신이 자신에게 위와 같이 말하고 생각할 수 있다면 당신에게는 '나는 내가 계획하는 모든 바를 이룰 수 있어'라는 확신이 있을 것이다.

'나는 성공할 거야. 누구도 나를 막을 수 없어. 나는 내 가족과 나를 위해 정말로 충만한 양질의 삶을 살 거야'라는 절대적인 확신이 당신에게 있다면 어떤 기분이 들겠는가.

또한 만일 당신이 이 엄청난 내적 평화를 느끼고, '나는 지금 잘하고 있어. 완벽하지는 않지만, 이 정도면 충분해'라는 확신이 있다면, 어떤 기분이 들겠는가.

사람은 누구나 이 엄청난 내적 확신을 느끼고 싶어 한다. '나는 해낼 수 있어. 나는 아주 잘 해낼 수 있어'라는 확신. 누구나 거센 풍파에도 흔들리지 않는 자의식을 지니고 싶어 한다.

30년이 넘는 세월 동안 코칭과 멘토링을 해 오며 알게 된 사실이 하나 있다. 누구에게든 자의식이 그 무엇보다도 중요하다는 것이다. 달리 말하자면, 자의식 없이는 행복하고 성공적인 삶을 이루어낼 수 없다.

위너들의 남다른 점은 무엇일까?

위너들의 인생도 항상 평탄하지만은 않다. 이들에게도 날마다 즐거운 일만 펼쳐지지는 않는다. 성공한 사람들이라고 해서 남들보다 특별히 운이 좋았던 것도 아니다.

단, 이들은 가장 중요한 것, 즉 자신의 자의식을 끊임없이 키워가는 방법을 습득한 사람들이다.

우리 내면에 자의식이 없으면 그 자리에 염려와 불안, 의구심, 두려움 등의 다른 감정들이 파고들어 자리 잡는다. 이 경우, 작은 문제가 치명상을 입힐 수도 있다. 이런 상태에서는 자신이 무력하다고만 느껴지고, '나는 해낼 수 없어'라는 생각만 든다.

반면 자의식이 탄탄하다면 자신의 두려움을 이겨낼 수 있다. 그리고 두려움을 이겨낼 수 있으면 자신의 꿈을 실현할 수 있다.

이 책에서 이야기하려는 바는

어떻게 하면 당신의 자의식을 강화할 수 있는가이다. 이 책에서
는 자의식을 강화할 수 있는 모델을 소개한다. 수천 명의 사람들
이 이 모델을 활용하여 성공적이고 행복한 삶을 영위하고 있다.

**이 모델을 실천함으로써 나 자신에게 지금과는 다른 방식으로 이
야기하는 법을 배울 수 있다.**

당신은 자신의 이야기를 새로이 써나가는 법을 배우게 될 것이
다. 이것은 당신이 자신을 어떤 눈으로 바라보는지에 관한 이야기
인 것이다.

당신 자신에 관한 당신의 이야기는 다음 세 가지 질문에 대해
당신이 어떤 대답을 하는지를 결정짓는다. 내가 그것을 해낼 수
있을까? 나는 사랑받을 만한 사람인가? 나는 누구이고 어떤 사
람인가?

이 세 가지 질문에 대한 당신의 대답은 당신의 삶 속 모든 것을
결정짓는다. 당신이 살아가며 매 순간 어떤 감정을 느끼는지, 자
신을 어떤 사람으로 여기는지, 어떤 결정들을 내리는지, 무엇을
하는지를 결정짓는다는 말이다.

이 책은 자의식이 확립되어 있지 않은 청년 카를에 관한 이야
기다. 그는 자의식이 왜 중요한지는 고사하고 자의식이 무엇인지
도 모른다.

몇몇 사건을 거친 후, 카를은 자의식을 엄청나게 고양하고, 이로써 자신의 꿈을 실현하는 법을 배우게 된다. 카를의 이야기 속에는 이 땅에서 성공을 거두고 행복하게 사는 모든 이들의 삶이 녹아 있다. 카를의 이야기는 두려움에서 벗어나 자신을 명확하게 인식하는 가운데 충만한 삶을 향해 나아가는 여정이다.

이 이야기가 당신의 이야기가 되길 진심으로 기원한다. 당신도 '나는 해낼 수 있어'라는 확신을 갖기를 바란다.

보도 섀퍼

ICH
KANN
DAS

PART 1
깨달음

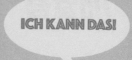

01

사고

'정말로 아주 특별한 날이군.' 카를이 생각했다. 카를은 아침을 먹으면서 읽었던 '오늘의 운세'를 떠올렸다. "오늘은 당신에게 아주 특별한 날이 될 것입니다." 그리고 이런 일이 생긴 것이다. 조금 전 카를은 사고를 냈다. 잠시 딴생각을 하는 사이 카를의 차가 앞차를 들이받은 것이다.

'오늘의 운세 따위는 이제 그만 읽어야겠어.' 카를이 생각했다. '대단히 특별한 날이야. 정말 특별해.' 카를이 들이받은 앞차는 매우 비싼 차 같아 보였다. 가슴이 털썩 내려앉았다. 정말로 반갑지 않은 일이 벌어진 것이다. 카를은 온몸이 마비된 것만 같은 느낌이 들었다.

그때 매우 고급스러워 보이는 앞차의 문이 열렸고, 한 남자가 내렸다. 그는 접촉 사고가 발생한 자신의 차 쪽은 쳐다보지도 않고 곧바로 카를이 앉아 있는 운전석 쪽으로 와서는 몸을 숙이며 이렇게 물었다. "괜찮으세요? 어디 다친 데는 없으신가요?" 그의 목소리는 매우 커서 차창이 닫혀 있는 상태에서도 분명하게 들렸다.

카를은 차창을 내리며 대답했다. "네, 저는 괜찮습니다. 제가 잠시 딴생각을 하느라, 죄송합니다."

그 사람은 전혀 화난 기색이 아니었다. 그는 부드럽게 웃으면서 이렇게 말했다. "나도 딴생각을 자주 합니다. 그리고 다치지 않았다니 다행입니다. 다른 곳에서 다른 인연으로 만났더라면 더 좋았겠지만, 만나서 반갑습니다. 난 새로운 사람을 만나면 새로운 기회가 주어진다고 생각합니다."

'희한한 사람이네.' 카를은 이렇게 생각했다. 하지만 한편으로는 사고를 당한 앞차의 운전자가 화를 내지 않아 다행이라는 생각도 들었다. 카를은 그 낯선 사람을 찬찬히 뜯어보았다. 좀 이상한 사람인 것 같기도 했지만, 그는 아주 친절할뿐더러 매우 지적인 사람처럼 보였다. 그리고 말과 행동이 일치하는 사람처럼 보였다. 그는 그가 한 말대로 정말 화가 나지 않은 것 같았다.

카를은 조심스럽게 자동차에서 내렸다. 앞차의 운전자는 카를에게 손을 내밀며 악수를 청했다. "내 이름은 마크입니다." 카를은 악수에 응하며 자신을 소개했다. "제 이름은 카를입니다."

"좋습니다. 이제 사고 부위를 좀 살펴봅시다." 그제야 카를은 그가 자기 차의 파손 상태를 살펴보지도 않고 곧바로 카를에게 다가왔다는 사실을 깨달았다.

'이건 정상이 아니야. 만일 내 차가 저렇게 멋진 차였다면 나는 어디가 파손되었는지부터 알고 싶을 텐데. 더욱이 사고를 낸 사람한테 친절하게 미소를 짓지도 않을 거고.' 카를은 이렇게 생각했다. 하지만 사고 차량 운전자가 보이는 이러한 낯선 반응은 카를에게 좋은 인상을 주었다. 카를은 앞차의 운전자와 함께 파손된 차량을 살펴보았다.

손상 정도가 경미해 보이지는 않았다. 적어도 카를의 차는 그랬다. 차의 전면이 완전히 일그러져 있었다. 카를의 자동차는 그다지 비싼 차가 아니라서 아마도 수리보다는 폐차 처리를 하는 편이 나을 것 같았다. 반면 카를이 들이받은 앞차의 상태는 완전히 달랐다. 범퍼가 두세 군데 살짝 오목하게 들어간 것 외에는 마치 사고 따위는 나지 않은 자동차 같아 보였다.

앞차의 운전자가 경찰을 불렀고, 사고가 접수되었다. 카를의 자동차는 더 이상 운행할 수 없었기 때문에 견인해야 했다. 카를의 마음은 점점 더 위축되어 갔다. 그 차는 카를이 힘겹게 모은 돈으로 구입한 차였고, 물론 자동차 종합보험에 가입되어 있지도 않았다. 한마디로 하늘이 무너진 것 같은 일이 일어난 것이다.

앞차의 운전자가 이리저리 뛰어다니며 필요한 모든 절차를 진행하는 동안, 카를은 아무 말 없이 운전석에 앉아 있었다. 그는 자신의 운명이 원망스러웠다. 좀 더 주의할 수는 없었을까? 왜 하필이면 한창 시험 기간인 지금 이런 일이 일어났을까?

그때 카를은 그가 자신을 유심히 쳐다보고 있다는 것을 눈치챘다. 카를은 순간적으로 자신을 방어해야겠다는 마음에 이렇게 말했다. "죄송하다고 이미 말씀드렸잖아요. 되돌리고 싶어도 그럴 수도 없는 노릇이고요."

앞차의 운전자는 다소 놀란 얼굴로 이렇게 대답했다. "난 괜찮으니 진정해요! 이런 일로 그렇게 흥분할 필요는 없지 않을까?"

카를은 애써 마음을 가다듬고 불쾌감을 억누르며 이렇게 물었다. "우리가 서로 존칭을 생략해도 될 만큼 친한 사이인가요?" 그리고 자신의 태도를 합리화하고 싶은 마음에 씩씩거리며 쏘아붙였다. "불과 3주 전에 구입한 자동차란 말이에요. 오랫동안 아르바이트를 해서 산 거라고요. 정말로 하기 싫은 일을 억지로 해서 산 건데. 구역질이 날 만큼 재미없는 일이었지만 자동차를 사려고 억지로 했다고요. 그런데 지금 그 차가 산산조각이 나버렸는데, '사소한 일'이라고요?"

"나는 '사소한 일'이라고 한 적 없고, 우리가 서로 이름을 부르며 편하게 말을 하면 좋을 것 같아서 한 말인데."

"그래요, 좋아요, 존칭을 생략하는 건 상관없어요. 단지 나 자신에게 화가 났을 뿐이에요."

"그럼 이제 존칭은 생략하고 카를이라고 부르겠네." 마크는 온화한 눈빛으로 카를을 찬찬히 살펴보았다. 조금 전 운전석 쪽 차창 밖에서 카를을 바라보던 그 눈길, 마치 카를의 무탈을 걱정하는 듯한 눈길로 바라보고는 이렇게 물었다. "자네는 자신을 별로 마음에 들어 하지 않는 것 같은데, 그런가?"

"뭔 소리예요?" 카를이 발끈해서 대답했다. "그리고 내가 날 마음에 들어 하는지 아닌지가 이 시점에서 무슨 상관이냐고요?"

"자신의 일에 대한 생각과 행동을 보면 그 사람이 자신을 마음에 들어 하는지 아닌지가 드러나는 법이거든." 마크가 따뜻한 목소리로 설명했다.

카를은 마크가 무슨 말을 하려는지 정확히 이해하지 못했다. 하지만 마크에게서 느껴지는 평정심이 인상적이었다. 카를의 거친 반응에도 마크는 전혀 불쾌해하는 기색이 없었다. 마크는 생각에 잠긴 카를에게 이렇게 말했다. "자네를 식사에 초대하고 싶은데."

"방금 전 자기 자동차를 들이받은 사람을 식사에 초대하고 싶다고요?" 카를이 황당하다는 얼굴로 대답을 계속했다. "제 차에 비해서 크게 파손되지 않긴 했지만, 제가 낸 사고 때문에 이래저래 쓸데없이 시간도 많이 들게 생겼는데 식사 초대를 하겠다고요?"

"난 세상에 우연이란 없다고 믿는다네." 마크가 설명했다. "우리 두 사람이 오늘 이곳에서 만난 데에는 분명 특별한 이유가 있을 거야. 그 이유를 찾아내고 싶기도 하고, 배도 고프니 함께 식사

하러 가세. 어차피 난 혼밥을 별로 좋아하지 않고 하니까." 마크는 빙그레 미소를 지으며 이렇게 덧붙였다. "내 차는 아직 잘 굴러가니까 내 차를 타고 가지. 이 근처에 아주 괜찮은 식당이 있는데, 그리로 가세. 어떤가?"

어느 순간부터인지 카를은 화가 풀렸고, 단지 이런 상황이 놀랍기만 했다. 카를은 마크를 유심히 살펴보며 이렇게 생각했다. '이 사람에게는 뭐라 설명하기 힘든 존재감이 있어. 나도 이 사람처럼 되고 싶다!' 카를은 마크에게서 지금까지 한 번도 접해보지 못한 힘을 느꼈다. 그리고 마크의 말을 듣고 나서야 정말로 배가 고프다는 사실을 알아채고는 말했다. "좋아요."

◆ ◆ ◆

두 사람은 아주 소박한 식당 안으로 들어갔다. 메뉴가 딱 하나만 있어서 음식을 선택할 수 없는 식당이었다. 하지만 카를은 어느 때보다도 맛있게 먹었다. 두 사람은 말이 별로 없었다. 에스프레소 한 잔을 마시고 나서 마크는 카를의 눈을 들여다보면서 이렇게 말했다. "아까 했던 질문으로 돌아가지. 자네는 자신이 마음에 드는가? 그리고 또 한 가지 질문이 있네. 자네는 자신이 자랑스러운가?"

배불리 식사를 하고 정신이 든 카를은 마크가 묻고자 하는 바를 제대로 이해했지만, 대답하기 불편한 질문들이었기에 그냥 이렇게 대답하고 말았다. "왜 그런 걸 알려드려야 하죠?"

"내가 느끼기에 운명이 우리 두 사람을 만나게 한 것은 이 질문에 대한 자네의 대답과 연관이 있는 것 같네. 마음이 내키면 우선 자네에 관한 이야기를 들려주게나." 마크가 말했다.

카를은 고개를 끄덕이고는 자신이 법학을 전공하는 대학생이라고 이야기했다. 법학 전공은 법조계에 종사하는 부모님의 바람이었다. 아들이 자신들의 뒤를 이어 변호사가 되길 바란다는 것이었다. 본래 그는 대학에 진학할 마음도 없었고, 변호사로 일할 생각도 없지만, 부모님을 실망시키고 싶지는 않았다.

카를은 왜 자신이 갑자기 이런 이야기를 늘어놓고 있는 건지 영문을 알 수 없었지만, 어찌 된 바인지 이야기를 멈출 수가 없었다. 그는 마크에게 자신의 꿈은 배우가 되는 것이라고 말했다. 영화를 너무나도 좋아해서 영화와 관련된 일자리를 구했을 때는 정말 기뻤다. 맨 처음에는 대규모 영화 스튜디오에서 조명 보조기사로 일했고, 그다음에는 같은 곳에서 좀 더 좋은 일자리를 구했다. 그가 맡은 일은 '스탠드인stand-in'이었다.

"스탠드, 뭐라고 했지?" 마크가 물었다.

"'스탠드인' 역할을 한다고요." 카를이 다시 말했다.

"'스탠드인'이 대체 뭘 하는 건가?" 마크가 물었다.

"스탠드인이 하는 일은 영화 주인공이 촬영 때 취해야 할 특정한 자세로 대신 서 있는 거예요. 촬영에 필요한 조명 장치가 모두 설치될 때까지는 시간이 상당히 오래 걸리거든요. 그러니까 주인공은 당연히 직접 서 있지 않으려고 하지요. 조명이 설치될 때까지 주인공은 쉬고 있고 대신 제가 서 있는 거예요. 제 키가 주인공이랑 비슷하니까 저한테 조명을 비추면서 촬영 준비를 해놓는 거죠."

"자네는 그 일이 즐거운가?" 마크가 물었다.

카를은 또다시 마음이 불편해졌다. 마크가 그를 놀리려고 한 말일까? 카를은 마크를 유심히 살펴보았지만, 마크에게서 그를 조롱하려는 기색은 전혀 보이지 않았다. 마크는 진심으로 카를에게 관심이 있어 보였다. 카를은 잠시 후 이렇게 대답했다.

"엄청 지루할 때도 많아요. 15분이나 꼼짝도 못 하고 서 있어야 할 때도 있으니까요. 힘든 일이지요."

"어떤 기분일지 알 것 같군." 마크가 진지한 얼굴로 말했다. "지금 자네의 삶은 제자리에 있는 것 같지 않아. 무언가 잘못되어 있는데, 자네는 그것이 뭔지 모르고 있지 않은가?"

"달리 어쩔 수 없어요. 부모님을 실망시킬까 봐 겁이 나서요."

"나이가 들수록 분명해지는 생각이 한 가지 있는데, 그건 바로 남들이 이해하지 못하는 삶을 사는 것도 괜찮다는 걸세." 마크가 말했다.

"하지만 제 부모님은 변호사 사무실을 애써 키워 오셨어요. 그리고 두 분 다 제가 그걸 물려받길 간절히 원하세요."

"가장 중요한 건 나의 두 가지 질문에 대한 자네의 대답이라네. 자네는 자신이 마음에 드는가? 자신이 자랑스러운가?" 마크가 힘주어 물었다.

카를은 마크가 이 질문들을 잊어버렸길 바랐지만, 그는 앞서 했던 질문을 다시 꺼냈다. 카를은 자신의 내면에 귀 기울이려 애써 보았다. '난 내가 마음에 드는가?' 여러 가지 대답이 떠올랐지만, 확실하게 대답하기는 힘들었다. 카를은 마음속으로 이렇게 생각했다. '난 내가 자랑스러운가? 그건 아닌 것 같은데……'

"그저 그래요." 카를은 이렇게 말하고는 잠시 생각에 잠겼다. 한참 후에 카를은 입을 열고 이렇게 덧붙였다. "자기 자신이 마음에 들고 자랑스럽다고 단언할 사람이 몇이나 있겠어요? 그러면 분명 남들한테도 거만해 보일 텐데요."

"나도 한때는 그렇게 생각했었지." 마크가 대답했다. "하지만 몇 년 전부터 확신하게 되었는데, 이 질문들에 분명히 '그렇다'고 대답하지 못하는 사람은 결코 양질의 삶을 살 수 없다네."

마크는 잔잔한 미소를 지으며 말을 이었다. "처음에는 나도 자신 있게 '그렇다'고 대답하지 못했지. 자네처럼 나도 '난 내가 마음에 들어! 난 내가 자랑스러워!'라고 말하는 게 바람직하지 않다고 생각했거든. 하지만 시간이 흐르고 나니 우리 삶에서 이 대답을 확실히 할 수 있는 것보다 더 중요한 것은 없다는 사실을 깨달았다네."

카를은 미심쩍다는 얼굴로 마크를 쳐다보며 말했다. "삶에서 가장 중요한 거라고요? 정말로 이것보다 더 중요한 게 없다고요?"

마크는 흔들림 없는 목소리로 대답했다. "이 두 가지 질문은 자네가 자신에 대해 어떻게 생각하는지를 알려주지. 하지만 그게 전부가 아닐세. 이 질문들은 무엇보다도 중요한 세 가지 요소에 관해서도 알려준다네. 첫째, 자신이 어떤 사람인지 알고 있는지, 둘째, 자신을 존중하고 소중히 여기는지, 셋째, 자신을 신뢰하는지 그 여부를 알려주지."

"셋 다 전부 비슷한 소리 아니에요?" 카를이 물었다.

"그렇기도 하고, 아니기도 하고." 마크가 설명했다. "어찌 보면 이 세 가지는 서로 지극히 다르지만, 달리 보면 이 세 가지가 모두 모여서 인간의 가장 중요한 특성인 자의식을 형성한다네."

"도대체가 이해하기 힘든 말이군요." 카를이 대답했다. "적어도 저는 무슨 말인지 도통 못 알아듣겠어요. 머릿속에서 모든 게 뒤죽박죽이 되어서요. 종이에 적어놓기라도 해야 할까 봐요. 그리고…… 인간에게 있어 가장 중요한 특성이 자의식이라는 말이 저한테는 별로 설득력이 없네요."

마크가 고개를 끄덕이며 말했다. "자네가 내 말을 이해해보려 애쓰는 것 같아서 기쁘군. 종이에 적어놓는 것도 좋은 방법이지. 내가 자네처럼 메모의 중요성을 일찍 깨우쳤더라면 훨씬 빠른 속도로 발전했을 텐데. 난 그렇지 못해서 먼 길을 빙 둘러 왔어. 진리를 더 잘 이해하기 위해 나는 까다로운 학업을 마쳤다네. 관련 전공 분야의 책들도 많이 읽었지. 하지만 나는 가장 중요한 질문들과 가장 중요한 대답들을 종이에 기록해야겠다는 생각은 하지 못했어."

문득 카를은 자신이 마크에 관해 아는 것이 하나도 없고, 지금까지 자신에 관한 이야기만 했다는 사실을 깨달았다. 카를은 당황스러운 표정으로 이렇게 말했다. "그런데, 당신이 뭐 하시는 분인지도 모르는 상태로 제 이야기만 했네요."

"그건 아주 쉽게 설명할 수 있지." 마크가 이렇게 대답을 이었다. "난 자의식에 관해 세계적으로 손꼽히는 전문가일세. 전 세계의 초일류 기업들이 자사의 톱클래스 직원들의 자의식 고취를 내게 의뢰하지."

카를이 깜짝 놀라 마크를 쳐다보자, 마크는 빙그레 웃으며 이렇게 말했다. "그다지 겸손하게 들리는 자기소개는 아니지, 그렇지 않은가?"

"네, 겸손하다기보다는……"

"……자의식이 넘친다?!" 마크가 이렇게 거들었다.

카를은 터져 나오려는 웃음을 참으며 이렇게 말했다. "사람들이 그 말을 들으면 허풍이 심하다고, 거만하다고 말할 거예요. 그렇게 직설적으로 말하면 듣는 사람들의 마음이 불편할 것 같은데요."

마크가 말했다. "만일 자네가 아주 아름다운 것을 마주한다면, 자네는 '아, 아름답다'라고 말하지 않겠나? 예를 들어 아주 멋진 경치나 예쁜 꽃을 마주할 때 말일세."

"네, 당연하죠."

"나는 나의 내면에 있는 아름다운 것에 대해서도 이와 똑같이 행동해도 된다고 생각하네. 그래서 나는 이렇게 말하지. '난 내가 어떤 사람인지 알고, 내가 마음에 들어. 그리고 난 내가 어떤 능력을 가지고 있는지 알고, 내 자신이 자랑스러워'라고 말하지."

카를은 자신의 마음을 종잡을 수가 없었다. 어찌 보면 마크가 말하는 방식은 거만한 것 같기도 했다. 그런데 다른 한편으로는 카를 또한 마크처럼 자신에 관해 긍정적으로 생각하고 싶기도 했다. 자신이 정말로 마음에 든다고, 자신이 자랑스럽다고 생각하고 싶었다.

"하지만 저는 제가 자신이 마음에 든다고, 자랑스럽다고 말하고 싶은 건지 잘 모르겠어요. 인간의 삶에서 자의식이 가장 중요하다는 생각도 들지 않고요. 그것보다 더 중요한 것들이 얼마나 많은데요."

"뭐가 그렇게 중요하지?"

카를은 곰곰이 생각하더니 이렇게 말했다. "예를 들어 사랑이요. 그리고 우정. 직업적 성공. 높은 소득이요."

"자신이 마음에 들지 않으면, 남을 사랑할 수 없는 법이지. 자신을 신뢰하지 않으면 친구와 우정을 쌓을 수도 없고. 자신이 무엇을 잘하는지 알지 못하면 직업적으로 성공하기도 힘들 거야. 자네에게 하고 싶은 말은 이걸세. 모든 것, 정말로 모든 것은 각자의 자의식에서 출발한다는 거야. 건강한 자의식을 지녀야만 충만하고, 성공적이고, 행복한 삶을 살 수 있어. 대부분의 사람들은 이걸 모르지. 자의식이 뭔지도 정확히 모르니까."

이 말은 카를에게 설득력이 없었다. "하지만 사랑을 하거나 친구를 사귀기 위해서 허풍을 떨 필요는 없잖아요."

"자네가 왜 그렇게 망설이는지 충분히 이해가 가네. 지금까지 우리가 부모님이나 사회로부터 배운 것과는 완전히 다르니까. 하지만 한 가지 제안하고 싶은데. 내일 나랑 다시 만나서 천천히 이야기를 나누어보면 어떻겠나?" 마크가 이렇게 제안했다.

카를은 자동차 사고가 났을 때 보였던 마크의 특이한 반응이 떠올랐다. 카를은 마크를 유심히 살펴보면서 생각했다. '그래. 이 사람과 한 번 더 만나보고 싶어.' 그리고 말했다. "좋아요."

카를은 마크와 작별 인사를 나눈 다음 집으로 갔다.

◆ ◆ ◆

그날 밤 카를은 희한한 꿈을 꿨다. 눈이 시리도록 새빨간 스웨터를 걸친 백발의 노파가 그에게 뭔가를 말하려고 했다. 하지만 카를은 노파의 말을 알아들을 수가 없었다. 그냥 들리지 않았다. 노파는 끊임없이 말했다……. 하지만 노파의 목소리는 카를의 귀에까지 전달되지 않았다.

노파는 그러다가 가방에서 보라색 노트를 한 권 꺼내 카를의 부엌 식탁에 올려놓았다. 그러고 나서 사라졌다.

카를이 잠에서 깨어났을 때, 희한한 꿈은 여전히 생생하게 머릿속에 남아 있었다. 카를은 꿈을 떠올려보다가 뭔가가 이상하다는 것을 느꼈다. 처음에는 그것이 무엇인지 알지 못했다. 그러다가 문득 꿈속 노파에게 그림자가 없었던 것이 떠올랐다. 갑자기 소름이 쫙 끼치고 등줄기에서 식은땀이 솟아났다. '별 거지 같은 꿈이 다 있네.' 카를이 생각했다.

카를은 자리에서 일어나 커피를 끓이러 부엌 쪽으로 걸어갔다. 그러던 중 식탁 위로 눈길이 갔다. 식탁 위에는…… 노트가 한 권 놓여 있었다. 꿈에 나온 보라색 노트였다. 카를은 너무나도 놀라 손에 들고 있던 컵을 놓칠 뻔했다. 하지만 그것은 정말로 꿈에서 보았던 노트였다.

가장 먼저 이런 생각이 스쳤다. '누군가가 몰래 집에 들어와 식탁 위에 노트를 놔두고 갔을 거야. 내가 현관문을 잠그지 않았었나?' 카를은 황급히 현관문 쪽으로 가보았다. 누구도 현관을 통해 부엌으로 들어올 수는 없었다. 현관문은 단단히 잠겨 있었고, 도어체인도 제대로 걸려 있었다.

카를은 곰곰이 생각해보았다. '우리 집은 6층이고, 창문도 전부 닫혀 있었는데. 어떻게 이런 일이 있지? 내가 점점 미쳐 가는 게 아닐까?' 갑자기 두려움이 엄습해 왔다. '저 노트는 멀리 갖다 버려야겠어.' 카를은 당장 노트를 길가 쓰레기통에 던져 버리려 밖으로 나갈 기세였다. 하지만 그때 마음속에서 호기심이 머리를 들었다. 카를은 노트를 집어 들어 책장을 펼쳤다. 첫 장에는 다음과 같이 적혀 있었다.

만일 당신이 '난 내가 마음에 들어. 난 내가 자랑스러워'라고 확신한다면, 당신은 '난 내가 계획하는 모든 걸 해낼 수 있어'라고 단언할 수 있을 것이다.

만일 당신이 '난 성공할 거야. 그 무엇도 나를 넘어뜨리지 못해. 그 무엇도 나를 막지 못해'라고 확신한다면, 당신은 어떤 결정들을 내리겠는가? 당신은 무엇을 행하겠는가?

이 질문에 대해 많은 이들은 다음과 같이 말할 것이다. "그렇다면 나는 엄청난 내적 평화를 느낄 것이다. 지금 내가 하는 일이 옳다고 확신할 것이다. 매 순간은 아니더라도 최소한 편안한 마음으로 자신을 대할 정도의 확신을 누릴 것이다."

사람은 누구나 의식적이든 무의식적이든 이러한 내적인 확신을 느끼며 살 수 있기를 바란다. '난 해낼 수 있어! 난 그걸 아주 잘할 수 있어'라는 흔들림 없는 감정을 느끼며 사는 것을 꿈꾼다.

사람은 누구나 바위처럼 단단한 자신감을 지니고 싶어 한다. 하지만 대부분 사람들의 현실은 이와는 거리가 멀다.

많은 사람들은 흔히 이렇게 생각한다. '난 할 수 없어. 하지만 난 해야 해.' 혹은 '난 해야 해. 하지만 난 할 수 없어.'

이것이 노트의 첫 장에 기록되어 있는 전부였다. 다음 페이지로 넘겨보았는데 거기에는 아무것도 적혀 있지 않았다. 끝까지 책장을 넘겨보았지만, 전부 비어 있었다. 카를은 첫 장에 적혀 있던 글을 계속 읽고 싶었다.

마음이 심란했다. 이유를 알 수가 없었다. 방금 읽었던 글 때문일까? 어젯밤 꿈 때문일까? 도대체 어디에서 나타났는지 출처를 알 수 없는 보라색 노트 때문일까? 이 모든 것이 무척 으스스했다.

카를은 마음속으로 글귀를 다시 한번 되짚어보았다. 난 내가 마음에 들어. 난 내가 자랑스러워……. 만일 '난 성공할 거야……. 난 할 수 있어'라고 확신할 수 있다면 내가 계획하는 모든 걸 해낼 수 있다……. 무엇 때문인지 이유를 정확히 규명할 수는 없었지만, 무언가가 카를의 마음을 사로잡고 어루만져주는 것 같았다. 마지막 문장들이 카를의 마음을 정확히 찔렀다. 난 할 수 없어. 하지만 난 해야 해. 난 해야 해. 하지만 난 할 수 없어.

그것은 바로 그가 빠진 딜레마였다. 카를은 자신이 결코 좋은 변호사가 되지 못하리라는 것을 잘 알고 있었다. 하지만 그는 좋은 변호사가 되어야만 했다. 그의 부모님은 카를이 자신들처럼 변호사가 되길 기대했다. 그들은 아들을 위해 많은 일을 했다. 카를은 읽고 쓰기를 매우 힘들어했고, 우등생이 아니었다. 카를의 부모님은 늘 곁에서 아들을 돌봐주었고, 받아쓰기 연습을 시켜주었고, 과외비를 지불했다. 카를은 이런 부모님을 실망시킬 수 없었다. 난 해야 돼. 하지만 난 할 수 없어.

카를은 대학 공부가 전혀 즐겁지 않았고, 매우 힘겨웠다. 지금까지 그는 단 한 번도 자신이 무엇을 하고 싶은 것인지 스스로에게 물어볼 엄두를 내지 못했다. 그는 법학을 전공해야만 했다. 하지만 카를은 그것을 원했던가? 그는 이 질문을 회피하려고 애썼다. 왜냐하면 그는 그것을 해야만 했으니까. 그는 그것을 할 수 없었지만, 해야만 했다.

그때 카를의 핸드폰이 울렸다. 마크였다. 오늘 점심 식사 약속에 변동이 없는지 묻는 확인 전화였다. 장소는 어제 갔던 식당. 시간은 오후 한 시. 카를은 다시 한번 마크를 만나는 것이 좋은 일인지 확신할 수 없었지만, 약속 장소에 나가겠다고 말했다.

◆ ◆ ◆

두 사람은 마치 약속이라도 한 듯 식당 앞에서 마주쳤다. 마크는 매우 반갑게 카를에게 인사를 건넸다. 마크는 항상 기분이 좋아 보였다. 마크는 카를에 대해 이렇게 칭찬했다. "오, 약속 시각에 딱 맞춰서 왔군. 이건 내가 아주 중요시하는 부분일세. 약속 시각을 잘 지킨다는 건 상대방을 존중한다는 의미니까."

"그거야 뭐, 자의식에 관해 세계적으로 저명한 전문가를 기다리게 할 수는 없으니까요." 카를이 다소 불손하게 대답했다.

"자의식은 무엇보다도 중요한 인간의 특징이지." 마크가 진지한 얼굴로 답했다.

카를은 마크가 이 말을 그와 처음 만났을 때도 했던 것을 떠올렸다. 마크는 두 가지 질문, 즉 '나는 내가 마음에 드는가? 나는 내가 자랑스러운가?'라는 질문에 분명하게 '그렇다'고 답하지 못하면 결코 양질의 삶을 살지 못할 거라고까지 말했다. 하지만 카를은 여전히 이 말이 믿기지 않았다. 양질의 삶을 사는 데 있어서 자의식보다 훨씬 중요한 것이 많다고 생각했기 때문이다. 단, 무엇이 이보다 더 중요한지 정확히 감이 잡히지는 않았다.

그 식당에는 어제와 마찬가지로 메뉴가 딱 한 가지만 있었다. 오늘의 메뉴는 어제와는 완전히 달랐지만 이번 음식도 매우 맛있었다. 두 사람은 오늘도 거의 아무 말 없이 각자의 접시를 비웠다.

식사를 마친 후 마크는 따뜻한 눈길로 카를을 바라보며 이렇게 물었다. "어제 우리가 함께 나눴던 대화에 대해 생각해보았나?"

"네." 카를이 이어서 대답했다. "하지만 왜 저한테 이렇게 신경을 쓰시는 건지 이해가 가지 않아요. 저 때문에 자동차 사고까지

낮잖아요. 제가 아주 공손하게 대했던 것도 아니고요. 흠…… 저한테 왜 이렇게까지 공을 들이시는 건가요?"

"자네는 그럴 만한 자격이 있으니까." 마크가 설명했다.

"제가 뭘 했다고 그런 자격이 있지요?"

"나는 내 느낌을 신뢰하는데, 그냥 느끼기에 자네에게는 잠재력이 아주 많아. 자네가 자신의 잠재력을 제대로 파악하도록 내가 도와주겠네."

카를은 미심쩍다는 얼굴로 이렇게 물었다. "자의식 분야의 전문가는 도대체 무슨 일을 하나요?"

"나는 내 고객들이 성공하도록 돕는다네." 마크가 설명했다. "대기업들은 항상 몇 년을 미리 내다보지. 이들은 미래의 제품을 계획하지만, 한 가지 딜레마가 있지. 이들 기업의 직원들에게는 현재의 제품을 생산할 역량이 있어. 하지만……"

마크가 잠시 말을 멈추자 카를이 이렇게 재촉했다. "하지만, 뭐요?"

"하지만 미래를 선도할 제품을 생산할 역량은 없어. 따라서 이들 기업은 두 가지, 즉 새로운 제품과 향후 몇 년을 주도해 갈 직원들에 중점을 두어야 한다네. 그렇지 않으면 더 좋은 제품을 내놓을 수 없을 테니까. 이때 나의 역할은 에이스 직원들이 앞으로도 훌륭한 성과를 낼 수 있도록 돕는 거라네. 이 과정에서 핵심적인 작용을 하는 것이 자의식이고."

"미래를 주도할 제품을 만들어내기 위해 직원들이 발전해야 한다는 것, 그건 이해가 가요." 카를이 말했다. "하지만 이들의 발전을 위한 핵심 요소가 자의식이라는 것은 이해할 수 없어요. 그리고 엄밀히 말해서 저는 자의식이 무엇인지 정확히 모르겠어요."

"내가 하는 일은 간단히 말해 나에게 조언을 구하는 고객들이 세 가지 질문에 답을 할 수 있도록 돕는 것이지. 내가 이걸 해낼 수 있을까? 나는 사랑받을 만한 사람일까? 나는 어떤 사람일까?" 마크가 차분히 설명해주었다.

"그 세 가지 질문이 성공이랑 무슨 상관인지 이해가 가지 않아요." 카를이 미심쩍어하는 얼굴로 말했다. "한 회사가 혁신적인 제품을 출시할 수 있는지 여부는 직원들의 능력과 관계가 있겠지요. 하지만 직원들이 사랑받을 만한 사람인지, 어떤 사람인지와는 전혀 무관하지 않은가요?"

마크는 부드러운 미소를 지었다. 하지만 이번에도 카를을 놀리거나 할 기색은 전혀 없었고, 카를에게 뭔가를 설명해줄 수 있다는 걸 기뻐하는 것처럼 보였다. "이 세 가지 질문 속에 무엇이 내포되어 있는지 살펴보면 분명 모든 맥락이 이해될 걸세. 자네가 지난번 대화에서 제안했던 것처럼 종이에 기록하면서 살펴보면 좋을 것 같은데. 혹시 펜 가지고 있나?"

"네." 카를은 이렇게 말하며 자신의 가방을 열었다. 가방 안에는 보라색 노트가 들어 있었다. 카를의 등줄기에서 갑작스럽게 식은 땀이 흘렀다. 자신이 도대체 왜 이 노트를 가방 속에 넣어두었는지 이유를 알 수 없었다. 노트를 꺼내도 될지 망설여졌다. 하지만 잠시 후 그는 마음을 다잡고 그 노트가 마치 세상에서 가장 평범한 노트인 것처럼 태연한 표정으로 자연스럽게 꺼내 테이블 위에 올려놓았다.

마크는 보라색 노트를 아주 유심히 살펴보았다. "내게도 예전에 이런 노트가 있었지." 마크가 아주 나지막한 목소리로 말했다. "이 노트 어디에서 난 건가?"

"글쎄요, 오늘 아침에 일어나보니 부엌 식탁에 놓여 있길래 가방에 넣었어요." 카를은 대화를 다른 쪽으로 돌리려 했다.

마크는 따뜻한 눈빛으로 카를을 바라보며 마치 마음 놓고 계속 이야기하라고 응원하듯이 고개를 가볍게 끄덕였다. 그러자 카를은 자신의 꿈에 관해 이야기했다. 이번에도 그는 자신이 도대체 왜 마크에게 이런 이야기를 늘어놓는지 알 수 없었다. 하지만 어쩐지 마크에게 이야기하길 잘했다는 느낌이 들었다. 왜냐하면 마크는 그의 이야기를 듣고서도 놀란 기색이 전혀 없었기 때문이다. 마크는 이렇게 말했다. "그렇지, 우리가 삶의 중요한 문제들에 집중하고 있노라면 쉽게 설명하기 힘든 일들이 생긴다네. 마치 기적처럼 보이는 일들도 많이 생기지. 두고 보면 자네도 알게 되겠지만, 모든 것이 잘 진행되고 있어."

카를은 "모든 것이 잘 진행되고 있어"라는 말을 마크에게서 이미 한 번 들은 적이 있는 것 같았다.

"이제 세 가지 질문을 종이에 적어보게나." 마크가 이렇게 제안했다. "단, 세 가지 질문 사이에 몇 가지 메모를 할 수 있도록 간격을 좀 두는 게 좋을 거야. 그러면 이 질문들이 자네에게 더 큰 의미를 갖게 될 걸세.

내가 이걸 해낼 수 있을까?
나는 사랑받을 만한 사람일까?
나는 어떤 사람일까?"

카를은 질문들을 종이에 적기 시작했다. 그는 이 질문들이 무엇을 의미하는지 제대로 파악하지 못했다. 그 순간 마크가 마치 그의 생각을 읽기라도 한 듯이 이렇게 말했다. "한 가지 제안하고 싶네. 오늘 자네에게 자의식이 무엇을 의미하는지 간단하게 설명해주고 싶은데, 어떤가? 그리고 자네가 원한다면, 자네가 건강한 자의식을 키워나가도록 코칭을 해주겠네."

"제 자의식이 건강하지 못하다는 소리는 도대체 누구한테 들은 거죠?" 카를이 이렇게 반박했다.

마크가 카를의 눈 깊은 곳을 들여다보며 이렇게 말했다. "자네는 사랑받을 만한 사람인가?"

"그게 자의식이랑 무슨 상관이 있죠?" 카를은 질문을 회피하며 말했다. "적어도 저는 허풍은 안 떤다고요."

"우리 잠깐 함께 걸을까?" 마크가 제안했다. "이 근처에 에스프레소가 일품인 카페가 있다네. 그곳 에스프레소는 이 도시 전체에서 최고지. 카페로 가는 길에 내 인생철학에 대해 들려주고 싶어. 이야기를 듣고 나서 자네가 내게 뭔가를 배우고 싶은지 아닌지 결정하면 어떨까?"

카를은 마크의 제안을 받아들였다. 두 사람은 그 자리에서 일어나 함께 걸었다. 마크가 이야기를 시작했다. "지금까지 나와 함께 일했던 사람들은 모두 마음속 깊은 곳에" 마크는 자신의 가슴 쪽을 가리키며 이야기를 이었다. "한결같이 '난 부족한 사람이야'라는 고정관념을 갖고 있었어. 여기에는 이런 생각들이 숨어 있지. '난 최선을 다하지 않아. 난 자격이 없어. 난 그걸 해낼 수 없어. 난 내가 별로 마음에 들지 않아.' 이런 생각들을 마음속에 품고 있는 사람들은 자신의 잠재력을 온전히 발휘할 수 없다네. 이런 생각을 품고 있는 한, 자신의 이상형이 나타나도 말을 걸 엄두조차 내지 못하지. 자신이 꿈꾸던 직업을 갖기 위한 노력조차 못 하고. 이런 생각을 마음에 품고 있는 사람은 자신이 바라는 삶이 어떤 삶인지 고민하지도 않는다네. 이유는 단 하나, '난 부족한 사람이야'라고 생각하기 때문이지. '나는 부족한 사람이니까 정말로 좋은 것을 누릴 자격도 없어'라는 논리인 게지. 반면 자신이 상당히 괜찮은 사람이라고 생각하는 사람은 자신이 최고로 좋은 것을 누릴 자격이 있다고 생각하며 살아간다네."

카를은 마크의 말에 귀를 기울였지만, 그의 말을 완전히 이해하지는 못했다. 하지만 마크가 매우 중요하고 현명한 말을 하고 있다는 것을 느꼈다. 마크가 계속해서 말했다. "인생은 아주 단순해. 누구나 자신이 뿌린 대로 거두는 법이야. 자기 자신에 대해 생각하는 바가 그대로 실현되지. 우리의 잠재의식은 우리가 자신에 대해 생각하는 바를 받아들인다네. 자신에 관한 생각 중 많은 부분은 유년기와 청소년기에 부모님에게서 전달받은 것이지. 하지만 그것은 모두 단지 생각일 뿐, 생각은 바뀔 수 있어. 만일 자네가 자신에 관한 생각을 바꾼다면 자신에 관한 감정도 바뀐다네.

자신에 대해 부정적으로 생각하는 사람은 자신에 관한 부정적인 의견들을 삶으로부터 끊임없이 확인받게 되어 있어. 만일 우리가 자신에 관해 긍정적으로 생각한다면 우리는 가장 아름답고 멋진 것들을 자신의 삶 속으로 끌어당기게 된다네. 물질적인 성공뿐만 아니라, 멋진 우정, 가족, 파트너와의 관계, 건강도 우리의 삶 안으로 들어오지. 자네가 자신에 대해 긍정적으로 생각한다면 자신의 삶 속에 가장 멋진 것만을 끌어당기게 될 거야."

◆ ◆ ◆

마크와 카를은 어느덧 카페에 다다랐다. 카를은 깊은 생각에 잠겨 있었다. 그는 자신이 마크의 말을 전부 제대로 이해했는지 확신이 들지 않았다. 그리고 자신이 마크의 의견에 동의하는지도 확신할 수 없었다. 하지만 마크의 말은 확신에 차 있는 것처럼 느껴졌다. 카를은 아무 말 없이 가방에서 보라색 노트를 꺼냈다.

"아까 말씀하신 세 가지 질문이 뭐였지요?" 카를이 물었다. 그런데 카를은 자신이 왜 이 세 가지 질문을 다시 한번 듣고 싶어 하는지 알 수 없었다.

내가 이걸 해낼 수 있을까?
나는 사랑받을 만한 사람일까?
나는 어떤 사람일까?

카를은 세 가지 질문을 적어 내려갔다. 보라색 노트에 아주 '정상적으로' 글자가 적히는 걸 확인하니 마음이 한결 가벼워졌다.

그때 마크가 한 가지 제안을 했다. "이 세 가지 질문이 자네에게 무엇을 의미하는지 찬찬히 생각해보게. 그러고 나서 며칠 후 다시 만나 이에 대해 이야기해보면 어떨까?"

"그렇게 하죠." 카를은 마크의 제안을 받아들였다.

그러자마자 마크가 이렇게 물었다. "그런데 여자 친구는 있나?"

"아뇨." 카를이 의아해하며 대답했다. 지금 왜 이 질문을 하는 거지? 다소 생뚱맞긴 했지만, 그가 이에 대해 숨길 것은 하나도 없었다. 카를은 이렇게 대답했다. "영화 쪽에 관심을 둔 사람이 하나 있긴 하지만, 그 사람은 저한테 관심이 없어요. 제 생각에 그 사람은 유명한 스타들만 바라보는 것 같아요."

"그게 누구건 다른 사람의 뒤꽁무니를 쫓아다니지는 말게. 자네의 모습 있는 그대로 자신의 할 일을 열심히 하게. 제대로 된 사람이라면 자네에게 다가와서 곁에 머물 거야." 마크는 이렇게 말하고는 한마디 덧붙였다. "단, 그러려면 우선 자네가 자신을 충분히 사랑받을 만한 가치가 있는 사람이라고 여겨야 해."

두 사람은 사흘 후 점심에 만나기로 약속을 잡았다. 작별 인사를 한 후 각기 다른 방향으로 몇 걸음 걸어가던 중 마크가 큰 소리로 외쳤다. "한 가지 잊었네. 자네한테 가끔 유익한 메시지를 보내고 싶은데, 괜찮겠나?"

"좋아요." 카를이 승낙했다. "그런데 왜죠?"

"사람들은 날마다 부정적인 것들을 너무 많이 접해. 그럴 때마다 기분이 우울해지고." 마크가 설명했다. "그렇기 때문에 때때로 긍정적인 메시지를 읽으면 도움이 되지. 자네도 이제 곧 알게 될 걸세."

02

안나

그날 저녁 카를은 좀처럼 잠들지 못했다. 온갖 생각이 그의 머리를 스쳐 갔다. "스스로를 긍정적으로 생각하는 사람은 가장 멋지고 가장 좋은 것들을 자신의 삶 속으로 끌어당긴다." 마크는 이렇게 주장했었다.

카를은 마크에 관해 좀 더 많은 것을 알고 싶었다. 그의 삶이 정말로 '가장 멋지고 가장 좋은 것'으로 가득 차 있는지도 알고 싶었다. 하지만 자신도 이런 것을 이룰 수 있다고는 상상할 수 없었다. 그의 눈꺼풀이 점점 무거워질 때쯤 갑자기 보라색 노트에 관한 생각이 떠올랐다. 카를은 다시 자리에서 일어나 보라색 노트를 책상서랍 속에 집어넣었다. 꿈속에 나타났던 노파에게 덫을 놓아볼 심산이었다.

그날 밤 카를의 꿈속에 정말로 그 백발 노파가 다시 나타났다. 노파는 이번에도 눈이 시리도록 새빨간 스웨터를 걸치고 있었다. 그리고 지난번처럼 노파가 웅얼거리는 말을 알아들을 수 없었다. 노파는 계속 입을 움직였지만, 카를의 귀에는 아무 말도 들어오지 않았다. 카를을 향해 한참을 웅얼거리던 노파는 그에게 보라색 노트를 보여주고는 그것을 그의 책상 서랍 속에 집어넣었다.

잠에서 깨어났을 때 그 꿈은 카를의 머릿속에 아주 생생하게 남아 있었다. 그는 책상 서랍에서 노트를 꺼내 페이지를 넘겨보았다. 노트의 두 번째 장에는 카를이 기대했던 대로 새로운 글이 적혀 있었다.

가장 중요한 질문은 다음과 같다. 나는 괜찮은 사람인가?

대부분의 사람들은 스스로에게 이 질문을 의식적으로 제기해보지 않고 그저 이렇게 대답하고 만다. '나는 그다지 괜찮은 사람이 아니야. 나는 그걸 해낼 수 없어. 나는 그걸 해내야 하지만, 해낼 수 없어.' 이들의 자의식은 제대로 형성되어 있지 않다.

자의식의 세 가지 중요한 측면을 정확히 파악하도록 도와주는 세 가지 질문은 다음과 같다.

나는 해낼 수 있을까?

나는 사랑받을 만한 사람일까?

나는 어떤 사람일까?

나는 해낼 수 있을까? : 내가 삶에서 직면하는 어려운 과제들을 감당할 수 있다고 느끼는가?

나는 사랑받을 만한 사람일까? : 나는 행복을 누릴 가치가 있는 사람인가? 나는 멋지고 행복한 삶을 살 만한 자격이 있는가? 나는 누군가에게 사랑받을 자격이 있는 사람인가?

나는 어떤 사람일까? : 나는 어떤 유형의 사람인가? 나는 지금 자신의 삶에 감사하는가?

이 세 가지 질문에 대한 대답이 각자의 삶의 질을 결정짓는다.

글은 이번에도 급작스럽게 끝났다. 카를은 스스로에게 물어보았다. '도대체 어떻게 된 거지? 내가 점점 미쳐 가고 있나? 도대체 어떻게 이런 일이 일어날 수 있는지 논리적으로 따져보자.' 카를은 마음을 진정시키려 애를 썼지만, 아무리 머리를 굴려보아도 이렇다 할 답이 떠오르지 않았다. 그래서 그는 노트에 적혀 있는 글에 집중해보았다.

잠시 후 카를에게 한 가지 아이디어가 떠올랐다. 그것은 이 세 가지 질문에 대해 스스로 답을 해보자는 것이었다. 그냥 머릿속으로 답을 해보는 것이 아니라, 펜으로 답을 적어보자고 생각했다. 카를은 킥킥거리며 혼잣말했다. "할머니, 제가 할머니의 노트에 글을 쓰는 것에 대해 반대하지 않으시지요?" 카를은 보라색 노트에 적혀 있는 글씨의 색과는 다른 색 펜을 집어 들었다. 노파가 가져온 노트의 글은 파란색이었다. 카를은 빨간색 펜으로 노트에 글을 적어 내려갔다.

나는 해낼 수 있을까? : 나는 내게 닥쳐오는 모든 상황을 감당할 수 있다고 생각하지 않는다. 이 질문에 자신 있게 대답할 수 있는 사람이 과연 이 세상에 있을까? 슈퍼맨이라면 그럴 수도 있겠지. 하지만 만일 이 질문에 자신 있게 대답할 수 있다면, 정말로 기분이 엄청나게 좋을 것 같다.

나는 사랑받을 만한 사람일까? : 나는 영화 속 스타들이 나보다 훨씬 쿨하고 사랑받을 만한 사람들이라고 생각한다. 그들은 행복하고 멋진 삶을 누릴 자격이 있다. 하지만 나 자신이 행복하고 멋진 삶을 누릴 자격이 있다는 생각은 별로 들지 않는다.

나는 어떤 사람일까? : 나 자신이 어떤 사람인지 설명해야 하는 것이 힘들게 느껴진다. 나는 자신에 관해 아는 것이 별로 없다. 자신에 관해 아는 것이 중요하다는 생각도 들지 않는다. 나 자신이 어떤 사람인지 반드시 설명할 수 있어야 할까? 이 질문은 정말로 답하기 힘들다.

카를의 핸드폰에서 메시지 도착을 알리는 벨이 울렸다. 마크가 보낸 것이었다. 얼마 전 작별 인사를 할 때 그가 예고했던 바와 같이 짤막한 글귀 하나가 와 있었다.

> 당신은 누군가를 위해서라면 무슨 일이든 할 수 있을 만큼 사랑해본 적이 있는가?
> 당신 스스로가 자신의 '누군가'가 되어 항상 자기 자신을 행복하게 만드는 일을 행하라.

메시지를 본 카를은 이렇게 생각했다. '아니, 그런 적은 없어. 그 정도로 간절하게 사랑에 빠져본 적은 단 한 번도 없었지.' 그는 영화 스튜디오에서 조명 보조기사로 일하는 여성의 주위를 맴돈 적이 있었다. 그녀는 외모가 정말로 남달랐다. 하지만 사랑에 빠졌었냐고 묻는다면 그건 분명 아니다!

카를은 도대체 마크가 왜 자신에게 이런 글귀를 보냈는지 잠깐 생각해보았다. 하지만 지금은 한가하게 생각에 잠겨 있을 시간이 없었다. 서둘러 준비를 하고 영화 스튜디오로 출근해야 했다. 서둘러 가더라도 지각을 할 시간이었다. 그는 또다시 킥킥거리며 혼잣말했다. "지각을 하면 스튜디오 사람들에게 새빨간 스웨터를 걸친 노파와 보라색 노트에 관한 이야기를 들려주면 되겠군. 그러면 사람들이 내가 지각한 이유를 아주 잘 이해해줄 거야."

그러자 갑자기 마음이 편안해졌고, 자신에게 유머 감각이 있다고 느껴졌다. 그리고 자신이 많은 것을 감당할 수 있을 것 같은 기분이 들었다. 정체 모를 보라색 노트에 대해서도 왠지 모르게 좋은 일이 있을 것 같은 예감이 들었다.

◆ ◆ ◆

오전 시간은 한없이 늘어졌다. 오늘따라 조명 기사들의 작업이 굼떴고, 마치 시간이 멈춘 것 같이 느껴졌다. 이는 카를이 맡은 일에 온전히 집중하지 못하고 정신이 딴 곳에 가 있었기 때문이기도 했다. 이럴 때마다 시간은 아주 천천히 흐른다. '내가 지금 여기에서 뭘 하고 있는 거지?' 이렇게 스스로에게 물어보았다. '스탠드인. 그래, 난 영화를 찍는 현장에서 무엇이든 하며 그 주변이라도 맴돌고 싶었어. 하지만 스탠드인 역할을 하는 건 솔직히 좀 모양 빠지는 일이지.'

카를은 자신이 맡은 일에 집중하려 애를 썼다. 오후가 되어서야 그는 자신의 일에 온전히 집중할 수 있었다. 카를은 스탠드인인 자신의 '본캐'인 주인공에게 시선을 집중했다. 그는 이 뛰어난 연기자의 모든 것을 모방하려 노력했다. 그러자 갑자기 자신의 일이 다시금 의미 있게 느껴졌다. 오후 작업이 끝날 무렵 카를은 뭔가를 조금 습득한 느낌이 들긴 했지만, 여전히 만족감은 들지 않았다.

• • •

마크를 못 본 지 사흘이 지났다. 어느덧 마크와의 점심 약속 시각이 되었다. 카를은 이 시간을 고대하고 있었다. 이번에도 그는 약속 시각에 딱 맞추어 만나기로 한 장소에 도착했다.

이번에도 마크는 더없이 기분이 좋아 보였다. "정말 멋진 날이야. 반갑네. 나는 오늘이 오길 무척 기다렸어. 오늘도 자네는 정시에 도착했군. 최고야!"

"저도 오늘이 오길 기다렸어요." 카를이 말했다. "그런데 제가 요즘 좀 심란해요. 제 주변에서 이상한 일들이 자꾸 일어나서요."

"변화는 항상 낯선 법이지." 마크가 대답했다. "변화란 새로운 무언가를 시작하는 것이고, 새로운 것은 익숙하지 않으니까. 내가 느끼기에 자네는 이제 진정한 자신과 접할 새로운 통로를 찾게 될 걸세."

"지금까지 제가 진정한 자신과 접하지 못했다는 말씀이신가요?" 카를이 당혹스럽다는 얼굴로 물었다.

"자네는 아주 멋진 사람일세." 마크가 대답했다. "자네는 젊은 시절의 나와 비슷한 점이 매우 많아. 하지만 자네는 지금 이 세 가지 질문에 자신 있게 '그렇다'라고 대답하지 못하고 있어."

"그건 그래요." 카를은 마크의 말을 인정할 수밖에 없었다. 이제 이 세 가지 질문이 그를 계속 쫓아다니는 것만 같았다. 나는 해낼 수 있을까? 나는 사랑받을 만한 사람일까? 나는 어떤 사람일까? 그는 마크의 얼굴을 탐색하듯이 살펴보았다. "정말로 이 세 가지 질문에 자신 있게 '그렇다'라고 대답할 수 있으세요?"

"물론이지. 이 세 가지 질문에 아주 확실하게 '그렇다'라고 대답할 수 있는 것. 이는 내 삶이 나에게 허락한 가장 큰 축복 중 하나라네. 어찌 보면 내 삶에서 가장 멋지고 가장 좋은 것들은 모두 이로부터 비롯되었다고 할 수 있지. 만일 내가 이렇게 대답할 수 없었다면, 분명 지금 하는 일을 할 수조차 없었을 거야."

그는 잠시 말을 멈추었다가 이렇게 덧붙였다. "여러 가지 연구와 직업적 활동을 하면서 알게 된 것이 하나 있어. 자의식이 확립되어 있지 않은 상태에서는 진정한 행복과 성공을 누릴 수 없다는 거야. 이 세 가지 질문에 자신 있게 대답하는 것은 자의식과 연관이 있지. 자의식을 확립한다는 것은 '나는 해낼 수 있어. 나는 사랑받을 만한 사람이야. 나는 내가 어떤 사람인지 알아'라는 것을 스스로 의식한다는 의미라네."

그 순간 카를의 마음속에 반발심이 치밀어 올랐다. 그의 귀에는 마크의 말이 너무나 '단정적'으로 들렸기 때문이다. 지난번 만남에서 마크가 자의식이 인간의 가장 중요한 특성이라고 주장했던 것이 떠올랐다. 자의식이 정립되어 있지 않으면 행복도 성공도 이룰 수 없다는 말. 카를은 그 말이 도가 지나친 말이라고 느꼈다. 카를은 마크에게 그렇게 주장하는 이유를 물었다.

"그 이유는 내가 자세하게 설명해주지." 마크는 환한 미소를 지으며 이렇게 대답했다. "하지만 지금은 배가 고프니 일단 식사부터 하세." 두 사람은 아무 말 없이 각자의 그릇을 비웠다. 이번에도 식사는 아주 맛있었다.

◆ ◆ ◆

맛있는 디저트를 먹고 나서 마크가 이렇게 제안했다. "오늘 오후에 내가 참석해야 하는 미팅이 몇 건 있긴 하지만, 나와 함께 우리 회사로 가서 이것저것 좀 둘러봐도 좋을 것 같은데. 우리 직원들과 이야기도 나눠볼 수 있고."

카를은 마크의 제안에 응했다. 마크의 회사가 어떤 곳일지 정말로 궁금했다.

마크는 자신의 회사로 가는 차 안에서 이렇게 말했다. "태어날 때부터 건강한 자의식을 가지고 있는 사람은 없어. 자의식은 누구나 예외 없이 스스로 성장시켜야 해."

"하지만 제가 만나본 사람 중에서는 날 때부터 자의식이 하늘을 찌르는 사람들도 있었어요." 카를이 미덥지 않다는 표정을 지으며 이렇게 반박했다.

"그렇지, 나도 그런 사람들을 본 적 있어. 그건 아주 커다란 장점이지. 하지만 그들도 날 때부터 자의식이 높았던 건 아니라네.

단지 자의식 형성에 극도로 유리한 환경에서 유년기나 청년기를 보낸 행운아들이지."

"그렇다면 저한테는 그런 환경이 없었다는 말이네요." 카를은 생각에 잠긴 얼굴로 이렇게 물었다. "누구나 스스로 자의식을 발전시켜야 한다고 하셨지요. 제가 어떻게 하면 되나요?"

"이에 대한 대답은 우리 회사에서 찾아낼 수 있을 걸세."

어느덧 두 사람이 탄 차가 마크의 회사 앞에 이르렀다. 심플하고 모던하면서 인상적인 건물 앞에 군더더기 없는 회사 로고가 새겨져 있었다.

자의식 아카데미

회사 로비에서 두 사람은 인상이 좋아 보이는 여성과 마주쳤다. 그 여성은 마크에게 다정하게 인사한 후 카를에게 자신은 마크의 비서이며 이름은 리사라고 소개했다. 그녀가 카를에게 회사를 안내해주겠다고 말했다. 그러고 나서 마크는 미팅에 참석해야 한다며 자리를 떠났다.

카를은 그녀에게 무슨 말을 건네야 할지 막막하기만 했다. 그는 한참을 머뭇거리다가 마침내 이야기를 시작했다. "제가 운전을 하다가 실수로 앞차였던 마크의 차를 들이받았어요. 마크가 그 불편한 상황을 쿨하게 대처하는 모습이 무척 인상 깊었어요. 마크는 제가 이해하기 힘들 만큼 친절했어요. 자신의 자동차가 얼마나 파손되었는지보다 사고를 낸 제가 다치지 않았는지 더 염려하더라고요. 이 과정 중에 마크와 대화를 하게 되었고, 마크가 자신이 하는 일에 관해 이야기해주었어요. 그리고 자신이 자의식 분야의 저명한 전문가라고 알려주었어요. 그의 말을 듣다 보니 자의식이 뭔지 궁금해지더군요."

카를은 잠시 생각을 하더니 이렇게 덧붙였다. "아직도 자의식이 뭔지 정확히는 모르겠어요. 지금으로서는 그 세 가지 질문에 관해서만 들었거든요. 그러던 중 마크가 제게 이곳에 함께 오자고 초대해주었어요. 그래서 지금 여기에 있는 거고요. 솔직히 여기에서 제가 뭘 해야 할지도 잘 모르겠네요."

"알고 있어요. 마크가 그 일에 대해 이야기해주었거든요." 리사가 방긋 웃으며 고개를 끄덕이고 말했다. "충분히 이해가 가요. 마크를 처음 만났을 때 나도 그랬거든요. 그 세 가지 질문의 의미는 시간이 지나고 나서야 조금씩 이해할 수 있었답니다. 그 당시에는 나도 뭘 어떻게 해야 할지 알 수 없었어요."

"저도 그래요." 카를이 대답했다.

리사가 이어서 이야기했다. "여기에서 아주 많은 걸 스스로 알아 갈 수 있을 거예요. 가장 좋은 건 직접 이곳저곳을 둘러보는 거예요. 회사 건물 내부 어디든 가도 된답니다. 미팅 중인 사람을 제외하고는 누구와 이야기를 나누어도 좋고요. 마음이 이끌리는 대로 따라가보세요. 자신에게 잘 어울리는 대화 상대를 만나게 될 거예요. 궁금한 게 있으면 언제든 대답해드릴게요." 리사는 자신을 만나려면 어디로 오면 되는지 설명해주고 나서 카를을 혼자 남겨두고 자리를 떠났다.

카를은 불안한 얼굴로 주변을 두리번거렸다. 설마 이 사람들이 조용히 나를 테스트하고 있는 건 아니겠지? 아닐 거야, 그는 이렇게 확신했다. 이곳 사람들은 약간 특이하긴 했지만, 카를에게 우호적인 사람들처럼 느껴졌다. 잠시 후 회사 복도에 걸려 있는 액자의 글귀가 카를의 눈에 들어왔다.

자의식을 키우기 위한 첫걸음은
자의식을 키우겠다고 결심하는 것이다!

"이건 당연한 말 아닌가?" 카를이 반어법으로 혼잣말했다. "아주 유용한 팁이군." 하지만 그 순간 카를은 한 가지 사실을 깨달았다. 얼마 전까지만 해도 그는 자의식에 대해 단 한 번도 진지하게 생각해본 적이 없었다. 자의식에 대해 어떠한 가치 평가 자체를 해본 적도 없었다. 이제 자의식에 대해 조금은 알게 되었지만, 그렇다고 해도 달라진 것은 아무것도 없었다.

그는 액자 속 글귀의 내용을 예전에 운동을 통해 경험한 바 있었다. 체력을 키우고 싶으면 우선 체력을 키우겠다는 결단을 의식적으로 내려야 했다. 이는 자의식에도 적용된다. 만일 자의식을 키우고 싶으면 우선 자의식을 키우겠다는 결단을 내려야 하는 것이다. 그는 곰곰이 생각에 잠겼다. 그리고 자신이 아직 이런 결단을 내릴 만큼 성숙하지 못하다는 것을 느꼈다. 자의식을 키워야할까? 카를은 아직까지 이에 대해 확신할 수 없었다.

◆ ◆ ◆

카를은 무작정 앞으로 걸어갔다. 그때 사람들의 목소리가 들려왔다. 불투명한 유리창 너머에 회의실이 있는 것 같았다. 카를은 호기심 어린 얼굴로 소리 나는 쪽을 향해 다가갔다. 마크의 비서인 리사는 회사 건물 어디든 둘러보아도 된다고 했다. 그러니까 유리창 뒤편에서 들려오는 말소리에 조금 귀를 기울여봐도 무방할 터이다.

한 여성의 목소리가 들려왔다. 그 순간 번개와도 같은 충격이 카를을 엄습했다. 그는 마치 감전이라도 된 것처럼 그 자리에 미동도 하지 않고 서 있었다. 몸을 움직일 수 없었다. 그가 지금까지 들어본 목소리 중 가장 친근하고 아름다운 목소리였다. 카를은 이 목소리를 한없이 계속 듣고 싶었다. 지금까지 단 한 번도 들어본 적 없는 목소리였다. 그 순간 카를은 자신이 그 목소리와 사랑에 빠졌다는 것을 느꼈다.

'이제 너 정말 미쳤구나.' 그가 생각했다. '목소리와 사랑에 빠지다니. 이런 말도 안 되는 일이 어디에 있담? B급 막장 드라마에도 이런 스토리는 없을 거야.' 그는 걱정스러운 얼굴로 주변을 둘러보았다. '여기에서 누구와 마주치기라도 하면 곤란한 노릇이지. 남의 말을 엿들으면 안 되잖아. 하지만 난 지금 남의 말을 엿듣고 있는 게 아니야. 단지 목소리만 듣고 있을 뿐이라고.' 그것은 사실이었다. 그는 말의 내용에는 전혀 귀 기울이지 않았다. 단지 그 목소리의 선율에 마음을 빼앗긴 것이었다. 그 목소리의 선율은 분명 그의 심장을 요동치게 했다.

그 순간 목소리가 멈추었다. 카를은 불투명한 유리창을 계속 뚫어지게 쳐다보며 목소리가 다시 이어지기를 기대했다. 바로 그때 갑자기 유리창이 스르륵 미끄러지듯 옆으로 열렸다. 카를은 자신의 코앞에 함께 서 있는 사람들을 응시했다. 세 명의 남성과 한 명의 여성이 의아한 표정으로 카를을 쳐다보았다.

카를이 더듬거리며 말했다. "마크가 저한테 회사 내부를 마음대로 둘러봐도 좋다고 했어요."

"아, 그건 그 브레인이 좋아하는 일이지요." 한 젊은 남성이 말했다.

"브레인이요?"

"우리는 마크를 그렇게 부른답니다. 마크는 지금까지 내가 만난 사람 중 가장 똑똑한 사람이거든요." 젊은 남성이 말했다.

"마크 본인도 그걸 잘 알고 있어요." 함께 서 있던 다른 남성이 빙그레 웃으며 이렇게 덧붙였다.

젊은 여성은 동료들이 이야기하는 내내 카를을 유심히 지켜보고 있었다. 이윽고 그녀가 부드러운 미소를 지으며 말문을 열었다. "내 이름은 안나예요. 어쩌면 내가 도와줄 수도 있을 것 같은데, 뭘 알고 싶으신가요?"

카를은 자신을 소개했다. 그리고 나서 그는 불현듯 자신이 조금 전 귀 기울였던 목소리의 주인이 그녀라는 사실을 깨달았다. 안나는 매우 아름다웠고, 그 목소리와 아주 잘 어울리는 사람이었다. 그리고 그 목소리 또한 안나와 아주 잘 어울렸다. 카를은 안나를 뚫어지게 쳐다보았다. 한참 후에야 그는 안나가 자신의 대답을 기다리고 있다는 것을 알아채고는 얼굴을 붉혔다.

'제기랄, 이렇게 쿨하지 못하게 굴다니.' 카를의 머릿속에 이런 생각이 스쳤다. 잠시 후 그가 말했다. "저는 제가 어떤 사람인지 알고 싶어요. 아마 그걸 알기 위해 이곳까지 온 것 같아요."

네 명 모두 나지막한 소리를 내며 웃었다. 그런데 신기하게도 그들의 웃음소리는 카를을 비웃는 것처럼 들리지 않았다. 한 사람이 말했다. "우리가 이곳까지 온 것도 모두 같은 이유에서랍니다. 우리는 그 세 가지 중요한 질문에 제대로 답할 수 있다면 삶에서 훨씬 많은 걸 이룰 수 있다는 사실을 깨달았거든요."

안나가 카를에게 제안했다. "내가 도와줄 수 있을 것 같아요."

안나는 호기심 어린 눈길로 카를을 계속 지켜보며 말을 이었다. "하지만 그러려면 우선 본인의 마음을 활짝 열겠다는 결단이 필요해요."

카를은 자신의 심장이 쪼그라드는 것을 느꼈다. 이 아름다운 여성에게 자신의 마음을 보여줘야 한다고? 그의 약점들과 민감한 부분들을?

그는 중얼거리듯 말했다. "글쎄요, 내가 그럴 수 있을지는 잘 모르겠네요." 말이 끝나기도 전에 그는 쥐구멍에라도 들어가고 싶은 심정이 되었다. 어쩌면 이렇게 멍청한 대답을 한 것일까?

안나는 아랑곳하지 않고 그를 쳐다보며 고개를 끄덕였다. "알겠습니다. 어쨌든 그 질문에 대한 대답을 잘 찾으시길 바랍니다. 기회가 되면 언젠가 뵙겠죠." 안나는 이렇게 말하고는 동료 직원 세 명과 자리를 떠났다.

◆ ◆ ◆

카를에게 아주 익숙한 느낌이 조용히 찾아왔다. 그는 지금처럼 중요한 순간마다 적절한 반응을 보이지 못했다. 이유가 뭔지는 도무지 알 수 없었다. 잠시 후 그는 주변을 두리번거렸다. 자신이 무엇을 찾고 있는지 몰랐기 때문에 그저 벽에 걸린 글귀들을 하나씩 읽어보았다.

사람은 스스로를 온전히 받아들이지 않으면 편안한 마음을 지닐 수 없다.

−마크 트웨인

'옳은 말이야.' 카를이 마음속으로 생각했다. '나는 지금 마음이 불편해. 그리고 나는 내가 멋지다고는 전혀 생각하지 않아.' 그 순간 그는 자신이 불안해한다는 것을 감지했다. 결정적인 순간에 실패할 것 같은 불안감. 조금 전에도 마찬가지였다. 그는 스스로에게 이렇게 고백할 수밖에 없었다. '나는 매우 자주 불안함을 느껴.' 그러고 나서 그는 다음과 같은 사실을 깨달았다. '심지어 불안감이 들 것 같아서 불안할 때도 있어.'

카를은 자신과 이렇게 옥신각신했다. '더없이 멋진 여성이 갑자기 내 앞에 나타났어. 그리고 나와 함께 깊은 대화를 나누자고 제안했어. 그런데 그럴 수 없다고 말하다니. 나는 정말로 구제 불능이야.' 그는 자신에 대해 이렇게 결론지었다. 그때 그의 눈에 또 다른 글귀가 들어왔다.

당신이 자신과 어떤 모습으로 이야기하는지 인식하라.

당신은 자신과 전쟁을 벌이고 있는가?

당신의 친구가 당신을 비판하는 것보다 스스로를 더 가차 없이 비판하는가?

카를은 자신이 스스로를 아주 심하게 대한다는 사실을 깨달았다. 하지만 그는 이러한 태도가 올바르고 중요하다고 항상 생각해 왔다. 그렇다고 해서 자신과 전쟁을 벌이는 정도까지는 아니었다. 그는 또 다른 글귀를 읽었다.

거울 속에 비치는 더없이 사랑스러운 이를 바라보라.

"그래. 이걸로 됐어. 내겐 아무 소용없어. 괜히 여기까지 와서 망신만 당하고 기분만 더 나빠졌잖아." 그렇게 혼잣말한 뒤 카를은 리사에게 작별 인사만 한 후 집으로 돌아가겠다고 마음먹었다.

그는 리사의 사무실을 찾아갔다. 그녀는 친절한 미소로 카를을 맞아주었다. 문득 카를은 자신이 이곳에서 도망치려 했다는 것이 한심하게 느껴졌다. 그는 용기를 내어 리사에게 자의식 아카데미에서 안나가 무슨 일을 하고 있는지 물어보았다.

리사는 따뜻한 미소를 지으며 고개를 끄덕였다. "안나에게 좋은 인상을 받았군요? 자연스러운 일이지요. 안나는 정말 멋진 여성이니까요. 그녀는 우리 회사에서 마케팅팀장으로 일하고 있답니다."

"자의식 아카데미에서 마케팅 직원은 무슨 일을 하나요?" 카를이 물었다.

"아, 안나의 업무는 유수의 글로벌기업 결정권자들에게 자의식이 왜 인간의 가장 중요한 특성인지, 왜 직원들의 자의식을 강화해야 하는지를 설명하는 것이랍니다." 리사는 이렇게 설명해주었다.

"아, 네." 카를이 일전에 마크에게 들었던 말을 떠올리며 말했다. "기업의 에이스 직원들에게 미래의 먹거리를 개발할 능력을 길러주기 위한 것이지요."

"바로 그거예요." 리사가 맞장구쳤다. "그 밖에도 안나는 마크의 연구 결과를 마크와 함께 논의하고 이를 바탕으로 향후 시장 전망을 간단명료하게 설정해요. 그리고 그 전망을 마케팅 언어로 변환하는 일도 한답니다." 리사는 신이 난 얼굴로 계속 이야기했다. "작년에는 아주 유용한 도표를 개발해 마크에게서 보너스로 10만 유로를 받기도 했어요."

카를은 그 이야기를 듣고 처음에는 깊은 인상을 받았지만 점점 마음이 위축되었다. 안나가 마크에게서 받았다는 보너스는 그가 스탠드인으로 7년 동안 일해야 벌 수 있는 것보다 더 많은 돈이었다.

리사는 같은 톤으로 계속해서 설명했다. "이 도표 한번 볼래요?"

카를은 부러움과 의기소침이 뒤섞인 마음으로 리사의 제안에 응했다.

"피라미드 모양의 도표예요." 리사가 말했다. "바로 이 점이 정말 기발하지요. 물리학에서 피라미드는 단순하지만 가장 강력한 구조라고 알려진 형상이지요. 바로 이거예요."

리사는 카를의 손에 세련된 카드를 건넸다. 카를은 그 카드를
유심히 살펴보았다.

"우와, 단어 네 개에 10만 유로라니, 말도 안 돼." 카를의 입에서
이런 말이 튀어나왔다.

그 순간 카를의 뒤쪽으로 누군가가 다가오며 밝은 목소리로 이
렇게 말했다. "아주 적절한 액수지." 목소리의 주인공은 마크였다.

카를은 자신의 생각이 저도 모르게 입 밖으로 튀어나왔다는 걸
알아채고는 부끄러워했다.

마크는 카를에게 자신의 사무실로 함께 가자고 했다. 사무실에
도착하자 마크는 서슴없이 아까의 이야기를 계속했다. "그 네 개
의 단어는 단지 출발점일 뿐이지. 피라미드 아래 적혀 있는 글을
읽어보게나. 안나가 이걸 어떤 방식으로 마케팅 언어로 변환했는
지는 조금 이따가 들려주겠네. 정말로 기발한 아이디어였어."

카를은 피라미드 아래쪽의 글을 읽어 내려갔다.

자신감: 내가 삶의 어려운 과제들을 감당할 수 있다는 걸 알고 있음.
나는 해낼 수 있다.

자아존중: 자기 가치, 자기 존경, 자신과의 공감.
나는 사랑받을 만한 사람이다.

자아상: 자기 이미지, 자기 인식, 자기 이해, 내가 일상에서 어떤 모습으로 행동하는지 알고 있음.
나는 내가 어떤 사람인지 안다.

카를은 이에 대해 조용히 숙고해보기로 마음먹었다.

"자네, 안나는 만나보았나?" 마크가 물었다.

"네, 만나기 전에 안나의 목소리부터 들었어요. 그런데……." 카를이 대답했다.

'또다시 멍청한 소리만 하고 있네.' 카를의 머릿속에 이런 생각이 스쳤다.

"그런데?" 마크가 마치 응원이라도 하듯 이해심 가득하고 따뜻한 얼굴로 카를을 바라보았다.

카를은 왜 자신이 마크에게 속내를 터놓으려 하는지 이유를 알 수 없었지만, 솔직하게 이야기하기로 마음먹었다. "안나는 정말로 멋진 여성이더라고요. 하지만 제가 모든 걸 망쳐버렸어요."

그는 안나가 '나는 어떤 사람인가?'라는 질문에 대해 함께 생각해보고 이야기를 나누자고 제안했었다는 사실을 마크에게 말했다. 그리고 자신이 안나에게 그걸 해낼 수 있을지 모르겠다고 답해버렸다는 것도 털어놓았다.

"안나에게서 좋은 인상을 받았군. 안 그런가?" 마크가 물었다.

"네." 카를이 마지못해 대답했다.

"자네의 대답은 한 여성에게 다가오지 말라고 벽을 치는 것이나 다름없었고."

"저도 알아요." 카를은 한숨을 쉬고 마음에 맺혔던 것들을 쏟아내듯이 말했다. "달리 어쩔 수 없잖아요? 만일 그녀가 제가 어떤 사람인지 알게 된다면 제가 그 사람과 가까워질 가능성은 제로라고요. 그 사람에게 '안녕, 나는 시간당 11유로를 받고 일하고 있어요'라고 소개하란 말인가요? 보너스로 10만 유로를 받고, 존재감이 넘치고, 예쁘고, 똑똑하고, 직업까지 멋진 사람 앞에서……. 그래서 도저히 안나 앞에서 저에 관해 오픈할 수가 없었어요. 나는 스탠드인으로 일하고 있는 불쌍한 대학생이라고. 중요한 순간이 오면 불안하고 두렵다고. 조금 전에도 그랬다고……."

그러자 마크는 깜짝 놀랄 만한 대답을 했다. "그녀 스스로 결정할 기회를 주게나. 내가 자네 말을 제대로 이해했다면, 그녀가 먼저 자네에게 함께 이야기하자고 제안했다는 거잖아. 그러니까 안나는 자네한테 관심이 있다는 거고."

"그러면 제가 지금 뭘 어떻게 하면 될까요?" 카를이 머뭇거리며 물었다.

"그냥 안나에게 가서 아까의 제안에 응하고 싶다고 말해보게 나." 마크가 이렇게 제안했다. "우선 자네가 진정 어떤 사람인지 스스로 아는 것이 중요해. 이건 안나가 도와줄 수 있을 걸세."

"내 이름은 카를이고, 법학을 전공하는 대학생이고, 스탠드인으로 아르바이트를 하고 있지요." 카를은 이렇게 말하며 자신이 머뭇거리는 이유를 설명하려 애썼다.

"그런 식의 자기소개는 자네 외에 수많은 사람들에게도 해당될 수 있는 무미건조한 자기소개야. 그런 말만 듣고서는 자네의 진정한 자아에 관해서 전혀 알 수가 없어." 마크가 대답했다.

카를은 마크의 말이 옳다고 느꼈지만, 뭘 어떻게 해야 할지 감이 잡히지 않았다.

"자네에게 들려주고 싶은 이야기가 하나 있네." 마크가 이렇게 운을 떼고 이야기를 시작했다.

피렌체에는 미켈란젤로의 다비드상이 있지. 많은 이들이 다비드상을 세상에서 가장 아름다운 조각상이라고 칭송하지. 전해지는 이야기에 따르면 젊은 나이였던 미켈란젤로는 9미터 길이의 거대한 대리석 덩어리를 보고는 그걸로 무엇을 만들어낼 수 있을지 정확히 떠올렸다고 해. 그러고 나서 미켈란젤로는 4년에 걸친 작업 끝에 그 대리석으로 다비드상을 만들어냈다네.

흥미로운 사실은 당시 위대한 예술가들이 한결같이 '이 대리석 덩어리는 모양이 좋지 않아서 아무 쓸모가 없어'라고 말했다는 거야. 위대한 예술가 레오나르도 다빈치와 다른 두 명의 거장들도 '이걸로는 아무것도 만들어 낼 수 없어'라고 말했다고 전해진다네. 그런데 이런 상황에서 갓 스물여섯 살이 된 청년 미켈란젤로가 나타나 쓸모없다고 낙인찍힌 그 대리석 덩어리로 세상에서 가장 아름다운 조각상을 만들어냈지. 그가 조각상을 완성했을 때 사람들은 이렇게 물었어. '어떻게 그걸 해낼 수 있었나?' 그러자 그가 이렇게 대답했다네. '갑자기 대리석 덩어리 속에서 다비드가 보였어요. 저는 다비드의 모습이 완벽해질 때까지 대리석 덩어리에서 다비드가 아닌 것들을 전부 떼어냈을 뿐입니다.'

카를은 예전에 피렌체를 여행하던 중 다비드상을 보고 감탄한 적이 있었다. 하지만 그는 마크가 왜 생뚱맞게 이 이야기를 자신에게 들려주는지 알지 못했다.

마크가 이야기를 계속했다. "어떤 의미에서 사람은 누구나 다비드상과 마찬가지야. 우리는 누구나 하나의 대리석 덩어리 안에 갇혀 있다고 할 수 있어. 대부분의 사람들은 단단한 돌덩어리 안에 갇혀 있는 상태에서 자신의 진정한 강점과 자신만의 아름다움을 인식하지 못한다네. 우리는 그저 단단한 돌로 된 두꺼운 층만을 보는데, 이는 우리의 수많은 부정적인 감정, 자신에 대한 회의감과 그릇된 편견이지.

우리 삶의 중요한 목표 중 하나는 우리의 진정한 자아를 덮어

가리는 모든 것들, 즉 온갖 두려움과 불안, 부정적 감정, 회의감, 그릇된 신념들을 모두 제거하는 것이라네. 우리의 잠재력을 발휘하지 못하도록 저해하는 모든 것들을 제거하는 것이지."

마크는 진지한 얼굴로 이렇게 덧붙였다. "내 눈에는 자네가 자네 자신에게서 보지 못하는 무언가가 보여. 아마 안나도 그걸 보았을 걸세. 내가 자네라면 지금 안나와 함께 이야기를 나누어볼 텐데."

미켈란젤로에 관한 이야기는 카를에게 깊은 인상을 남겼다. 하지만 이를 자신의 상황에 적용시키는 것은 쉽지 않았다. 자신이 완벽한 조각상, 예술품이라는 말은 카를에게 도무지 와닿지 않았다.

하지만 마크와 안나가 그에게 잠재된 무언가가 있다고 여기는 걸 보면 마크의 말이 맞는 것 같기도 했다. 스스로 알지 못하는 무언가. 이것이 무엇인지 알고 싶어진 카를은 용기를 냈다. 그는 안나를 찾아가기 위해 마크에게 작별 인사를 했다. 마크는 안나가 있을 만한 곳을 그에게 알려주었다.

카를은 노크를 하고 사무실 안으로 들어갔다. 안나가 환한 얼굴로 그를 반겨주었다. 카를은 애써 용기를 내 이렇게 말했다. "아까는 자신이 없어서 제대로 이야기를 못 했어요. 당신이 나를 보고 있다고 생각하니 정신이 없더라고요."

안나의 얼굴이 더욱 환해졌다. "내가 그 정도로 멋지게 보였나요?"

"네." 카를이 말했다. 두 사람의 얼굴이 모두 발그스레해졌다.

"앉아서 당신에 관한 이야기를 좀 들려주세요. 무슨 일을 하시나요?" 안나가 물었다. 카를은 안나에게 자신이 대학에서 법학을 전공하고 있는데, 이는 부모님이 원했기 때문이라고 설명했다. 자신은 법학이 너무나 싫고 영화를 무척 좋아하기 때문에 방학 동안 영화 촬영 현장에서 일자리를 구했으며, 처음에는 조명 보조기사로 일하다가 지금은 스탠드인으로 일하고 있다고 말했다.

"스탠드인은 뭘 하는 건가요?" 안나가 물었다.

"영화 촬영에서는 새로운 장면을 시작할 때마다 조명을 조절해야 하거든요." 카를이 설명했다. "그런데 조명을 새로 조절하려면 시간이 오래 걸려요. 그래서 그동안 주인공 배우는 휴식을 취하고 내가 주인공이 연기할 자리에 대신 서 있어요. 이게 스탠드인이 하는 일이예요."

"그다지 까다로운 일 같지는 않네요." 안나가 그의 일에 대해 이렇게 논평했다.

"그렇기도 하고 아니기도 해요." 카를이 대답했다. "스탠드인stand-in이라는 말은 '뛰어들다' 혹은 '자리를 지키다'라는 의미지요. 특별한 능력이 필요한 일은 아니지만, 주인공 배우와 외모가 비슷해야 해요. 주인공 배우가 턱수염이 있으면 스탠드인도 턱수염이 있어야 하고, 키도 비슷해야 해요."

"그러니까 까다로운 일은 아니네요." 안나가 고집스럽게 말했다.

"그렇기도 하고 아니기도 하다니까요." 카를이 반복해서 말했다. "처음에는 저도 엄청나게 지루한 일이라고 생각했어요. 하지만 조금 지나면서부터 세 가지를 실천하기 시작했어요. 첫째, 촬영 대본을 꼼꼼하게 연구했어요. 스탠드인 역할을 하는 장면에서 어떤 일이 일어나는지 알아야 하니까요. 둘째, 주인공 배우를 정확히 관찰하고 분석하기 시작했어요. 셋째, 조명에 관해 최대한 많은 것을 배우려 노력했어요. 이 세 가지를 실천하니 일하는 것이 정말로 재미있어졌어요."

안나는 호기심 어린 얼굴로 이렇게 물었다. "혹시 지난주에 촬영했던 장면 하나만 재연해줄 수 있나요? 그러면 촬영 현장에 대해 감 잡기가 좀 더 쉬울 것 같아서요."

"물론이죠." 카를이 말했다. "내가 주인공 배우의 역할을 해볼게요. 이 장면은 주인공이 강력한 패거리 두목과 싸우는 장면이에요." 카를은 특정한 포즈를 취하고 커다란 목소리로 대사를 외워 말하기 시작했다.

안나가 깜짝 놀라 말했다. "스탠드인의 대사에 따라 조명 조절 작업이 달라지기도 하나요?"

"전혀 상관없어요. 하지만 스탠드인이 대사를 말하면서 서 있으면 조명 기사들이 촬영할 장면의 분위기에 대해 좀 더 쉽게 감 잡을 수 있긴 하지요."

"도대체 그 긴 대사를 어떻게 외우나요?" 안나가 물었다.

"좀 전에 말했잖아요. 촬영하는 장면이 어떤 내용인지 파악하고 있어야 내가 맡은 일을 제대로 할 수 있다고요. 그래서 나는 대본을 수시로 들여다봐요. 서너 번 정도 훑어보면 대사가 저절로 외워지더라고요."

"스탠드인 역할만 하면 되는데, 대본을 외운다고요? 이렇게 대본을 외우는 스탠드인 본 적 있어요?"

"딱히 생각나는 사람은…… 없네요."

안나는 매우 깊은 인상을 받은 것 같았다. "그러니까 스탠드인으로 일하면서 대본을 외우기 시작했고, 주인공 배우를 분석하기 시작했고, 조명에 관해서도 공부를 했다는 말이지요?"

"상대방의 말을 굉장히 주의 깊게 듣는군요." 카를이 이렇게 칭찬한 후 말을 이었다. "주인공을 잘 관찰하면 주인공처럼 움직이고 행동하는 법을 습득할 수 있어요. 나는 주인공 배우의 동작들을 연구해요. 그러면 조명을 조절하는 데에 도움이 돼요. 예를 들어 주인공 배우가 핸드폰을 왼쪽 귀에 갖다 대는지 아니면 오른쪽 귀에 갖다 대는지, 어느 쪽 손으로 문을 여는지, 이런 걸 관찰하고 그대로 동작을 취해요. 아주 똑같이요. 조명에 관해서도 많이 알수록 내가 맡은 일을 하는 데 아주 큰 도움이 되고요."

안나는 공감을 표하듯 고개를 끄덕였다. 카를이 계속해서 이야기했다. "내가 맡은 일을 꽤 잘하고 있는 것 같아요. 최근에 주인공 배우가 내게 'Welcome to me'라는 말을 건네더라고요. 그 배우는 내가 그에게 상당히 도움이 된다고, 아주 잘하고 있다고 말하고 싶었던 것 같아요. 내가 대사를 잘 알고 조명의 원리에 대해 잘 알고 있으면 일이 훨씬 수월해지더라고요. 일도 훨씬 즐거워지고요."

"당신은 좋은 배우군요." 안나가 말했다.

"그건 아니에요." 카를이 적극적으로 반박했다. "나는 단지 배우를 잘 모방할 뿐이에요."

"하지만 그게 바로 배우가 갖추어야 할 자질이잖아요." 안나가 말했다. "다른 사람에게 완전히 이입해 그 사람의 역할을 하는 것. 그것은 배우가 갖추어야 할 아주 중요한 능력이지요."

카를은 멈칫하며 안나의 말에 귀 기울였다. 그리고 생각에 잠긴 얼굴로 이렇게 설명했다. "조명이 촬영을 앞둔 장면에 최적의 상태로 조절될 때까지 15분에서 20분 정도 한자리에 서 있어야 하는데, 그 시간 동안 나는 대본을 중얼거려요. 그리고 조명 기사가 뭘 하는지 관찰해요."

"이 자리에서 한 장면만 더 시범으로 연기해줄 수 있어요?" 안나가 물었다.

카를은 연기하는 것을 정말로 좋아했기 때문에 안나의 제안을 단번에 받아들였다. 안나의 얼굴을 보면서 이야기할 때는 그의 소심함이 드러났다. 하지만 지금 그녀 앞에서 한 장면을 재연하는 것은 단지 연기일 뿐이었다. 연기할 때는 마음이 편안했다. 그는 두 사람이 등장하는 긴 장면을 선택했다. 그는 일인이역을 하면서 이리저리 움직이며 까다로운 대사를 깔끔하게 소화해냈다.

그의 시범 무대가 끝났을 때 안나가 박수를 쳤다. 카를은 불안한 눈빛으로 안나를 쳐다보았지만, 안나는 진심으로 열광하는 것처럼 보였다. "정말로 연기를 잘하네요." 안나는 단어 하나하나에 힘을 주어 몇 번이나 거듭해 말했다. "정말로, 정말로, 잘하네요. 소름이 돋을 만큼 잘하네요."

"그저 그렇죠, 뭐." 카를이 말했다. "대본에 적혀 있는 그대로 하지는 않았어요. 두 군데를 배우가 연기하는 것과 다르게 해석했거든요. 이렇게 연기하는 편이 저한테는 더 자연스럽게 느껴져서요."

안나는 한동안 말이 없었다. 잠시 후 그녀가 말을 꺼냈다. "요약 좀 해볼게요. 스탠드인으로 일하지만 대본을 연구한다고 했지요. 아마 대본을 연구하는 유일한 스탠드인일 거예요. 그리고 주인공 배우를 관찰하고 분석해 배우의 역할을 정확히 똑같이 수행할 수 있지만, 일부 장면은 자신만의 방식으로 연기하기로 결정했고요. 게다가 조명에 관한 지식도 습득했다는 말이잖아요. 맞나요?"

"네, 맞아요."

"내 생각에 당신은 연기에 뛰어난 재능이 있어요." 안나가 아주 진지한 얼굴로 말했다. "당신은 지금 맡은 일에 통상적으로 요구되는 것보다 훨씬 더 많은 걸 수행하고 있어요."

카를은 안나의 칭찬이 자신에게 과하다고 느껴져 이렇게 대답했다. "나는 그저 모방을 잘할 뿐이에요. 나는 스타 배우가 아니에요. 대단한 재능도 없고요. 기껏해야 스타 배우의 행동을 관찰하고 모방할 뿐이지요." 그가 풀 죽은 얼굴로 이렇게 덧붙였다. "촬영 현장에서 내 이름을 아는 사람은 아무도 없어요. 내가 이름을 말해줘도 모두 금세 잊어버리죠. 재능은 개뿔."

안나가 힘차게 고개를 저었다. "비슷한 맥락에서 괴테는 이런 말을 했어요. '타인의 특별함을 알아보려면 우선 자신이 동일한 특별함을 지니고 있어야 한다. 어떤 특별함이 없는 사람의 눈에는 타인의 특별함이 보이지 않는다'라고요."

카를은 안나의 말을 인정할 수 없었다. "말도 안 돼요."

"이런 말도 있어요." 안나가 말했다. "진정한 재능을 알아볼 수 있는 기준은 두 가지다. 한 가지는 그 분야와 관련된 모든 일을 매우 빨리 습득하는 것이고, 다른 한 가지는 그 일을 매우 좋아하는 것이다."

"어떤 일을 빨리 습득하고 좋아하는 것이 그 일에 재능이 있다는 말이라고요?" 카를이 미심쩍다는 얼굴로 말했다. "내가 촬영 현장에서 하는 일은 내가 보기에는 전혀 특별한 일이 아닌 것 같은데요."

"그건 재능을 지닌 사람의 또 다른 특징이에요." 안나가 말했다. "본인들에게는 너무 당연하게 느껴져서 그게 특별한 재능이라는 사실을 인식하지 못하지요. 하지만 내가 방금 시범 연기를 보고 느낀 건데, 당신은 정말로 재능이 있어요."

그 말을 듣고 그는 손사래를 쳤다. 안나는 잠시 생각에 잠겨 있다가 이렇게 말했다. "당신이 어떤 대답을 할지 이미 짐작되긴 하지만, 그래도 한 가지 질문할게요. 만일 무엇이든 원하는 대로 이루어진다면 당신의 꿈은 뭔가요?"

카를은 잠시 생각해보았다. 당연히 그의 꿈은 배우, 멋진 스타가 되는 것이었다. "내겐 오래전부터 꿔 왔던 꿈이 있어요. 이루어질 리는 없겠지만, 나는 배우가 되고 싶어요……. 그건 분명해요."

"마크는 항상 이렇게 말한답니다. '당신에게 간절한 꿈이 있다면 그 꿈은 이미 이루어진 것이나 다름없다. 단지 이제 그것을 실현하기만 하면 된다'라고요." 안나는 이렇게 말하고 나서 자신의 책상 위에 놓여 있는 작은 조각상 모형을 가리켰다. 카를은 그것이 미켈란젤로의 다비드상이라는 것을 한눈에 알아보았다.

"이 조각상 아세요?" 안나가 물었다.

"네, 마크에게서 이야기 들었어요."

"나는 누구나 마음만 먹으면 그 이야기의 주인공이 될 수 있다고 생각해요." 안나가 말했다. "누구에게나 생각만 해도 가슴이 뛰는 꿈이 있는 것 같아요."

안나가 벽에 걸려 있는 글귀를 가리켰다.

날마다 당신의 머릿속을 떠나지 않는 것을 절대로 포기하지 말라.
이는 당신의 간절한 소망이다.

그 곁에 머물러 계속 주시하라.

그러면 좋은 결과가 있을 것이다.

"이 글귀가 왜 벽에 걸려 있는지 알고 싶은가요?" 안나가 물었다. 카를은 그 이유가 궁금했다. 안나가 막 이야기를 시작하려는 순간 전화벨이 울렸다. 마크에게서 온 급한 용무의 전화였다. 안나는 나중에 계속 이야기를 하자고 제안했다. 저녁에 식사라도 하면서…….

카를은 다시금 자신감을 완전히 잃어버렸다. 그는 안나의 얼굴을 바라보지 않고 중얼거리듯 말했다. "내가 보기에는 그다지 좋은 생각이 아닌 것 같은데……."

◆ ◆ ◆

얼마 후 집에 도착한 카를은 자신이 한심해서 견딜 수 없었다. 그는 계속 자신을 향해 욕을 해댔다. "뭐? 좋은 생각이 아니라고? 이 바보 같은 놈. 그것보다 더 좋은 생각이 어디 있냐고, 이 멍청아. 너 때문에 망했어."

그때 그의 핸드폰이 울렸다. 마크였다. "늦은 시간에 미안하지만 물어볼 게 있어서 전화했네. 내가 내일 직원 몇 명과 멕시코로 가서 중요한 인터뷰를 진행하고 촬영을 할 예정인데, 영상팀 한 명이 갑자기 동행할 수 없게 되었어. 안나의 말에 따르면 자네가 조명에 관해 아는 게 많다던데. 혹시 우리와 함께 멕시코에 가서 촬영을 도와줄 수 있겠나? 물론 보수는 제대로 지불할 걸세. 이참에 멕시코도 둘러볼 수 있고. 멕시코는 멋진 나라지. 귀국 예정일은 나흘 후라네."

카를은 예기치 않은 제안에 적잖이 당황했지만, 오랫동안 고민하지는 않았다. 출근해야 하는 날은 닷새나 남아 있었고, 한 번도 가본 적 없는 멕시코가 궁금하기도 했다. 그는 흔쾌히 마크의 제안을 수락했다.

"아주 잘되었네." 마크가 대답했다. "자네가 동행한다니 기쁘군. 안나도 틀림없이 기뻐할 걸세. 안나도 이번 출장팀의 일원이거든."

안나가 동행한다는 소식에 카를은 오늘 밤 자신이 잠을 이루지 못하리라는 것을 예감했다. 즉, 오늘 밤에는 새빨간 스웨터를 걸친 노파가 그에게 나타날 수 없을 것이다.

03

멕시코

새벽 세 시, 카를은 자신의 책상 앞에 앉아 있었다. 잠을 이루지 못하고 침대에서 뒤척이다가 자리에서 일어난 것이었다. 자꾸만 안나 생각이 나서 일어난 김에 뭔가를 해보려 마음먹었다. 그는 세 가지 질문과 피라미드형 도표, 도표에 관한 안나의 설명을 연결해보려 했다. 그리고 이런 질문과 생각들이 지금 자신의 상황에 어떤 도움이 될 수 있을지 숙고해보려 했다. 지금까지의 경험상, 뭔가를 이해하고 싶을 때는 자신의 말로 바꿔 정리하고 표현하면 이해하기가 쉽다는 걸 그는 알고 있었다. 그는 안나가 고안한 피라미드형 카드와 노파의 글과 자신의 메모를 참고해 생각을 정리했다. 그런 뒤 보라색 노트에 다음과 같이 적어 내려갔다.

마크는 나의 행복과 성공이 나의 자의식에 달려 있다고 주장한다. 마크의 말에 따르면 자의식은 다음과 같은 세 가지 요소로 이루어져 있다.

자신감:

나는 지금 내 삶에서 벌어지는 모든 일을 감당할 수 있다. 나는 앞으로도 내게 주어질 과제들을 잘 대처할 수 있다고 생각한다. 나는 다음과 같은 사실을 알고 있다.

나는 해낼 수 있다.

나의 코멘트 : 결정적인 순간이 오면 나는 해내지 못한다. 중요한 순간마다 나는 전혀 쿨하지 못한 사람이 된다.

자존감:

내가 보기에 나는 사랑받을 만한, 꽤 괜찮은 사람이다. 따라서 나는 행복을 누릴 만한 가치가 있는 사람이다. 나는 멋지고 행복한 삶을 살 자격이 있다. 나는 사랑받을 만한 가치가 있는 사람이다. 나는 스스로를 소중한 사람이라고 여긴다.

나는 사랑받을 만한 사람이다.

나의 코멘트 : 나는 특별한 사람이 아니다. 나는 지극히 평범하다. 내게는 특별한 재능이 없다. 나는 아주 평범한 대학생이다. 나는 유머가 많지만, 그렇다고 해서 안나가 나에게 반하지는 않을 것이다. 하지만 나는 안나에게 반했다. 안나는 사랑받을 만한 사람이다. 하지만 나는 그렇지 않다.

자아상:

나는 나를 잘 안다. 나는 내가 누구인지, 어떤 사람인지 알고 있으며 이에 감사한다. 나는 내가 무엇을 원하는지 안다. 나는 스스로를 이해한다. 나는 내가 어떤 결정을 왜 내려야 하는지 안다.

나는 내가 어떤 사람인지 안다.

나의 코멘트 : 여전히 이 문제에 관해서는 감이 잡히지 않는다. 이 문제는 내게 너무 추상적이다. 하지만 나는 이에 대해 잘 알고 싶다. 나는 모르지만, 마크와 안나는 나의 내면에서 뭔가를 인지한 것 같다. 이것이 내게는 당혹스럽다.

잠시 후 카를의 머릿속에 자의식에 관한 핵심을 요약하기 위한 아이디어가 떠올랐다. 그것은 '나는 해낼 수 있다'라는 하나의 문장으로 자의식의 세 가지 요소를 표현하는 것이다. 이 문장의 각 단어는 자의식의 세 가지 요소를 상징적으로 표현한다. 그는 이 문장의 단어들을 한 줄에 하나씩 적고 나서 그 뒤에 각 단어와 연관된 자의식의 요소를 적어보았다.

나는 = _____이다. (자아상/존재하는 방식)

해낼 수 = 있을까? (자신감/능력)

있다 = 나는_____자격이 있다. (자존감/사랑받을 만한 가치가 있음)

카를은 노트를 옆으로 치웠다. 머리로는 자의식에 관한 개념이 분명하게 이해되었다. 그는 자신이 자의식에 관한 내용을 잘 요약할 수 있다는 것을 깨달았다. 하지만 그렇다고 해서 자신의 자의식이 탄탄해지는 것 같은 기분이 들지는 않았다.

그때 핸드폰에서 메시지가 도착했다는 알림음이 울렸다.

> 나는 멋진 삶을 살 자격이 있다.

"그랬으면 좋겠네." 카를이 한숨을 내쉬었다. 바깥을 보니 날이 점점 밝아 오고 있었다. 그는 서둘러 짐을 챙겨 공항으로 향했다.

◆ ◆ ◆

약속 장소에 가보니 이미 마크, 안나, 그리고 두 명의 젊은 직원들이 도착해 있었다. 카를은 이들과 함께 탑승 수속을 했다. 마크는 일행 모두를 위해 커피를 사 온 후, 카를의 곁으로 가서 단도직입적으로 물었다. "자네, 안나가 마음에 드나?" 마크는 이렇게 말하며 카를의 얼굴을 유심히 살펴보았다.

"왜 그렇게 생각하세요?" 카를은 마크의 질문에서 빠져나가려고 이렇게 되물었지만, 그 시도는 마크에게 전혀 먹히지 않았다.

"어제 전화로 자네에게 안나가 동행할 거라고 알려주었을 때,

자네에게서 탄성이 흘러나오더군." 마크가 설명했다. "그리고 최근에 우리가 안나에 관해 이야기했을 때, 자네가 안나를 마치 몇 광년이나 떨어진 다른 세상의 사람처럼 여긴다는 인상을 받았지."

카를은 안나에 대한 자신의 감정을 부인하려 했지만, 뜻대로 되지 않았다. "맞아요. 정확히 보셨어요." 카를이 말했다. "그녀는 저와는 완전히 다른 세상 사람이에요."

"그걸 누가 정하지?" 마크가 물었다.

"그거야 제가……."

"한 가지 조언해도 되겠나?"

"네." 카를이 어깨를 으쓱거리며 대답했다.

"여러 해 전에 나는 지금 내 아내가 된 여성에게 반했었다네. 그 사람도 당시 내 눈에는 몇 광년이나 떨어진 다른 세상 사람처럼 보였지. 나는 그 사람에게 다가가기는커녕 도망쳐버렸어. 당시 나는 이 멋진 여성은 나보다 훨씬 좋은 남자와 어울린다고 여겼어. 그래서 지금 자네 기분이 어떤지 잘 알고 있다네."

카를은 깜짝 놀란 얼굴로 마크를 쳐다보았다. 이 쿨한 브레인이 예전에 마음에 드는 여성 앞에서 도망을 쳤다고? 지금의 나처럼?

마크가 계속 말했다. "그때는 내가 자의식에 관해 관심을 가지기 시작할 무렵이었어. 하지만 당시에는 나중에 이와 관련된 일을 직업으로 삼게 될 줄은 생각도 못 했지. 처음에는 단지 나 자신을 위해 자의식에 관해 연구했으니까. 당시에 나는 그저 열등감을 느끼지 않고 그 멋진 여성 곁에 있기만을 바랐어. 쉽지 않은 일이었지만 결국 해냈지."

"도대체 어떻게 해내셨어요?" 카를이 물었다.

"이런 과정을 거치며 나는 두 가지를 깨달았어." 마크가 설명했다. "사람들이 앞으로 나아가지 못하는 것은 자신, 그리고 자신의 능력에 대한 의구심과 염려 때문이라는 사실을 알게 된 거지. 사람들은 스스로 사랑받을 만한 가치가 없다고 여기기 때문에 좋아하는 사람으로부터 도망쳐버린다네. 그리고 자신이 어떤 사람이고 무엇을 할 수 있는지 모르기 때문에 자신이 즐겁게 잘할 수 있는 직업을 놓쳐버리지."

카를은 마크의 말을 이해하지 못하겠다는 표정으로 바라보았다.

마크가 말했다. "나의 첫 번째 깨달음은 다음과 같다네. 사람들은 저마다 두 가지 길 중 하나를 선택할 수 있다. 두려움의 길을 선택하는 사람은 자신의 행복으로부터 도망치지만, 사랑의 길을 선택하는 사람은 자신의 행복을 향해 다가간다."

"그래도 안나는 여전히 저와는 몇 광년이나 떨어진 다른 세상 사람이에요." 카를이 반박했다.

마크가 말을 이었다. "그러면 자네가 안나에게 어울릴 만한 멋진 남자가 되어야겠군. 자네를 발전시킬 최고의 동기부여가 될 것 같은데. 그리고 당시 내가 얻은 두 번째 깨달음은 다음과 같다네. 도망치는 것이 더 쉬운 길이다. 도망쳐버리면 애쓸 필요도 없고 아주 편하지. 하지만 자네는 도망치지 않고 스스로에게 이렇게 말해볼 수도 있을 거야. '멋진 여성은 멋진 남성을 만날 자격이 있다. 나는 나의 이상형인 멋진 여성을 위해 그녀에게 어울리는 멋진 남성이 될 것이다'라고 말이야. 이것이 그냥 도망쳐버리는 것보다 더 힘들긴 하겠지만, 더 멋진 길이지."

마크는 환하게 미소 지으며 이렇게 말했다. "당시 내 아내는 내가 나를 바라보는 시각과는 완전히 다른 눈으로 나를 보았다네. 나는 그 사람이 나를 바라보는 시각이 나의 시각보다 더 마음에 들었어. 그래서 나는 그 새로운 시각으로 스스로를 바라보는 법을 배웠다네. 그것은 내가 지금까지 내린 결정 중 최고의 결정이었어. 우리 두 사람은 20년이 넘도록 행복한 부부로 살고 있다네."

마크는 카를에게 탑승권 두 장을 건네주었다. "자네와 안나 두 사람 좌석이 붙어 있네." 그는 응원이라도 하듯이 카를의 어깨를 가볍게 두드리며 이렇게 말했다.

◆ ◆ ◆

잠시 후 기내에서 안나는 카를에게 자신이 어떻게 마크의 회사에서 일하게 되었는지 들려주었다. 안나의 말에 따르면 그녀는 마크의 단골 레스토랑 종업원으로 일하고 있었다. 그러던 중 레스토랑이 한가했던 어느 날, 마크는 자신이 작성한 광고 카피를 안나에게 보여주며 의견을 구했다. 안나는 광고는 아주 멋지지만, 카피 문구가 다소 아쉽다고 말해주었다.

그날 오후, 안나는 광고 카피를 직접 써서 다음 날 점심때 그것을 마크에게 보여주었다. 안나가 쓴 카피 문구가 너무나도 마음에 들었던 마크는 그 자리에서 안나에게 자신과 함께 일하자고 스카우트 제안을 했다.

"생각해보면 조금 신기하긴 했어요." 안나가 설명했다. "나는 어렸을 때부터 좋은 광고가 눈에 띌 때마다 수집해 왔었거든요. 짤막한 TV 광고영상뿐만 아니라 각종 광고지도 수집했어요. 어렸을 때부터 광고에 엄청나게 관심이 많았지만, 이렇게 직접 광고를 만들게 될 줄은 꿈에도 몰랐어요. 처음에는 내가 이 방면에 소질이 있다는 생각도 하지 못했지요. 하지만 마크는 사람들이 자의식을 갖도록 돕는 데 매우 뛰어난 사람이에요. 당신도 알다시피 '나는 어떤 사람인가, 나는 무엇을 할 수 있는가?'라고 자문하는 것 말이에요. 이런 과정을 거치면서 나는 놀랄 정도로 바뀌었어요."

카를은 의문이 담긴 눈으로 안나를 바라보았다. 안나는 그의 눈길을 느끼고는 이렇게 말했다. "예전의 나를 봤더라면 지금과는 아주 달라 보였을 거예요."

두 사람은 비행시간 내내 이야기를 나누었다. 때로는 진지했고, 때로는 가볍게 장난을 쳤다. 둘은 몇 번이나 큰 소리로 웃었다. 안나는 언제부터인지 무슨 일이든 스스로 해낼 수 있다는 확신을 가지게 되었다고 말했다. 그리고 설사 지금 해낼 수 없는 것이 있더라도 시간을 두고 배워나가면 된다고 말했다. "나는 언제든 좋은 해법을 찾아낼 수 있어요." 그녀가 강한 어조로 말했다. 카를은 그녀의 말이 옳다고 느꼈다.

안나는 지금까지 자의식을 마치 근육처럼 키워 왔다고 말했다. 사람들은 근육을 단련할 때 힘과 끈기를 키우고 유연성을 기른다.

안나는 인간의 자의식도 이와 마찬가지라고 말했다. 저마다 꾸준히 뇌를 훈련해 '나는 해낼 수 있어. 나는 사랑받을 만한 사람이야. 나는 내가 어떤 사람인지 알아'라고 확신할 수 있다는 것이다. 그리고 이렇게 되면 우리의 정신력, 끈기, 유연성이 강화된다는 것이었다.

카를은 안나와 함께라면 끝없이 이야기할 수 있을 것만 같았다.

◆ ◆ ◆

멕시코 입국 후 마크 일행은 인터뷰가 예정된 호텔로 갔다. 마크는 직원들에게 이제부터 매우 현명한 사람을 만나 그와의 대화를 촬영할 예정이라고 알려주었다. 그 사람은 멕시코에서 매우 존경받는 고령의 인디언, 돈 호세였다.

카를과 두 젊은 직원들은 카메라와 조명을 설치했다.

돈 호세는 소수의 수행원들과 함께 나타나 가장 먼저 마크에게 매우 반갑게 인사했다. "친구여, 오늘 이렇게 나를 다시 찾아주다니 이는 더없이 훌륭한 선물입니다. 그대처럼 좋은 사람들이 있기 때문에 인생은 멋진 것이지요."

이렇게 말하고 나서 돈 호세는 다른 사람들에게도 인사했다. 카를은 그를 유심히 관찰했다. 그는 나이가 많아 보였지만, 몇 세인지 가늠하기는 힘들었다. 그는 한마디로 현명해 보였는데, 그 이유는 그의 눈빛 때문인 것 같았다.

마크와 돈 호세는 준비된 두 개의 의자에 앉았다. 마크가 대화를 시작했다. "자기 자신에 대해 어떻게 생각하는지에 따라 우리 각자의 삶이 달라집니다. 우리의 삶은 자의식이 허용하는 만큼 아름답고 충만해집니다. 하지만 대다수의 사람들은 자의식이 너무 약합니다. 왜 그럴까요? 왜 이토록 중요한 것이 이처럼 부실할까요? 건강한 자의식을 지닌 사람들이 이처럼 적은 이유에 대해서는 여러 가지 해석이 있습니다. 철학자들은 이러한 현상을 설명해보려 오랫동안 시도해 왔습니다. 철학자, 다양한 종파의 성직자, 인류학자, 철학자, 사회학자들이 여러 가지 시도를 해 왔습니다.

제가 접했던 가장 인상적인 해석은 멕시코의 옛 인디언들이 생각해낸 해석입니다. 저는 오늘 멕시코 인디언들의 현명한 치유자, 돈 호세 님과 이야기를 나누게 된 것을 더없이 기쁘게 생각합니다. 존경하는 돈 호세 님, 이 자리에 참석해주셔서 진심으로 감사드립니다."

돈 호세가 이렇게 화답했다. "저를 이 귀한 자리에 초대해주셔서 매우 감사합니다. 나는 마크, 그대가 하는 일이 지극히 중요하다고 생각합니다. 그대는 새로운 학문적 연구를 통해 자의식이 어떻게 작동하는지를 사람들에게 설명해주지요. 내가 할 수 있는 작은 일은 그대가 제기했던 문제, '자의식이 탄탄한 사람들이 왜 이처럼 적은가?'에 대답하는 것입니다.

이와 관련해 나는 낙원에서 살았던 아담과 이브의 이야기를 자주 합니다. 많은 사람들이 이 이야기를 알고 있지만, 제대로 이해하지 못하고 있지요. 멕시코 인디언의 관점에서 바라본 이 이야기는 단순한 옛날이야기가 아니라, 당신과 나에 관한 현재의 이야기입니다."

우리 인간들은 본래 낙원에 살고 있었습니다. 낙원은 특정한 장소가 아니라, **우리가 자신과 세상을 '있는 그대로 바라보는' 상태**를 가리킵니다. 이 이야기에는 두 가지 나무가 등장합니다. 첫 번째 나무는 진리를 알게 해주는 나무입니다. 아담과 이브는 이 나무의 열매를 먹어서는 안 되며, 이 나무에 가까이 가서도 안 된다는 명령을 받습니다. 이 명령을 어기면 하느님이 이들을 낙원에서 추방해버릴 거라는 말도 듣습니다.

왜 하느님은 아담과 이브를 이 첫 번째 나무에 가까이 가지 못하게 했을까요? 이 나무의 가지에는 아주 커다란 독사가 살고 있었습니다. 이 뱀은 거짓말을 하면서 '염려'의 메시지를 퍼뜨렸습니다. 즉, 이 뱀의 독은 '염려'

였어요. 이 나무의 열매를 먹으려 하는 사람은 나뭇가지에 사는 뱀의 이야기를 들을 수밖에 없었지요. 뱀의 이야기를 들은 사람은 막대한 염려와 의심을 품을 수밖에 없었어요.

아담과 이브는 그것을 알지 못했습니다. 이들은 순수했고 누구의 말이나 믿었지요. 아담과 이브는 금지된 나무로 다가갔어요. 그리고 뱀은 이야기를 시작했고…… 우리 인간들은 뱀의 이야기에 귀를 기울였지요. 그리고 우리는 그 이야기를 믿었습니다. 자신에 관한 뱀의 이야기를 믿었어요.

돈 호세는 잠시 이야기를 멈추었다.

마크가 물었다. "이건 도대체 무슨 이야기인가요? 현자께서는 왜 이 이야기가 우리 모두의 이야기라고 말씀하시나요?"

돈 호세가 설명했다. "많은 사람들은 예를 들어 성경을 통해 이 이야기를 알고 있습니다. 아담과 이브가 금지된 나무의 열매를 따 먹는 순간 갑자기 모든 것이 변해버렸지요. 그들은 낙원에서 추방 당했습니다. 우리 멕시코 인디언들은 뱀의 이야기가 지닌 파괴적인 힘이 인간의 마음속에 의심과 염려를 불러일으켰다고 말합니다.

아담과 이브는 우리 개개인을 상징합니다. 우리 인간들은 어느 순간부터 선한 세상을 더는 믿지 않게 되었습니다. 그리고 우리 자신을 더 이상 믿지 않게 되었어요. 마음속 의심이 우리에게 독을 퍼뜨린 것이지요.

이제 우리들은 자신의 진실을 바라보지 않으리라 마음먹었습니다. '우리는 지금의 존재 그 자체로 선하다'라는 진실을 외면하고, 거짓말을 믿게 된 것이지요. 우리들은 자신에 관한 거짓된 이야기를 믿어 왔습니다. 그리고 죄를 지었습니다. 여기에서 죄란 우리 내면의 진실을 외면하는 것을 의미합니다. 우리 인간들이 이 죄를 지었을 때부터 인간들은 자신을 더 이상 신뢰하지 않게 되었습니다. 그리고 우리의 자의식은 사라져버렸지요.

뱀은 우리에게 두 가지 거짓말을 했습니다. 뱀이 우리 인간들에게 퍼뜨린 첫 번째 거짓말은 다음과 같습니다. 너는 그다지 괜찮은 사람이 아니야. 너는 완벽하지 못한 존재야. 너는 사랑받을 자격이 없어.

이로 인해 대부분의 사람들은 자신이 누구인지, 어떤 사람인지 더 이상 제대로 알 수 없게 되었습니다. 사람들은 자신의 본질과 다른 왜곡된 모습으로는 온전히 존재할 수 없기 때문입니다. 우리가 스스로의 존재를 왜곡된 방향으로 믿기 시작하면, 우리는 자신이 누구인지, 어떤 사람인지 파악할 수 없습니다. 그러면 자신이 왜 이 세상에 존재하는지도 알 수 없지요.

뱀이 인간들에게 퍼뜨린 두 번째 거짓말, 즉 '너는 해낼 수 없어'라는 거짓말 또한 이처럼 극적입니다. 어린아이들은 자신이 무엇이든 할 수 있다고 믿지요. 이들이 사는 곳은 낙원입니다. 하지만 시간이 지나면 이들은 '있는 그대로의 자신'이 세상으로부터 탐탁지 못한 평가를 받는다는 사실을 알게 됩니다. 자신이 '부족한' 존재라는 평가를 접하게 됩니다. 이러한 과정을 통해 이 두 가지 거짓말은 현실이 됩니다. 즉, 사람들은 '우리는 부족한 존재야. 우리는 이것도 못 하고 저것도 못 해'라고 인식하게 됩니다."

마크가 말했다. "현자께서 이야기를 간단히 요약해주셨군요."

돈 호세가 마크의 말을 확인했다. "네, 이야기를 요약하자면 '너는 부족한 사람이야. 너는 별다른 가치 없는 사람이야. 네가 할 수 있는 일도 얼마 없을뿐더러, 그것조차 너는 제대로 해낼 수 없어'라는 거지요. 이 이야기가 사람들의 '새로운 정체성'이 되어버리는 것입니다. 이 세상과 각자에 관한 '새로운 진실'이 되어버린 셈이지요. 성경에 따르면 아담과 이브는 '거짓의 열매'를 따 먹자마자 자신들이 벌거벗었다는 것을 처음으로 느꼈습니다. 스스로를 악하고 가치 없는 죄인이라 느껴 하느님이 보이지 않는 곳으로 숨어버렸습니다. 다시 말해서 이들은 낙원을 떠나버렸습니다."

"이 이야기가 우리의 자의식과 무슨 관계가 있지요?" 마크가 물었다.

돈 호세가 설명했다. "결과적으로 아담과 이브는 자신의 자의식을 상실한 것이지요. 이들은 자신이 어떤 사람인지, 무엇을 할 수 있는지, 얼마나 소중한 존재인지를 더는 알 수 없었어요.

이로 인해 아담과 이브는 세상이 어떤 것인지도 파악할 수 없었지요. 왜냐하면 사람들은 세상을 '자신의 존재에 대해 가지는 생각', 즉 '자아상'이 투영된 '반사체'로 접하기 때문입니다. 결국 사람들은 세상에 대한 신뢰 또한 상실해버렸어요."

"듣고 보니 아주 희망이 없는 것 같네요." 마크가 한마디를 툭 던졌다.

돈 호세가 미소를 지었다. "그렇지는 않습니다. 왜냐하면 이야기는 끝나지 않았으니까요. 좋은 소식이 하나, 나쁜 소식이 하나 있습니다. 사람들이 자의식을 상실했다는 것은 나쁜 소식이지요.

좋은 소식은 이 이야기가 어떻게 전개될지 결정하는 주체가 바로 우리 자신이라는 것입니다. 우리가 접할 수 있는 나무는 두 가지입니다. 첫 번째 나무는 '거짓의 나무'입니다. 우리는 이 나무의 거짓말을 믿어서는 안 됩니다. 이 나무의 거짓된 목소리에 귀 기울이는 것 자체가 좋지 않습니다. 그 대신 두 번째 나무의 목소리에는 귀를 기울여도 좋습니다. 이는 '생명의 나무'입니다. 이 나무의 열매를 따 먹고 목소리를 들으면 마음이 안정됩니다. 우리의 마음은 점점 더 확신과 힘으로 가득 찰 것이고, 우리의 꿈은 절대로 사라지지 않습니다."

"생명의 나무가 전하는 메시지를 어떻게 요약할 수 있을까요?" 마크가 물었다.

"두 번째 나무는 우리에게 이렇게 말합니다. '나는 충분히 멋진 사람이야. 나는 해낼 수 있어.'" 돈 호세가 대답했다.

"이 옛날이야기가 무엇을 의미하는지 설명해주시겠습니까?" 마크가 요청했다.

돈 호세가 빙그레 웃으며 대답했다. "우리는 자신의 이야기를 새롭게 써나갈 수 있습니다. 자신에 관한 생각과 믿음을 바꾼다면, 우리는 꿈을 실현할 수 있습니다. 우리는 날마다 자신의 이야기를 새롭게 써나갈 수 있습니다. 날마다요.

이것이 행복해질 수 있는 유일한 길입니다. 나를 행복하게 하는 나의 이야기를 만들어내는 것이지요. 자신에 관한 믿음과 생각을 바꾸는 것입니다.

우리는 날마다 생명의 나무 곁으로 가서 그 열매를 따 먹을 수 있습니다. 그러고 나면 안정감이 들지요. 그리고 마음속에 힘과 확신이 생깁니다. 이렇게 우리는 자신에 관한 생각과 믿음을 변화시켜 갑니다. 다른 말로 표현하자면, 우리가 스스로를 비판하는 것을 멈추면 그 즉시 우리가 머무는 곳은 다시 낙원이 됩니다. '너는 이러이러해야 하는데 지금은 그렇지 않아'라는 말을 멈추면 우리가 머무는 곳이 다시 낙원이 됩니다."

"우리는 자신에게 어떤 질문을 던져야 할까요?" 마크가 물었다.

돈 호세는 잠시 후 이렇게 대답했다. "'너는 지금 네 이야기에 만족하니? 만일 그렇지 않다면, 네 삶의 이야기를 새롭게 바꿔봐' 라고 자신에게 말해보십시오."

카를은 자신이 현명한 멕시코 인디언의 설명을 전부 제대로 이해했는지 확신이 들지 않았다. 카를에게 있어 그 두 나무는 누구였을까? 혹은 무엇이었을까? 그는 자신이 마크나 안나와 함께 있을 때 평소보다 기분이 훨씬 좋았다는 것을 직관적으로 느꼈다. 그들과 함께 있을 때마다 카를은 '이 두 사람은 내가 뭐든 해낼 수 있다고 믿는구나'라고 생각했다. 그리고 카를에 대한 그들의 믿음에 조금씩 물들어 갔다. 그들과 함께 있으면 그냥 기분이 좋았다.

반면 다른 사람들과 이야기를 나눌 때에는 이와는 다른 기분이 들었다. 카를의 부모님이든, 친구들이든, 영화 촬영을 함께하는 사람들이든……. 이 사람들과 함께 있을 때면 카를은 '그건 내가 할 수 없어. 나는 부족한 점이 많아'라는 생각을 자주 했다.

고령의 현명한 멕시코 인디언이 이야기했던 두 나무는 이것을 의미한 것일까? 카를은 마크에게 이에 관해 물어보기로 마음먹었다.

◆ ◆ ◆

하지만 일행은 우선 다 같이 저녁 식사를 하러 갔다. 마크는 굴을 매우 좋아했기에 커다란 접시에 굴이 한가득 담겨 나오는 '오이스터 록펠러'를 주문했다. 마크는 자신이 주문한 굴요리를 다른 사람에게 나눠주려 했지만, 마크 외에는 아무도 굴을 좋아하지 않는 것 같았다.

"모두들 사양하니 혼자서 전부 다 드시면 되겠네요." 카를이 싱긋 웃으며 말했다. 카를은 스테이크, 안나는 비건 메뉴를 주문했고, 젊은 직원 두 명은 파스타를 먹었다. 맛있는 음식을 먹으며 유쾌한 대화를 나누다 보니 서너 시간이 훌쩍 지나갔다.

식사가 끝난 후 카를과 마크는 아름다운 호텔 정원을 거닐었다. 조명이 밝게 비추는 정원 산책로에서 마크는 카를보다 두세 발자국 앞서 걸어갔다. 두 사람은 각자 깊은 생각에 잠겨 있었다.

그러던 중 카를의 눈에 갑작스럽게 끔찍한 장면이 들어왔다. 앞에서 걸어가던 마크의 등 쪽에서 요동치는 심장이 보이는 것만 같았다. 카를은 마크의 재킷이 상당히 거세게 들썩이는 모습을 분명히 보았다. '그럴 리가 없어.' 카를은 이렇게 생각하면서도 마크에게 자신이 본 것을 그대로 이야기했다.

"지금 내 컨디션이 아주 좋지 않네." 마크가 웅얼거리듯 말했다. "갑자기 몸이 이상해. 어디라도 좀 앉아야지……." 마크는 이렇게 말하면서 벤치 위에 털썩 주저앉았고, 카를은 마크의 곁에 앉았다.

카를은 마크의 얼굴을 보고 깜짝 놀랐다. 마크의 얼굴은 열기로 달아올라 있었고, 땀범벅인 피부가 조명 아래 번들거렸다. 카를은 조심스럽게 마크의 이마에 손을 대보았다. 마크의 이마는 펄펄

끓듯이 뜨거웠다. 카를은 마크의 양손을 잡아보았다. 마크의 손은 힘없이 축 처져 있었고 얼음장같이 차가웠다. 뭔가 심상치 않은 일이 마크에게 일어나고 있었다. 카를은 자신이 뭘 해야 할지 급히 생각해보았다. 응급처치 교육 시간에 제대로 집중하지 않았던 것이 뼈저리게 후회되었다. 마크는 눈을 감고 지친 몸을 벤치에 기대고 있었다.

이제 카를은 마크의 명치 위에 손을 올렸다. 마크의 심장 박동이 분명하게 느껴졌다. 마크의 심장은 상상도 하지 못할 만큼 강하게, 미친 듯이 뛰었다. 카를은 순간 마크가 죽어 간다는 생각이 들었다. 왜 그런 생각이 들었는지 설명할 수는 없었지만, 그는 확신했다. 그러자 놀랍게도 마음이 무척 차분해졌다. 그 순간 갑자기 머릿속에 마크가 저녁으로 먹은 굴이 떠올랐다. 그것이 원인임이 분명했다. 그 굴들을 마크의 위장 밖으로 꺼내야만 했다.

카를은 손가락 두 개를 쭉 펴고 자신의 손을 마크의 입 안으로 최대한 깊숙이 밀어 넣었다. 그의 계획이 적중했다. 마크가 앞쪽으로 몸을 수그리더니 격렬하게 토사물을 쏟아냈다. 카를은 최선을 다해 마크의 몸을 지지하려 애썼다. 마크는 몸을 부르르 떨다가 구토를 몇 차례나 거듭하고는 그 자리에 털썩 주저앉아 몸을 추스르지 못했다.

카를은 마크의 두 다리를 벤치 위에 올려놓고 그의 몸을 옆쪽으로 눕혔다. 그리고 자신의 재킷을 벗어 마크의 머리 아래에 놓왔다. 그 후 있는 힘을 다해 로비로 달려가 구조를 요청했다. 호텔 매니저가 호텔 주치의에게 연락해보겠다고 약속했다.

"그걸로는 안 돼요." 카를이 소리쳤다. "지금 즉시 구급차가 필요해요. 제 일행의 상태가 매우 좋지 않아요."

안나가 카를의 목소리를 듣고 달려와 커다란 소리로 말했다. "여기는 내가 알아서 할게요."

카를이 다시 마크에게 달려가보니 마크는 꼼짝도 하지 않고 그대로 있었지만 좀 전보다는 다소 진정되어 보였다. 마크가 흐릿한 소리로 웅얼거려 카를은 그에게로 몸을 수그려 귀를 기울였다. 마크는 이렇게 말했다. "다 잘될 거야."

"지금 보니 정말로 제정신이 아닌 사람이 맞네요." 카를이 나지막한 목소리로 말했다. 카를은 마크에게 미소를 지을 수밖에 없었다. 마크는 몸 상태가 정말로 좋지 않았지만 카를에게 용기를 주려 애쓰고 있었다. 카를은 생각했다. '도대체 뭐 이런 사람이 다 있지? 도대체 이런 강인함은 어디에서 나오는 걸까?'

구급차가 예상보다 훨씬 일찍 도착했는데, 그 이유는 나중에 안나에게서 들어 알게 되었다. 멕시코시티에서 구급차가 이렇게 일찍 나타나는 것은 흔한 일이 아니었다. 그것은 안나가 상당히 고액의 '팁'을 지불하겠다고 제안한 덕분이었다.

의사는 곧바로 마크를 진찰했다. 손놀림 하나하나가 능숙했다. 1분도 되지 않아 의사가 "veneno"라고 설명했다. '독'이라는 말이었다. 그러고 나서 의사는 마크에게 수액을 주입할 정맥 경로를 확보한 후, 수액라인과 연결했다. 의사는 여러 번 반복해서 마크의 맥박을 체크했다. 마크의 맥박은 점점 빨라졌다. 의사가 "Nada de bueno"라고 중얼거렸다. 상태가 좋지 않다는 말이었다. "환자의 심장이 독을 감당하지 못하는군요. 강심제를 투여해야겠어요. 수액의 효과를 기다릴 여유가 없습니다." 의사는 바늘이 매우 긴 주사를 들고 마크의 목에서 혈관을 찾아 그 부위를 소독하고 주삿바늘을 찔러 약물을 주사했다. "이 주사가 환자의 심장을 강화해 줄 겁니다."

의사는 이렇게 치료를 하는 동시에 구급대원들에게 여러 가지 지시를 했다. 구급대원들은 점점 차가워지고 있던 마크의 몸을 담요로 따뜻하게 감싸주었다. 의사가 카를에게 이렇게 설명했다. "냉기가 심장에 이르면 환자는 사망합니다. 이를 저지해야 합니다. 환자가 정신을 잃지 않도록 계속 말을 거세요."

카를의 눈에는 눈물이 고였지만, 여전히 정신은 바짝 차리고 있었다.

마크에게 무슨 말을 해야 할지 생각이 나지 않았다. 그래서 그는 마크의 귀에 "다 잘될 거예요"라고 나지막하게 말했다.

"내가 아까 그렇게 말하지 않았나." 마크가 아주 희미한 목소리로 이렇게 대답했다. 카를은 마크가 이 와중에도 자신에게 미소를 지어주려 애쓴다는 것을 확실히 알아보았다.

잠시 후 주사의 효과가 나타나기 시작했다. 우선 카를은 마크의 심장이 더 이상 아까처럼 요동치지 않는다는 것을 감지했다. 이윽고 마크의 심장 박동이 눈에 띄지 않는 정도가 되었다. 그러자 의사가 엄지손가락을 척 하고 위로 올리더니 "Va a vivir"라고 말했다. 환자가 살아남을 것이라는 말이었다.

마크의 맥박이 진정되자 의사가 이렇게 말했다. "이제 환자가 잠이 들도록 놔두어도 됩니다." 이제 마크는 고비를 넘겼다. 의료진은 만일을 대비하여 다음 날 아침까지 경과를 관찰하기 위해 마크를 병원으로 이송했다.

◆ ◆ ◆

위험한 순간이 지나자 카를은 가볍게 몸을 떨기 시작했다. 그는 호텔 로비에 있는 소파에 몸을 기댔다. 그제야 그는 자신이 얼마나 긴장했었는지를 느꼈다. 갑자기 울음이 터져 나왔다. 한참 동안 눈물이 그의 뺨을 타고 흘러내렸다. 그는 자신이 왜 우는지 알 수 없었지만, 스스로가 부끄럽지는 않았다. 그는 자신의 내면이 무언가 변화했다는 것을 감지했다.

안나는 카를을 유심히 살펴보았다. 그리고는 그의 팔 위에 손을 올리고 가볍게 쓰다듬어주었다. 안나는 오랫동안 그의 곁에 묵묵히 앉아 있었다.

얼마 후 안나가 이렇게 말했다. "눈물은 중요한 신호예요. 눈물을 흘리는 것이 우리의 마음이 뭔가를 이해했다는 사실을 알리는 유일한 방도일 때도 있답니다."

카를은 묵묵히 고개를 끄덕였다. 그는 뭔가 중요한 것을 이해했지만, 아직 그것을 말로 표현할 수는 없었다.

안나는 조심스럽게 양팔을 내밀어 카를을 따뜻하게 안아주었다. 두 사람은 한참 동안 소파에 앉아 서로를 껴안고 있었다. 마침내 안나가 카를의 뺨에 부드럽게 키스를 했다.

◆ ◆ ◆

다음 날, 팀의 나머지 일행이 어젯밤 사건을 전해 들었다. 이 사건은 일반적인 식중독이 아니라, 주방보조 한 명이 굴 위에 강력한 제초제를 뿌린 것이 원인이 되어 일어난 것이었다. 실수로 제초제를 밀가루로 착각한 것이다.

만일 돈 호세의 친척 한 명이 그 주방에서 일하지 않았더라면 이러한 사실은 끝까지 밝혀지지 않았을 것이다.

일행은 모두 세계적인 일류 호텔에서 상상조차 하기 힘든 일이 벌어졌다는 사실에 분노했다. 하지만 모두가 분노보다는 마크가 깊은 잠을 자고 난 후 훨씬 나아졌다는 사실에 안도하는 마음이 컸다.

카를이 마크의 생명을 구한 셈이었다. 만일 어제 마크가 쓰러졌을 때 카를이 곁에 없었더라면 아마도 마크는 제때 구조를 받지 못했을 것이다. 카를이 마크의 구토를 유도한 것은 매우 적절한 조치였다. 이를 통해 마크의 체내에 있던 독의 많은 부분이 몸 밖으로 빠져나올 수 있었다. 당직 의사가 즉각적으로 적절한 조치를 취한 것도 행운이었다.

◆ ◆ ◆

마크 일행은 귀국 일정을 이틀 연기해야 했다. 마크가 완전히 회복되려면 그만큼의 시간이 필요했다.

아침 식사 중에 카를의 핸드폰이 울렸다. 설마 그럴 리가…….

하지만 놀랍게도 카를의 핸드폰에는 마크가 보낸 메시지가 도착해 있었다.

> 나는 내 친구들과 삶을 신뢰한다.

메시지를 읽는 순간 카를은 마크가 자신의 친구가 되었다는 것을 깨달았다. 그리고 갑자기 엄청난 부자가 된 것 같은 기분이 들었다. '그래, 마크는 삶을 진정으로 신뢰하지. 나도 그처럼 삶을 신뢰하고 싶어!' 그는 이렇게 생각했다.

◆ ◆ ◆

그 후 카를은 마크를 방문하고 나서 돈 호세와 이야기를 나누었다. 그 현명한 멕시코 인디언은 카를이 마크의 생명을 구한 것을 이미 들어 알고 있었다. 그는 카를에게 과할 만큼의 칭찬을 했다. "자네의 대처는 아주 적절했어. 그것은 내면의 지혜와 소통하는 사람만이 할 수 있는 행동이지."

카를은 돈 호세의 과한 칭찬이 부담스러웠다. 그는 자신을 향한 칭찬을 물리치려 애썼다.

"칭찬을 받아들일 수 있는 것은 성숙함의 증거일세." 돈 호세가 현명함이 엿보이는 미소를 지으며 설명해주었다.

"그렇다면 저는 상당히 미성숙한 사람이네요." 카를이 뭔가를 깨달은 듯한 얼굴로 대답했다. 카를은 두 나무 이야기로 대화를 옮겨 갔다. 그 이야기에 깊은 인상을 받았기도 했고, 대화 주제를 자신에게서 다른 곳으로 바꾸고 싶기도 했다. "저는 낙원 이야기에 대한 선생님의 해석이 정말 너무나도 멋지다고 생각해요. 인간에게 벌을 주는 하느님 이야기가 아니라, 자유의지를 지닌 인간의 이야기. 사람들이 각자 진실과 거짓, 자의식과 염려, 둘 중 하나씩을 선택한다는 이야기요."

돈 호세는 동의를 표하듯이 고개를 끄덕였다. "자네가 그 중요한 진실을 이해했다니 기쁘군."

"하지만 제가 두 나무의 의미를 제대로 이해했는지는 잘 모르겠어요." 카를이 말을 이었다.

돈 호세가 이렇게 설명했다. "자네도 어떤 사람을 만나고 나면 힘이 나는 반면, 어떤 사람을 만나고 나면 힘이 빠지는 경험을 해보았을 거야. 어떤 사람을 만나고 나면 자신에 관해 더 곰곰이 생각하게 되는 반면, 어떤 사람을 만나고 나면 자신에 대해 덜 생각하게 되는 경험도 해보았을 거야. 또 어떤 사람을 만나고 나면 왠지 모르게 세상이 평소보다 조금 더 아름답게 보이거나 혹은 덜 아름답게 보이기도 하지.

자네가 어렸을 때는 두 나무 중 어떤 나무의 영향을 받을지 스스로 결정할 수 없었지. 선택의 여지가 없었으니까. 하지만 이제 자네는 어른이 되었어. 어른이란 뭔가를 스스로 선택할 수 있다는 것을 의미한다네. 대부분의 사람들은 어린아이로 머물고 싶어 한다네. 자신의 선택에 대한 책임을 지길 꺼리지. 대부분의 사람들은 어른이 되어서도 자신에게 선택권이 없다고 스스로를 설득한다네. 하지만 그건 옳지 않아. 자네는 자신의 이야기를 새롭게 써나갈 수 있어. 자네는 스스로에게 이렇게 말해줄 수 있어. '나는 충분히 괜찮은 사람이야. 나는 소중한 사람이야. 나는 멋지게 세상을 살아갈 자격이 있어. 나는 내 삶을 잘 살아낼 수 있어. 나는 해낼 수 있어'라고 말이야."

"자신에게 그렇게 말해줄 수는 있겠지만, 진심으로 그렇게 믿어지지는 않아요." 카를이 대답했다. "정말로 그렇게 믿고 싶은데도요. 정말로." 그가 이렇게 덧붙였다. "저는 정말로 온 마음을 다해서 그렇게 믿고 싶어요. 저는 마크처럼 강인해지고 싶어요. 마크처럼 죽음과 사투를 벌이면서도 '다 잘될 거야'라고 말할 수 있는 사람이 되고 싶어요."

돈 호세가 카를의 말에 이렇게 대답했다. "그런 강인함을 처음부터 갖고 있던 사람은 어디에도 없다네. 나도 마찬가지고, 마크도 마찬가지야. 우리 두 사람 모두 가장 처음에는 '거짓의 나무'의 목소리에 귀 기울이지 않는 것부터 시작해야만 했어. 그리고 이와 동시에 '생명의 나무'의 목소리에 집중하는 연습을 해야 했지. '너는 충분히 괜찮은 사람이야. 너는 해낼 수 있어'라는 소리에 귀를 기울이려고 노력했어."

카를은 돈 호세에게 묻고 싶은 것이 또 하나 있었다. "마크가 자의식에 세 가지 측면이 있다고 설명해주었어요. 자신감, 나는 내가 모든 것을 감당할 수 있다는 것을 안다. 자존감, 나는 나 자신이 사랑받을 만한 멋진 사람이라고 여긴다. 자아상, 나는 자신이 어떤 사람인지 알고 이에 대해 감사한다. 마크에게서 자의식에 관한 이야기를 듣고 나서 고민해보았어요. 나는 도대체 누구이며 어떤 사람인가? 하지만 저는 이 질문에 대답할 수가 없어요."

"자네의 영적 발전은 스스로에게 '나는 누구이며 어떤 사람인가?'라는 질문을 하는 순간부터 시작된다네." 돈 호세가 설명했다.

카를은 이해가 가지 않는다는 얼굴로 고령의 멕시코 인디언 돈 호세를 쳐다보았다.

"자네의 영적 발전은 이 질문에 대답하는 순간부터 시작되는 것이 아니라, 질문하는 순간부터 시작되지. 질문에 대한 대답은 시간이 가면 저절로 나오게 되어 있어. 중요한 것은 자네가 이 질문에 대해 마음을 여는 것이라네."

카를은 갑자기 뭔가를 깨달은 것 같은 기분이 들었다. 그의 말에 따르면 이 질문을 스스로에게 던진 것 자체가 좋은 일이다. 조금 전까지만 해도 그는 이 질문에 지금 당장 답을 내려야 한다고 생각하고 있었다. 그리고 답을 할 수가 없었기 때문에 기분이 좋지 않았다. 그런데 돈 호세의 말을 들으니 스스로 그 질문을 던져보았다는 사실만으로도 충분히 기분 좋을 만한 일이었다.

그때 돈 호세가 그에게 한 가지 제안을 했다. "나도 그 질문에 대해 오랫동안 답을 찾지 못했었다네. 그래서 질문의 형태를 조금 바꾸어서 '나는 어떤 사람이 되고 싶은가?'라고 질문해보았어. 그 때부터 나는 내게 정말로 중요한 것이 무엇인지 고민하기 시작했지. 하고 싶은 일은 무엇인지, 하기 싫은 일은 무엇인지 고민하기 시작했다네. 이 질문에 대답하는 데 처음에 가장 도움이 되었던 것은 내가 하기 싫은 일이 무엇인지 분명히 아는 것이었네. 그게 가장 쉬웠지. 그러니 자네도 그것부터 시작해보게나."

카를은 그에게 자신의 법학 공부에 관해 이야기하기 시작했다.

자신은 본래 법학을 전공하고 싶은 마음이 전혀 없었다고 이야기했다. 그러는 동안 카를은 한 가지 사실을 알게 되었다. 그렇다. 그것은 카를이 하기 싫은 일이었다. 그는 갑자기 한 가지 확신, '학업을 중단해야겠어'라는 확신이 들었다.

카를이 이러한 생각을 돈 호세에게 말하자, 돈 호세는 이렇게 말했다. "지금까지 자네는 타인들의 목소리를 들으며 살아온 걸세. 부모님의 목소리, 친구들의 목소리를 들으며 그것이 자신의 이야기라고 여겼던 거지.

하지만 그것은 자네의 자아상이 아니라 '제삼자의 상'이었어. 타인들에 의한 자네의 모습일 뿐, 자네의 내면에서 나온 자네의 자아상이 아니었지. 그리고 동시에 자네는 스스로 불행하다고 느껴 왔지.

이제 자네가 깨달았다시피, 자네는 지금까지와는 다른 새로운 이야기를 들려줄 수 있어. 자네에게 어울리는 이야기. 자네의 자아상을 바탕으로 자네에게 어울리는 이야기를 만들어 갈 수 있다네. 자네는 자신만의 새로운 이야기를 찾게 될 걸세. 이를 위해 다음과 같이 스스로에게 물어보게나. 너는 무엇을 할 수 있기를 원하니? 너는 어떤 사람이 되고 싶니? 네 목표는 무엇이니? 너는 무엇을 이루고 싶니? 너는 남들에게 어떤 존재이길 원하니?"

카를이 대답했다. "저는 무엇보다도 안나의 이상형이 되고 싶어요."

"그렇다면 자네가 이미 안나의 이상형이라는 걸 인정하고 깨달으면 되네." 돈 호세가 카를에게 설명해주었다. "자네에게 이루고 싶은 간절한 꿈이 있다면, 자네는 이미 그 꿈을 이룬 것이나 다름 없다네. 자네는 이런 자연의 섭리를 분명히 알기만 하면 돼. 누군가에게 어떤 소망이 있다면, 그 사람에게는 이미 그 소망을 이루는 데 필요한 능력이 주어져 있어. 이것이 자연의 섭리라네. 자신에게 다음과 같은 질문을 던져보면 이 자연의 섭리를 인식할 수 있게 될 거야. 나는 어떤 사람인가? 나는 어떤 사람이 되길 원하는가? 이렇게 스스로 묻다 보면 자네는 다음과 같은 사실을 점점 더 잘 이해하게 될 거야. 누군가에게 간절한 꿈이 있다면, 그 사람은 이미 그 꿈을 이룬 것이나 다름없다.

지금 이 순간 우리 눈에 보이는 자신의 모습이 온전한 형상은 아니라네. 이는 첫 번째 나무가 속삭이는 거짓이 반영된 모습일 뿐이지. 이제 자네가 얼마나 멋진 사람인지 자기 자신에게 말해줄 때가 되었네."

"저도 그럴 수 있으면 좋겠어요." 카를이 머뭇거리며 말했다. "하지만 그 방법을 모르겠어요."

"정말로 그렇게 말할 수 있기를 원하는가?" 돈 호세가 이렇게 다그쳤다.

"네. 정말로 원해요."

돈 호세가 만족한 얼굴로 고개를 끄덕이며 말했다. "건강한 자의식을 지니고 자신의 가치를 아는 사람들은 '난 사랑받을 만한 사람이야. 난 나를 사랑해. 난 내가 자랑스러워'라고 자신 있게 말할 수 있지. 자네도 이렇게 말할 수 있길 원하는가?"

"네, 저도 그러고 싶어요."

"그러면 이제 그렇게 말을 하게." 돈 호세가 말했다.

카를은 그의 말을 제대로 이해할 수 없었다. "저는 스스로에 대해 그런 생각을 가지고 싶다는 말이었는데요."

"물론 그렇겠지." 돈 호세가 대답했다. "하지만 그런 생각을 가지기 위해서는 우선 그런 말부터 해야 한다네. 거울 앞에 서서 '카를, 난 너를 사랑해. 나는 네가 자랑스러워'라고 말하고 나서 지금 이 순간 자신의 어떤 점이 자랑스러운지 구체적으로 말해보게."

"그게 도대체 무슨 소용이 있지요?" 카를이 물었다. "그런 말을 한다고 해서 제 생각이 바뀌는 건 아닐 텐데요."

"자네의 생각을 지배하는 부정적인 혼잣말을 자신에 관한 긍정적인 새로운 이야기로 대체하는 거야." 돈 호세가 차분하게 설명했다. "거울 앞에 서서 자신과 이런 대화를 한 달 동안 나누다 보면, 자신에 대한 생각이 변했다는 것을 경험할 걸세. 자신에게 이야기한 것을 믿기 시작하게 되지."

"그렇게 간단할 것 같지는 않은데요." 카를이 미심쩍은 얼굴로 말했다.

"머리로 이해하기는 쉽지만, 날마다 이를 실천하는 것은 간단하지 않지. 지금 당장 한번 해보겠나?"

"글쎄요……. 그러죠, 뭐."

돈 호세는 상당히 자신이 있어 보였다.

"좋아, 그러면 저쪽 벽에 걸려 있는 거울 앞에 서보게. 몇 초 동안 거울 속 자신의 눈을 쳐다보고 자네 이름을 불러보게. 그러고 나서 스스로에게 자신이 소중한 사람이라는 말을 하고, 최근에 자네가 잘한 일이나 긍정적인 생각에 관해 이야기해보는 거야. 그러고 나서 '난 너를 사랑해'라고 말하고, 다시 자네 이름을 부르고는 '넌 멋진 사람이야'라고 말하게나. 그리고 천천히 심호흡한 뒤 '고마워'라는 말로 마무리하면 되네."

카를은 망설이고 있었다.

"한번 말해보게나." 돈 호세가 용기를 주었다.

"기분이 이상할 것 같은데요."

"그냥 한번 해보게나." 돈 호세가 강력하게 권유했다.

카를은 거울 속 자신의 얼굴을 들여다보고는 용기를 내어 말했다. "카를, 너 어제 마크가 위급했을 때 굉장히 신속하게 잘 대처했어. 아주 잘했어. 사랑해, 카를. 네가 이 세상에 있어서 기뻐. 고마워."

조금 생소한 느낌이 들긴 했지만, 동시에 기분이 아주 좋아져서 신기하고 놀라웠다. 정말로 놀라운 사실은 거울 앞에서 자신이 했던 말이 어쩐지 진실이라고 느껴졌다는 것이었다. 그가 위기에 빠진 마크를 신속하고 적절하게 도운 것은 사실이었다.

카를은 돈 호세에게 고맙다는 인사를 하고 거울 속 자신과 이야기하는 연습을 적어도 한 달 동안 지속하겠다고 약속했다.

◆ ◆ ◆

그 후 이틀은 꿈만 같았다. 마크의 상태는 점점 더 호전되었다. 마크가 회복을 위해 쉬는 동안 카를은 안나와 함께 많은 시간을 보냈다. 둘은 멕시코시티 인근 유적지를 관람하고, 아름다운 날씨를 만끽하고, 둘만의 시간을 즐겼다.

하지만 카를은 여전히 자신이 안나에게 부족한 남자라고 생각했다. 물론 안나도 카를이 위축되어 있다는 사실을 감지했다. 때때로 카를은 자신의 열등감을 잊은 채 안나와 함께 멋진 시간을 보내다가도 다시 소극적인 태도를 보였다.

둘째 날 저녁, 안나는 카를의 생각을 직접 들어봐야겠다고 결심하고는 이렇게 물었다. "당신은 날 사랑하나요?"

카를은 직접적인 대답을 하지 않고 말을 빙빙 둘러댔다. 그러고 나서 안나에게 자신이 돈 호세로부터 자아상과 관련하여 무엇을 배웠는지 말했다. 그리고 거울 속 자신과 대화를 나누는 연습에 관해 설명해주려 했다.

"거울 속 나와 대화를 나누는 연습은 나도 2년 전부터 날마다

하고 있어요." 안나가 진지한 얼굴로 말했다. "마크에게 배웠는데, 그 연습 덕분에 나는 나 자신을 예전과는 완전히 다른 눈으로 바라보게 되었어요." 그러고 나서 안나는 이렇게 제안했다. "그 연습, 우리 둘이 같이 해봐요. 내가 먼저 시작할게요."

안나는 카를 앞에 서서 그의 눈을 가만히 들여다보면서 이렇게 말했다. "카를, 나는 당신 곁에 있으면 아주 행복해요. 내게는 당신 내면에 아주 멋진 것들이 많다는 사실이 느껴져요. 나는 당신을 사랑해요, 카를. 당신이 이 세상에 있어서 너무 기뻐요."

카를은 당황한 얼굴로 더듬거리며 말했다. "아니, 내 이름이 아니라 당신의 이름을 불러야 하는데……." 이렇게 말하고 나서야 카를은 상황을 파악했다. 카를은 한참 동안 안나의 눈을 지긋이 들여다보고 나서 자신도 모르게 이렇게 말했다. "나도 당신을 사랑해요, 안나." 이것은 그가 지금까지 마음속으로도 감히 생각조차 하지 못했던 말이었다. 하지만 그는 그 말이 사실이라는 것을 알았다. 그리고 헤아릴 수 없을 만큼 기분이 좋았다.

04

카를의 가족

희한한 일이었다. 자의식에 관해 조금씩 더 많이 알아 갈수록 카를에게는 더 많은 의문이 생겼다. 이러한 그의 질문에 대답해줄 수 있는 사람이 마크 외에 누가 또 있겠는가? 카를은 귀국하는 비행기 안에서 마크와 긴 대화를 나누었다.

"죽음과 사투를 벌이던 상황에서 도대체 어떻게 '다 잘될 거야'라고 말할 수 있으셨던 거예요?" 카를이 물었다.

마크는 잠시 생각하더니 이렇게 대답했다. "정말로 모든 것이 다 잘되고 있었으니까!"

카를은 믿기 힘들다는 얼굴로 마크를 쳐다보았다.

마크가 이어서 말했다. "그 순간 머릿속에 이런 생각이 스치더군. '지금까지 나는 잘 살아왔다. 깊이 사랑했고, 아주 많이 배웠다. 주변 사람들에게 도움이 되는 일을 해 왔다. 지금 죽는다 해도 괜찮다'라고 말이야. 그래서인지 마음이 아주 편안해졌다네. 하지만 지금 이렇게 살아 있으니 더욱 기쁘네." 마크가 눈을 찡긋거리며 이렇게 덧붙였다.

마크는 이렇게 말하고 나서 자신의 핸드폰을 들고 자판을 두드렸다. 몇 초 후에 카를의 핸드폰에 메시지가 도착했다.

> 우리의 우정은 우리의 자존감과 자의식을 드러낸다.

카를은 마크의 얼굴을 옆쪽에서 흘깃 살펴보았다. 그러자 마크가 이렇게 말했다. "내 목숨을 구해준 자네에게 고맙다는 인사를 아직 제대로 못 했던 것 같아."

"제가 뭔가를 해드릴 수 있었다는 것이 기뻐요." 카를이 말했다.

"자네가 내 차를 들이받았을 때 내가 했던 말 기억하나?" 마크가 물었다.

카를은 어깨를 으쓱하고는 아무 말도 하지 않았다.

"내가 말했었지. 새로운 사람을 만나는 건 새로운 기회라고. 내가 생각하기에 이 말은 우리 두 사람 모두에게 맞아떨어진 것 같아. 자네는 내 목숨을 구해주었고, 나는 자네가 스스로에 대해 눈을 뜨도록 도와주고 있으니 말이야."

"안나에 대해서도 빠뜨리면 안 되지요." 카를은 사랑에 빠진 눈빛으로 민망한 듯 비행기 담요 쪽을 쳐다보며 이렇게 말했다. "안나처럼 멋진 여성이 있다는 사실을 진즉에 알았더라면 제가 앞차를 좀 더 일찍 들이받았을 텐데 말이에요."

마크는 음료를 주문해 카를과 건배했다. "우리의 우정을 위해." 그러고 나서 이렇게 설명했다. "우리가 스스로를 사랑하고 받아들이면, 좋은 친구들이 마법에라도 걸린 듯 우리에게 다가오지."

마크는 이렇게 이야기를 꺼낸 후 본론으로 들어갔다. "지금 내가 살아 있는 것은 자네 덕분일세. 이제 나는 자네를 위해 더 많은 것을 할 생각이네. 자네의 잠재력을 발견하는 일을 돕고 싶어. 내 도움을 받아주겠나?"

"저는 너무 평범한 사람이라서 특별한 사람이 되기는 힘들 것 같아요." 카를이 대답했다. "그리고 이미 저를 위해 아주 많은 일을 해주신 걸요."

마크가 진지한 얼굴로 말했다. "최악의 거짓말 중 다수가 '나는 너무 ~이라서'라고 시작되지. 이 말의 뒤에는 '나는 항상 그랬고, 앞으로도 그렇게 머무를 것이다'라는 말이 숨어 있어. 하지만 이건 옳지 않아. 성공한 사람들은 모두 '오늘까지는 내가 이러한 사람이었을 수 있지만, 지금부터는 다른 사람이 될 수 있어'라고 스스로에게 말하고 이를 실천하지. 하지만 만일 자네가 '나는 너무 ~이라서'라고 말한다면, 이건 존재하지도 않는 자네의 한계를 긋는 거라네."

카를은 잠시 골똘히 생각에 잠겼다. 그는 마크가 전하려는 메시지를 제대로 이해하지 못했다. '오늘까지는? 그리고 지금부터는? 한계? 뭔가 설명이 좀 더 필요해.'

카를이 한참 동안 아무 말 없이 있다가 입을 열었다. "저, 학업을 중단하기로 마음먹었어요. 부모님은 분명 엄청나게 반대하실 거예요. 아주 엄청나게. 다시 말해서 오늘부터 부모님과 저 사이에 아주 심각한 문제가 생길 거라는 말이에요. 제가 도덕적으로 잘못된 행동을 하는 게 아니라고 확신할 수 있으면 좋겠어요."

"학업을 관두고 뭘 할 계획이지?" 마크가 물었다.

"배우가 될 거예요. 어떻게 진척시켜야 할지는 모르겠지만, 제가 정말로 원하는 건 배우가 되는 거예요."

"대부분의 사람들은 이런 소망을 솔직하게 입에 담을 엄두를 내지 못하지." 마크가 기특하다는 표정으로 말했다.

"많은 사람들의 눈에는 제가 제정신이 아닌 것처럼 보일 수도 있겠지요." 카를이 이렇게 인정했다.

"여러 사람이 한 줄로 서 있는데, 그중 한 사람이 줄 밖으로 튀어나와도 제정신이 아니라는 소리를 들을 수 있지. 뭔가 특별한 일을 해낸 사람들은 모두 대다수의 사람들과는 달라. 남다른 결정을 내렸고, 획일적인 것에서 뛰쳐나온 사람들이니까. 이런 의미에서 '제정신이 아닌' 사람들의 무리에 합류한 것을 환영하네!"

"제 부모님한테도 정확히 이대로 설명하면 되겠네요." 카를이 자신의 힘든 상황을 유머로 넘겨보려 애썼다. "그냥 이렇게 말하죠, 뭐. '저는 지금부터 제정신이 아닌 사람이 될 거예요'라고요."

그 후 몇 시간 동안 마크는 카를에게 부모님과 대화할 때 도움이 될 중요한 조언을 몇 가지 해주었다. 마크는 카를에게 '자존감', 즉 '스스로가 인정하는 자신의 가치'와 '남들이 인정해주는 자신의 가치'에 대해 설명해주었다. "자네는 무엇을 근거로 자신이 가치 있는 사람이라 생각하는가? 남들이 그렇게 말해주어서? 아니면 스스로 가치 있는 사람이라고 느껴져서? 남들의 인정을 받기 위해 최선을 다한다면 자네는 '자신의 본질'을 포기하는 것일세. 자신의 '진정한 모습' 편에 서게."

이 말은 카를에게는 너무나 추상적이었다. 그는 마크에게 구체적인 예를 들어달라고 요청했다.

마크가 말했다. "멕시코에서 내가 맥주를 주문했던 것이 생각나네. 그러고 나서 자네도 맥주를 주문했지만, 한두 모금 마시고 나서는 말더군. 자네, 맥주 좋아하나?"

"전혀 좋아하지 않아요." 카를이 마크의 예감을 확인해주었다.

"그렇다면 왜 그때 맥주를 주문했나?"

"그냥 따라서 한 거지요."

"자네는 이런 식으로 나에게 인정받을 수 있다고 생각하나? 자네는 자신이 좋아하지 않고, 자신의 본질에 상응하지 않는 행동을 자주 하지. 이는 사소한 일처럼 보일 수 있지만, 자신의 '진정한 모습' 편에 서지 않는다는 것을 의미한다네. '자존감'에는 다음과 같은 의미가 있어. '나는 소중한 존재다. 나는 환영받는 존재다. 나는 내적인 가치가 있다'라는 것을 감지하는 것. '나는 삶이라는 선물을 받았기 때문에 이 세상에 존재한다. 이제 나는 나에게 어울리는 일을 하기 위해 이 선물을 사용한다. 나는 스스로가 가장 잘할 수 있고 가장 좋아하는 일을 한다. 내게는 이 세상을 좀 더 아름다운 곳으로 만들 기회가 있다'는 것을 알고 있는 것. 이것이 바로 자기 존중, 즉 자존감이라네."

카를은 오랫동안 생각에 잠겨 있었다. 그의 뜻대로 행동했다면 결코 법학 공부를 시작하지 않았을 것이다. 그가 법학을 전공한 것은 전적으로 부모님을 위해서였다. 물론 법학을 전공함으로써 부모님에게 인정받으려는 마음도 있었다. 하지만 그것은 무엇보다도 부모님과의 갈등을 피하기 위해서였다. 그리고 어쨌든 부모님은 그동안 그를 위해 매우 많은 것을 쏟아부어 오셨다.

잠시 후 마크가 말했다. "부모님과 대화를 나눌 때 가장 중요한 것은 자네의 확신이야. 자네가 자신의 '거짓 없는 모습' 편에 서는 것이 가장 중요해. 그러기 위해서는 이 대화가 더없이 중요하지. 부모님과 대화를 나누고 나면 자네는 자신의 소망이 얼마나 강력한지 알 수 있게 될 걸세. 이 대화는 자네를 발전시켜줄 아주 좋은 훈련이지. 자네, 정말로 무슨 일이 있어도 배우가 되겠다는 마음인가? 그런 마음이 있어야만 자네 부모님에게 확신을 줄 수 있어. 아마 당장은 힘들 수 있겠지만, 시간을 좀 두면 가능해질 걸세."

• • •

카를이 집에 오자마자 핸드폰에 마크가 보낸 메시지가 도착했다.

> 남들이 이해하지 못하는 삶을 살더라도 괜찮다.
> 남들이 그 삶을 이해할 필요도 없다. 그것은 당신의 삶이니까!

'이 메시지를 그대로 부모님께 보내면 되겠네.' 카를이 생각했다. 그러려면 "저 학업을 중단하고 이제부터 배우가 되기로 했어요"라는 메시지를 같이 보내야 했다.

카를은 부모님에게 내일 찾아뵙겠다고 연락드렸다. 그날 밤 카를은 잠을 제대로 이루지 못하고 악몽을 꾸었다. 꿈에 그 새빨간 스웨터를 걸친 노파가 나타나 '시커먼 나무'로부터 카를을 떼어놓으려 애썼다. 카를은 그 나무가 무서웠다. 이번에도 카를은 노파의 웅얼거리는 말을 알아들을 수 없었다. 카를은 노파의 만류에도 불구하고 그 시커먼 나무 위로 올라가려 애쓰다 바닥에 떨어졌다. 그때 다행히도 안나가 나타나 그를 바닥에서 일으켜 세우고 시커먼 나무로부터 멀리 데리고 갔다. 이 꿈은 도대체 뭘 의미하는 것일까?

다음 날 아침 카를이 보라색 노트를 펼쳐보니 또다시 새로운 글이 적혀 있었다.

"당신은 그다지 괜찮은 사람이 아니다. 당신은 해낼 수 없다"라는 두 가지 거짓말을 당신에게 하는 사람을 절대 믿어서는 안 된다. 그리고 당신도 이 두 가지 거짓말을 해서는 안 된다.

당신이 무엇을 할 수 있고, 무엇을 좋아하는지 파악하라. 당신은 바로 그런 존재이다. 원래 당신은 그것을 잘하고 그것을 좋아하는 사람이다. 당신이 정확히 파악하고 있지 못할 뿐. 그것이 당신의 진정한 자아다. **'당신은 지금 있는 그대로 충분히 괜찮은 사람이다'**라는 것을 인식함으로써 자의식을 지니라.

이를 항상 염두에 두라. 당신은 괜찮은 사람이다. 당신은 해낼 수 있다. 다 잘될 것이다. 스스로 긍정적으로 평가하면 당신에게 가장 아름답고 좋은 일이 생길 것이다. 당신은 멋진 삶을 누릴 자격이 있기 때문이다. 이것을 알고 있으면 당신이 머무는 곳은 낙원이 된다.

"당신은 해낼 수 없어. 당신은 그다지 괜찮은 사람이 아니야"라고 말하는 사람들도 있을 것이다. 이들의 말은 '염려의 길'로 통하므로 이에 귀 기울이지 말라. 중요한 것은 이들의 말이 아니라 당신이 이들의 말을 듣고 나서 자신에게 하는 말이다.

'사랑의 길'을 선택하여 당신의 행복을 향해 걸어가라. 당신을 행복하게 해주는 당신의 이야기를 새로 만들어 가라.

'염려의 길을 따라가면 우리 부모님이 있을 거야.' 카를이 생각했다. 마크와 이야기를 나누었던 어제만 해도 분명 카를은 스스로가 용감한 사람이라고 느꼈었다. 하지만 그 용기는 모두 사라져버렸고, 지금은 스스로가 볼품없는 한심한 놈에 불과하다고 느꼈다. "부모님하고 이야기하는 것조차 두려워하면서 어떻게 쿨한 사람이 되겠다는 거지? 나는 너무 비겁해." 그는 이렇게 혼잣말했다.

그는 혼잣말이 끝나자마자 '나는 너무 ~이라서'라고 시작하는 문장에 관해 마크가 했던 말, 즉 최악의 거짓말 중 다수가 이런 문장으로 시작한다는 말을 떠올렸다. '나는 지금 존재하지도 않는 한계를 스스로 설정하고 있어.'

그는 마크의 조언을 실천해보려 했다. '나는 오늘까지는 너무 비겁했어. 하지만 지금부터는 부모님 앞에서도 무엇이 내게 중요한지 당당하게 말할 수 있어. 그렇게 할 수 있는 길을 찾아낼 거야. 정말이야. 난 해낼 수 있어. 이제는 내가 그걸 믿기만 하면 돼.'

카를은 약속한 대로 '거울 연습'을 실천해보려 했다. 하지만 지금은 그럴 기분이 전혀 아니었다. 멕시코에서는 모든 것이 순조로웠다. 그게 불과 이틀 전이다. 그런데 지금은 거울을 보고 자신에게 "카를, 너는 한심하고 비겁한 놈이야"라고 말하고 싶었다.

"이건 거울 연습의 의도와는 다소 어긋나는 것 같은데." 카를은 스스로에게 이렇게 삐딱하게 말했다. 그 순간 카를은 빙그레 미소 지었다. '아, 맞다. 나는 지금 세상을 휘어잡은 영웅과도 같은 기분을 느끼지 않아도 돼. 그냥 그런 기분을 느끼는 것처럼 연기하면 되지.' 카를은 돈 호세의 말을 이렇게 이해했다. 이제 카를은 마음을 다잡고 거울을 보고 연습했다. 연습이 끝나고 나니 정말로 기분이 조금 나아졌다. 하지만 아주 조금뿐이었다.

'설마 어머니 아버지가 내 머리채를 잡지는 않으시겠지.' 카를은 부모님 집을 향해 출발하기 전에 스스로에게 용기를 불어넣으려 애썼다. "아니야, 분명히 그러시고도 남아. 두 분 다 화가 치밀어서 내 머리채를 전부 잡아 뽑을 것 같아."

'제기랄.' 그의 머리에 이런 생각이 스쳤다. '또다시 귀 기울이지 말아야 할 나무의 목소리에 귀를 기울이고 있네.'

그때 카를의 핸드폰에서 메시지 도착음이 울렸다. '계속 저 나무의 목소리에 귀를 기울이면 앞으로 나아갈 수 없어.' 그는 자신의 상태를 이렇게 인식했다. '이제 내게는 다른 나무의 목소리가 필요해.' 이렇게 생각하며 메시지를 읽어 내려갔다.

> 누군가가 당신이 그것을 해낼 수 없을 거라고 말한다면
> 그것은 그 사람의 한계일 뿐, 당신의 한계가 아니라는 것을 명심하라.

．．．

부모님과의 대화는 그가 우려했던 것보다 훨씬 더 심각했다. 그들은 카를에게 온갖 비판을 퍼부었다.

"너, 정말 부모 고마운 줄 모르는구나. 우리가 널 어떻게 키웠는데. 정말 현실감각이라고는 하나도 없어. 배우? 네가? 우스워서 말도 안 나오네! 네가 배우가 된다니, 차라리 로또에 당첨될 확률이 훨씬 높겠다. 장담컨대 넌 배우로서의 재능이 하나도 없어. 부모인 우리가 그것도 모르겠니? 배우를 하려면 의지와 관철 능력이 있어야 하는데, 너는 천성이 너무 유약해. 변호사가 되면 법률 답변서만 제대로 작성하면 되니까 너의 이런 점이 눈에 띄지 않을 거야. 하지만 배우가 되면 이런 약점이 금세 사람들의 눈에 띄고말 거야. 예를 들어 네가 거친 건달 역할이라도 맡으면 그걸 제대로 해낼 수 있을 것 같아? 절대 못 해!

어떻게 아무 생각도 없이 모든 걸 내팽개칠 수 있지? 보장된 미래를 내버리다니. 이건 모두 네가 그 수상쩍은 사이비 전문가의 말에 놀아났기 때문이야. 네 호주머니에 대학 졸업장 한 장쯤은 넣고 다녀야지."

카를은 분위기를 진정시켜볼 마음에 이렇게 말했다. "어떤 호주머니 말씀이세요?" 하지만 그의 농담은 전혀 먹혀들지 않았다.

그가 가장 견디기 힘들었던 것은 그에게 쏟아진 모욕적인 말이 아니었다. 그렇다. 부모님의 말 중 많은 부분이 엄연한 사실이라는 것이 훨씬 견디기 힘들었다. '그래, 나는 너무 유약해.'

'나는 너무……. 아, 내가 또 이 말을 하고 있네.' 그는 마치 도망이라도 치듯 화장실로 갔다. 화장실에 들어가 간절한 마음으로 핸드폰을 열어보았지만 새로 도착한 메시지는 없었다. 하는 수 없이 그는 보관함에 저장된 메시지들을 읽었다.

> 남들이 이해하지 못하는 삶을 살더라도 괜찮다.
> 남들이 그 삶을 이해할 필요도 없다. 그것은 당신의 삶이니까!

> 누군가가 당신이 그것을 해낼 수 없을 거라고 말한다면
> 그것은 그 사람의 한계일 뿐, 당신의 한계가 아니라는 것을 명심하라.

분명 전부 맞는 말이었다. '하지만 저 사람들은 나의 부모님이잖아! 도대체 왜 나한테는 항상 이렇게 힘든 일이 생기지? 내가 너무 오랫동안 첫 번째 나무의 소리를 들어서 그런 걸까? 아직 나는 두 번째 나무의 소리에 귀 기울이는 연습이 되어 있지 않아.'

그 순간 카를에게 좋은 생각이 떠올랐다. 그것은 '거울 연습'을 하는 것이었다. 그는 행여나 부모님의 귀에 들릴까 봐 나지막한 소리로 이렇게 중얼거렸다. "나, 카를은 배우가 되고자 한다. 안나는 내게 배우가 될 소질이 있다고 한다. 나는 지금 배우가 되기 위해, 내 꿈을 이루기 위해 투쟁하고 있다. 나는 잘하고 있다. 나는

이런 나를 사랑한다. 다 잘될 거야."

이유를 설명할 수는 없지만, 거울 연습을 하고 나니 기분이 좋아졌다. 그가 막 화장실 밖으로 나가려고 했을 때 마크로부터 새로운 메시지가 도착했다.

> 당신을 아무런 조건 없이 사랑하는 이들과 함께 시간을 보내라.
> 자신들의 조건을 충족해야만 당신을 '사랑하는' 사람들 말고.

그때 카를에게 좋은 생각이 떠올랐다. '바로 이거야. 이렇게 하면 되겠어. 지금 부모님 앞에 가서 한 사람의 역할을 연기하는 거야. 내가 나의 결정을 완전히 확신하고 있고 단호한 것처럼 연기하는 거야. 그래, 나는 배우잖아. 적어도 조금 있으면 배우가 되겠지.'

갑자기 엄청난 평온함이 찾아왔다. 카를은 부모님이 계신 거실로 다시 나갔다. 그때부터 그는 갑자기 자신의 주장을 매우 논리정연하게 펼쳐 갔다.

그는 이렇게 말했다. "어머니와 아버지는 저에 관해 저와는 다른 의견을 갖고 계시잖아요. 부모님 관점에서 보면 두 분 의견이 분명히 옳아요. 두 분이 보시기에 저는 어쩌면 아주 유약한 사람일 수 있어요. 하지만 제 관점에서 보자면 저의 예민함은 좋은 배우가 되는 데 도움이 되는 부분이에요. 저는 제 의견이 더 중요하다고 생각해요. 저는 학업을 중단할 거예요. 그리고 배우가 되기 위해 최선을 다할 거예요. 제가 해낼 수 있을지는 모르겠어요. 하지만 이 꿈을 이루기 위해 제가 할 수 있는 일은 뭐든지 할 거예요."

그가 보여준 이러한 강인함은 단지 연기에 불과했다. 그는 실제로는 자신에게서 이러한 강인함을 전혀 느끼지 못했다. 하지만 그의 부모님은 그것이 연기라는 사실을 알아채지 못했다. 갑자기 그는 자신이 아주 단호하고 대담한 사람이라고 느꼈다.

어머니가 울기 시작했다. "이런 배은망덕한 놈 같으니라고." 어머니는 이렇게 말하고 나서 정신을 잃고 쓰러졌다.

"네가 무슨 짓을 저질렀는지 똑똑히 보란 말이야." 아버지가 소리쳤다.

"구급차를 부를게요." 카를이 차분한 목소리로 대답했다. 카를은 어떻게 자신이 이렇게 차분한지 스스로도 설명할 수 없었다.

하지만 그때 어머니가 의식을 되찾았다. 어머니의 회복 속도는 놀랄 정도로 빨랐다. '어쩌면 어머니도 잠시 연기를 했을 수도 있어.' 카를이 생각했다.

그는 이어서 이렇게 말했다. "어머니 아버지가 모두 저 잘되라고 이러시는 거, 저도 알아요. 하지만 제게는 제 의견과 제 목표가 있어요. 그리고 저는 그걸 이루고 말 거예요. 저를 배은망덕하다고 여기셔도 할 수 없어요. 제 잘못은 저만의 방식으로 행복해지려 하는 데에 있는 것 같아요."

카를은 이 말을 남기고 부모님의 집을 나왔다. 대화는 원만하게 진행되지 않았다. 그럼에도 불구하고 카를은 마치 공중에 붕 뜬 것 같은 해방감을 느꼈다. 그가 한 일은 옳은 일이었다.

◆ ◆ ◆

그날 저녁 카를은 안나를 만났다. 두 사람은 한참 동안 서로에게 안겨 있었다. 그러자 곧 카를의 기분이 아주 좋아졌다. 그는 부모님과의 대화에 관해 이야기했다.

안나는 카를에게 자신의 이야기를 들려주었다. 안나의 말에 따르면 안나의 부모님은 그녀를 아무런 조건 없이 지지했고, 진정으로 사랑해주었다. 그리고 그것은 안나 자신에게 커다란 선물이었다. 하지만 안나의 조부모님은 카를의 부모님처럼 안나가 어떻게 살아야 할지 본인들이 나서서 결정하려 했다.

이로 인해 안나는 오랫동안 힘든 시간을 보냈고, 그래서 카를의 상황을 이해할 수 있다고 했다. 하지만 그 후 안나는 마크와 여러 명의 '똑똑한 사람들' 덕분에 중요한 깨달음 몇 가지를 얻었다고 했다. 안나는 자신의 깨달음에 관해 알고 싶은지 카를에게 물었다. 물론 그는 안나의 깨달음에 관한 이야기를 듣고 싶었다.

안나의 첫 번째 깨달음은 '남들이 인정해주는 자신의 가치'와

'스스로 인정하는 자신의 가치'에 관한 것이었다. 하지만 안나는 이를 다소 다른 방식으로 표현했다. "당신에게는 이 세상에 단 하나만의 의견이 있어요. 그것은 바로 당신의 의견이에요. 나머지 다른 의견들은 당신에게는 존재하지 않는 것이나 다름없어요."

"인상적인 말이네요." 카를이 말했다.

"내가 한 말이 아니라, 베라 비르켄빌Vera F. Birkenbihl의 말이에요." 안나가 설명했다. "유튜브에서 베라의 오래전 강연 영상을 여러 편 발견했어요. 그녀의 강연을 들어보면 당신도 이 주제에 관해 숙고해봐야 한다는 생각이 들 거예요. 베라도 이 주제에 관해 고민했고, 동영상에서 이에 관해 이야기하지요."

안나가 계속해서 말했다. "두 번째 깨달음은 자신의 의견에 힘을 싣고 관철하려면 우선 나 자신이 건강한 자의식을 갖추어야 한다는 거예요. 자의식이 탄탄할수록 자신의 의견을 더 신뢰할 수 있다는 말이지요. 자의식이 취약한 사람은 남들이 세워놓은 계획대로 살게 되어 있어요."

카를은 잠시 생각에 잠겨 있었다. 이윽고 그가 이렇게 말했다. "정말로 나 스스로 자의식을 고취해야 할 이유가 있네요. '행복해지기 위해 가장 중요한 것은 건강한 자의식을 지니는 것이다'라는 마크의 주장이 점점 더 이해가 가요."

안나는 고개를 끄덕이고 나서 세 번째 깨달음에 관해 이야기했다. "건강한 자의식을 고취하고 나면 당신을 긍정적인 눈으로 바라보고 당신의 생각을 인정해주는 사람들하고만 함께 시간을 보내고 싶어질 거예요. 당신을 미덥지 못하다고 여기는 사람들에게 둘러싸여 힘겨운 시간을 보내야 할 의무는 없어요. 누구에게도 이런 의무는 없어요. 왜냐하면 그런 사람들은 당신을 하찮은 존재로 만들어버리니까요.

"하지만 내 부모님이 그런 사람들이란 말이에요." 카를이 절망적인 얼굴로 소리쳤다. "부모님과는 함께 시간을 보낼 수밖에 없잖아요."

"예전에 나는 조부모님을 한동안 찾아뵙지 않았어요." 안나가 자신의 경우를 말해주었다. "내 꿈을 좇아 살겠다는 나의 의견을 존중해주실 때까지 만나지 않았지요."

"상당히 가혹한 일이네요."

"그래요. 하지만 자신의 꿈을 내던져버리고 남들을 위한 삶을 사는 건 이보다 훨씬 가혹한 일이에요. 그 당시 나는 자의식이 부족한 상태였어요. 그래서 처음에는 내 꿈을 망쳐버릴 수 있는 모든 걸 멀리할 수밖에 없었지요. 내 삶의 주인이 되려면 누구나 자신의 마음에 귀 기울이고 그대로 행동해야 해요. 나의 마지막 깨달음에 관해서도 듣고 싶은가요?"

"당연하지요." 카를은 안나를 너무나도 사랑스럽다는 표정으로 바라보았다. 그녀는 한마디로 환상적인 사람이었다. 더없이 현명하고, 더없이 강인하고, 더없이 아름다웠다.

"나의 네 번째 깨달음에 관해 말하자면, 사람들의 조언은 흔히 자신의 상황에 대한 정당화라는 거예요. 어쩌면 당신의 부모님에게도 포기해버린 꿈이 있을 수 있어요. 아들인 당신이 꿈을 이루겠다고 선언하는 바람에 지난날 포기한 자신들의 꿈과 직면한 것일 수도 있어요. 물론 두 분은 왜 그 꿈들을 실현하지 못했는지 스스로 정당화하려 하겠지요. '예전에 나는 너무 두려워서……'라고 솔직하게 말하지 않고 당신에게 충고하는 식으로 자신들의 실패를 덮어버리려는 걸 수도 있어요."

"흥미로운 생각이군요." 카를이 이렇게 대답했다. "만일 그렇다면 두 분은 나에게 화가 난 게 아닌 거네요."

"그렇지요." 안나가 말했다. "두 분에게 있어 이는 당신에 관한 문제가 아니기에 그저 시간이 필요하신 거예요. 본인들의 삶에 관한 문제니까요."

카를은 생각에 잠긴 얼굴로 고개를 끄덕였다.

"이제 다섯 번째 깨달음이 남았는데, 아마 지금까지 이야기한 것 중에 가장 심오한 깨달음일 거예요." 안나가 계속해서 말했다. "만일 누군가가 당신에게 커다란 도움을 주었다면 당신은 그 사람에게 고마움이라는 빚을 져서 뭔가 갚을 것이 있는 사람이지요. 이 뭔가가 무엇인지 당신은 알고 있나요?"

카를은 당황스러운 표정을 지으며 고개를 저었다. 그러자 안나가 힘주어 말했다.

"고마운 사람에게 고마움이라는 빚을 갚는 길은 당신이 행복하게 사는 거예요. 그 사람의 눈에 당신이 성공한 사람으로 비치는 것은 중요하지 않아요. 누군가에게 고마움이라는 빚을 졌다고 해서 그 사람이 옳다고 여기는 삶을 살아야 하는 것은 아니에요. 그것은 고마움에 답하는 것이 아니라 당신의 자유로운 삶을 포기하는 것이지요. 그 고마움을 갚는 길은 당신이 행복하게 사는 모습을 보여주는 거예요. 고마운 사람에게 이보다 고마움을 더 잘 갚을 길은 없어요. 당신을 사랑하는 사람은 바로 이것을 원할 거예요."

잠시 후 안나가 말했다. "당신에게 팁을 하나 전해주고 싶어요. 마크는 정말 말 그대로 '브레인'이에요. 마크가 대학 여섯 개 분야에서 학업을 이수하고 다양한 연구를 진행했다는 거, 혹시 알고 있나요?"

"나 같은 사람은 정확한 명칭조차 알기 힘든 전문 분야일 것 같은데요." 카를이 이렇게 넘겨짚었다. 그 추측은 사실과 상당히 가까웠다.

안나가 마크의 전공 분야를 줄줄이 나열했다. "마크는 제일 먼저 의학과에서 학업을 마친 후 신경과와 정신과 전문의 과정을 마쳤어요. 그러고 나서 후생유전학, 심리면역학, 양자물리학과 신경생물학 과정을 이수했어요. 마크의 주전공은 '뇌 기능, 뇌 화학, 뇌 세포 생물학, 인간의 기억을 결정짓는 요소'예요."

"만일 내가 그렇게 많은 걸 알고 있다면 나도 마크처럼 자의식이 강할 텐데." 카를이 깊은 인상을 받은 얼굴로 이렇게 중얼거렸다.

"내 생각에 그건 별개의 이야기 같은데요." 안나가 대답했다. "이처럼 많은 것을 알고 있기 때문에 마크가 자의식에 관한 설명을 아주 잘 할 수 있는 거지요. 기회가 되면 마크에게 자의식에 관한 학문적 배경지식에 관해 설명해달라고 해보세요. 관련 학계의 최신 연구 결과거든요. 나한테는 그의 설명이 많은 도움이 되었어요."

카를은 안나의 조언에 따라 즉시 마크에게 전화를 걸었다. 마크는 카를과 빠른 시일 내에 만나고 싶어 했다. 두 사람은 다음 날로 점심 약속을 잡았다. 마크와 통화한 후 카를은 안나와 이야기를 나누었다.

안나는 장난스러운 표정을 지으며 그에게 이렇게 제안했다. "오늘 저녁 남은 시간 동안 당신이 문제를 해결하는 것을 도와줄 수 있을 것 같은데, 어때요?"

"도대체 어떻게요?" 카를이 놀란 얼굴로 이렇게 물었다.

"나는 우리가 직면한 문제를 우리로부터 정서적으로 분리한다면 그 해법도 금방 찾을 수 있다고 생각해요. 왜냐하면 문제와 정서적으로 밀착된 사람은 해법이 아니라 문제에만 초점을 맞추고 집중하니까요. 그렇기에 문제와 정서적으로 분리할 필요가 있는 거랍니다. 당신이 이것을 할 수 있도록 내가 도와줄게요."

카를은 여전히 확신이 없었다. "하지만 그렇다고 해서 문제가 사라지는 건 아니잖아요……."

"그렇게 되면 당신이 안고 있는 문제는 금세 아주 멀리로 사라져버릴 거예요." 안나가 이렇게 속삭였다.

05

학문

"내 생명의 은인!" 카를이 약속 시각에 딱 맞추어 식당에 도착하자 마크가 반갑게 소리쳤다. "좋은 음식을 먹을 수 있다는 건 멋진 일이야. 하지만 이보다 훨씬 멋진 것은 진심으로 좋아하는 사람과 함께 식사하는 거지."

카를은 부모님과의 대화와 안나의 깨달음에 관해 이야기했다. 그러자 마크가 이렇게 맞장구쳤다. "그렇지, 자네의 삶에서 가장 중요한 것은 자네의 의견이야. 행복해지는 길은 간단해. 자네가 잘할 수 있고 좋아하는 일을 하는 것이 행복해지는 길이지. 여기에서 중요한 건 자네의 의견일세. 왜냐하면 자네의 삶이니까. 자네가 좋아하는 일은 무엇인가? 그리고 자네가 잘할 수 있다고 느끼는 일은 무엇인가?"

"하지만 부모님에 대해서는 어떻게 하면 좋지요?" 카를이 이렇게 물었다.

"그분들에게 시간을 드리게나." 마크가 대답했다. "왜냐하면 지금 자네가 벌인 일은 자네 부모님이 상상도 하지 못한 일일 테니까. 그분들이 지금까지 지켜온 경계선과 모든 확신들이 자네로 인해 흔들리고 있어. 그분들은 자신이 옳다고 여겨 온 모든 것들이 하루아침에 의문시되는 것을 원치 않으실 거야. 그래서 반대를 하시는 거고. 그분들에게 시간을 드리게."

카를이 염려스러운 표정으로 말했다. "하지만 부모님이 자꾸만 마음에 걸려요."

"어쩌면 이 상황을 새로운 시각으로 볼 수도 있겠네." 마크가 설명했다. "부모님에게 그분들이 그어놓은 경계선을 재고해볼 기회를 드린다고 생각해보게나. 이 일을 계기로 본인들도 모르던 놀라운 면들이 발현될지 누가 알겠는가."

"제가 벌인 일이 부모님에게 새로운 기회가 될 수 있다는 생각은 지금까지 전혀 해보지 못했어요……. 그리고 부모님이 이 일을 새로운 기회로 인식하실지도 저는 잘 모르겠어요." 카를이 말했다.

"자네는 우리가 남에게 줄 수 있는 가장 큰 선물이 무엇인지 알고 있나?" 마크가 물었다.

카를은 어깨를 으쓱거리기만 했다.

"그 사람의 성공을 기대하는 것. 그 사람을 믿어주는 것. 이것이 바로 우리가 남에게 줄 수 있는 가장 큰 선물이라네. 고대 그리스 신화 중 '피그말리온과 갈라테이아 이야기'를 들어본 적이 있나?"

카를은 고개를 저었다.

조각가였던 피그말리온은 어느 날 더없이 아름다운 여인상을 조각했어. 그는 여인상에 '갈라테이아'라는 이름을 붙여주었지. 그는 날마다 시간이 가는 줄도 모르고 자신이 조각한 여인상을 바라보았어. 그 아름다운 여인상을 너무나도 사랑한 나머지 자리를 떠날 수도 없었어. 사랑의 여신 아프로디테는 그의 사랑에 감동하여 여인상에게 생명을 불어넣어주었지. 그때부터 피그말리온과 갈라테이아는 함께 행복하게 살았다네.

마크는 피그말리온 이야기를 이렇게 해석했다. "자네가 어떤 사람에게 내재하는 무언가를 알아보고 인정해주면 그것은 생명을 얻고 현실이 된다네. 자네가 그것에게 생명을 불어넣는 것이지. 그러므로 우리는 마치 피그말리온이 갈라테이아를 바라보듯이 우리를 사랑스럽게 바라봐주는 사람들과 함께 시간을 보내며 가까이 지내야 해. 우리는 우리 안의 선한 것들을 깨워 일으켜주는 사람들에게 둘러싸여 그들과 함께 지내야 해. 그러면 우리 안의 아름답고 선한 것들이 깨어나 발현된다네."

"그러면 제가 남들을 비판하지 말아야 하나요?" 카를이 물었다.

"그렇지, 그건 우리 소관이 아니야. 그리고 우리가 해야 할 일도 아니라네. 하지만 무엇이 자신에게 바람직하고 무엇이 바람직하지 않은지는 우리 스스로 결정할 일이지." 마크는 진지한 표정으로 계속 말했다. "자신을 소중히 여길 줄 모르는 사람은 타인을 존중할 줄도 모르는 법이지. 자기 존중은 전염성이 있어. 하지만 자기 멸시 또한 전염성이 있지. 자신을 존중하지 않는 사람은 남을 존중하지도 못하는 법일세. 자네를 존중하지 않는 사람들은 자네와 함께 시간을 보낼 권리가 없어. 그리고 자네 또한 그들과 시간을 보낼 의무가 없다네.

카를이 신중한 얼굴로 이렇게 물었다. "두 가지 나무가 있는 낙원 이야기와 비슷하네요. 그죠?"

"그렇지." 마크가 대답했다. "우리는 거짓의 나무가 내뿜는 독에 우리 자신을 방치해서는 안 돼. 매우 가혹한 말처럼 들리겠지만, 우리를 망치는 원인은 차단할 수밖에 없지. 어느 누구건 독을 삼킨다면 독소가 끼치는 해를 피할 수 없으니까."

"멕시코에서 직접 경험하셨지요." 카를이 씨익 웃으며 말했다.

"정말 누구도 피할 수 없어." 마크가 이렇게 강조하며 다음과 같이 제안했다. "맛있는 에스프레소 한 잔씩 마시고 나서 우리 회사로 함께 가세. 약속했던 대로 자네에게 자의식과 자신감, 자존감에 관한 학술적인 배경지식을 들려줄까 하는데."

"제가 제대로 이해할 수 있으면 좋겠어요." 카를이 말했다.

"자네가 생각하는 것보다 훨씬 간단하고 명확하다네. 아주 유능한 직원이 몇 명 있으니, 함께 이야기를 나누어보게나."

"아하, 아주 유능한 직원들 말씀이신가요." 카를은 안나를 떠올리며 이렇게 말했다.

"본격적인 학습에 앞서 자네에게 들려주고 싶은 이야기가 있어."

카를은 활짝 웃으며 고개를 끄덕였다. 그는 이야기를 좋아했다. 그가 배우가 되기로 결심한 것은 이 때문이기도 했다. 그는 이야기 속 등장인물들을 생생하게 살아나도록 만들 수 있었다.

마크가 이야기를 시작했다.

방콕에 높이가 4미터인 부처상이 있어. 2.5톤의 금덩어리로 만들어진 부처상이지. 금값만 하더라도 시세에 따라 그 가치가 1억 유로를 훌쩍 넘는다네. 이 부처상은 1957년도에야 비로소 발견되었어. 부처상이 발견된 사연을 설명하자면, 그곳에는 점토로 만들어진 부처상이 있었는데 사정상 그 점토 부처상을 다른 곳으로 옮겨야 했다네. 승려들이 점토 부처상을 조심스럽게 들어 올리다가 그만 부처상에 금이 갔고, 사찰의 책임자는 매우 놀랐지. 그는 점토 부처상의 성스러움이 와해될까 봐 우려했어. 하지만 그러던 중 승려들이 점토 부처상에 생긴 틈새 사이로 번쩍이는 황금을 발견했어. 승려들은 부처상을 감싸고 있던 점토를 조금씩 떼어내 황금 부처상을 세상 밖으로 꺼내주었지.

알고 보니 오래전 그 절의 승려들이 버마 군대가 태국을 침공하기 전에
황금 부처상을 점토로 뒤덮어 보호했던 것이었어. 결국 버마 군인들이 그
사찰로 밀고 들어와 승려들을 모두 죽여버렸지. 이로 인해 부처상의 비밀
을 알고 있던 사람들은 모두 세상을 떠났고. 그리하여 황금 부처상이 발
견될 때까지 200년도 넘는 세월이 걸린 거지.

"나는 누구나 내면에 '황금 부처상'을 가지고 있다고 생각해."
마크가 이런 말을 덧붙였다. "우리에게는 각자가 잘할 수 있고 좋
아하는 황금빛의 무언가가 숨겨져 있어. 하지만 유년기를 보내고
청년기를 보내면서 우리는 점점 더 많은 점토로 뒤덮이지. 그리고
자신에 관한 거짓말을 믿기 시작하고, 저마다 스스로를 보호하려
하다 보면 자신에게 내재하는 황금이 더 이상 보이지 않게 되는
거라네."

• • •

두 사람은 최고급 에스프레소를 마시고 난 후 차를 타고 마크
의 회사로 향했다. 자의식 아카데미. 카를은 심플한 회사 로고를
이전보다 한층 더 큰 존경심이 담긴 눈으로 바라보았다. 카를은
마크가 수집한 방대한 지식을 떠올렸다. 안나를 포함한 사람들이

그를 '미스터 브레인'이라 부를 만도 했다.

마크는 카를을 회의실로 데려갔다. "우리 회사에서 자의식의 학문적 배경에 관한 동영상을 한 편 제작했다네. 우선 그 동영상부터 보는 게 좋을 것 같아. 필요하면 잠깐 쉬었다가 봐도 되니 언제든 동영상을 멈추게. 그러고 나서 방금 본 내용에 관해 우리와 함께 이야기를 나누는 것도 좋을 것 같네."

동영상은 매우 정교하게 구성되어 있었다. 인상적인 사진들과 번쩍이는 헤드라인으로 구성된 첫 장면에서 마크가 성우처럼 다음 멘트를 낭독했다.

당신은 스스로를 변화시킬 수 있습니다.

최근까지만 해도 뇌과학자들은 인간들이 자신의 뇌를 변화시킬 수 없다고 생각했습니다. 하지만 그것은 사실이 아닙니다. 사람들은 스스로를 새롭게 프로그래밍할 수 있습니다. 심지어 자신의 뇌를 통제하는 방법을 습득할 수도 있습니다.

이 멘트와 함께 서서히 변화하는 뇌 스캔 사진들이 화면에 나타났다.

당신은 어느 쪽입니까? 프로그래머입니까, 아니면 프로그램입니까?

이전에 사람들은 자신이 프로그램, 즉 주체가 아닌 객체라고 생각했습니다. 하지만 이제 사람들은 자신이 프로그래머, 즉 객체가 아닌 주체라는 사실을 알고 있습니다. 우리는 내용물이 아니라 내용물을 담는 유리잔입니다. 소프트웨어가 아니라 하드웨어입니다. 우리는 어떤 소프트웨어를 사용해 움직일지 결정하며, 무엇으로 자신을 채울지 결정합니다.

우리 인간들은 프로그래머이며, 자신의 프로그램을 바꿀 수 있습니다. 따라서 우리는 자신의 미래를 만들어내는 창조자입니다.

동영상 화면에는 액체가 담긴 유리잔이 나타났다. 유리잔의 내용물에는 '당신의 프로그램'이라고 적혀 있고, 유리잔에는 '당신, 프로그래머'라고 적혀 있었다.

우리의 생각은 끊임없는 내적 대화입니다. 사람은 누구나 질문을 던지고 대답합니다. 생각 속에서 무언가를 주장하고 이를 뒷받침할 근거를 찾아다닙니다. 사람들은 그것을 '선택적 인식'이라고 부릅니다.

사람들은 내적 대화를 자신에게 해가 되지 않고 도움이 되는 방향으로 이끄는 법을 배울 수 있습니다.

당신의 멘탈 컨디션은 어떤 상태입니까?

자의식은 멘탈 컨디션의 척도라고 할 수 있습니다. 자의식은 우리의 멘탈이 얼마나 건강하고, 회복 탄력성이 어느 정도인지 나타내주는 척도입니다.

자신이 무엇을 해낼 수 있다고 믿습니까?

자신을 얼마나 사랑받을 만한 사람이라고 여깁니까?

자신이 어떤 사람인지 알고 있습니까?

자의식은 삶의 모든 측면에서 우리의 생각, 말 혹은 행동을 결정합니다. 다양한 연구 결과에 따르면 자의식은 예를 들어 인간관계의 질을 결정합니다. 자기 자신을 더 많이 좋아할수록 우리는 남들을 더 많이 좋아합니다. 그리고 우리가 남들을 더 많이 좋아할수록 남들도 우리를 더 많이 좋아합니다.

대부분의 사람들은 자신에게 내재하는 특별함을 믿지 않습니다. 이들은 남들에게 내재하는 특별함도 믿지 않습니다. 이로 인해 대부분의 사람들은 자신과 남을 아래로 끌어내립니다.

자의식은 우리가 일차원적 사고를 하는지 혹은 다차원적 사고를 하는지 결정합니다. 자의식은 우리가 봉급 인상을 당당하게 요청하는지 아닌지 결정합니다. 자의식은 우리가 리스크를 감수하는지 아닌지 결정합니다. 자의식은 우리가 낯선 사람에게 먼저 말을 거는지 아닌지 결정합니다.

주의할 점은, 인간의 뇌가 인간을 편하게 놔두지 않는다는 것입니다.

인간의 뇌는 부정적인 것이 지배하도록 만들어져 있습니다. 사람들은 나쁜 소식을 더 빨리 받아들이고 더 오랫동안 간직합니다. 그리고 나쁜 소식에 더 큰 비중을 둡니다. 나쁜 소식은 사람들에게 더 큰 영향을 미칩니다. 진화가 진행되는 동안에는 인간들에게 있어 이러한 현상이 합리적이었습니다. 이러한 방식으로 자연은 우리 인간들을 위험으로부터 보호하고 우리에게 생존을 보장해주었습니다.

그런데 과거에는 합리적이었던 이런 현상이 이제는 우리의 자의식에 부정적으로 작용합니다. 이러한 현상으로 인해 우리는 자신의 실수와 실패에 더 초점을 맞추고, 더 큰 비중을 두며, 자신의 성공보다 실수와 실패를 더 오랫동안 기억합니다.

그때 갑자기 안나가 회의실로 들어왔다. 카를은 갑자기 기분이 좋아졌다. 그 순간 그는 자신이 안나를 얼마나 사랑하는지 느꼈다. 안나는 정말로 멋진 여성이었다. 카를은 얼른 동영상을 멈추었다.

안나는 카를에게 가볍게 키스하고 나서 이렇게 물었다. "동영상 어때요? 마음에 들어요?"

"잘 만들어졌네." 카를이 대답했다. "하지만 내 생각에는 설명을 좀 더 간단하게 할 수도 있을 것 같아요. 배우로서 말하자면, 대본은 탄탄하고 좋은데, 주인공들이 내 정서에는 와닿지 않는다고나 할까."

"솔직하게 대답해줘서 고마워요." 안나가 고개를 끄덕이며 말했다. "마크가 나를 고용한 것도 이런 이유였어요. 그의 학문적 인식들을 정서적인 언어로 포장하는 것이 내가 하는 일이에요. 그중 일부는 이미 이 동영상에 반영되어 있어요. 예를 들어 '멘탈 컨디션'이라는 표현이요. 이 정서적 언어를 통해 우리가 하고자 하는 말은 '행복은 하늘에서 저절로 떨어져 내려오는 것이 아니다. 자의식도 마찬가지다. 행복과 자의식, 이 두 가지는 일정한 노력의 결과물이다'라는 거예요."

"혹시 나와 함께 나머지 동영상을 같이 볼 시간 있나요?" 카를이 물었다.

안나는 고개를 끄덕이고는 카를에게 바싹 다가앉았다. "이제 아주 중요한 부분이 나와요. 이 부분을 보고 나면 당신의 뇌가 어떻게 작동하는지, 어떻게 하면 당신의 뇌를 변화시킬 수 있는지 알게 될 거예요. 당신의 뇌를 변화시키는 것은 당신 자신과 당신의 삶을 변화시키는 것이고요. 그런데 미리 경고하자면, 이제 보게 될 부분이 다소 지루할 수 있어요. 하지만 지루한 것이 항상 나쁜 건 아니지요. 중요한 문장들은 서너 번 반복해서 나오기도 해요. 다 보고 나면 당신도 볼 만한 가치가 충분히 있었다고 느낄 거예요. 누구나 각자의 자의식을 변화시킬 수 있다는 이론의 학문적 토대에 관해 배울 수 있을 테니까요."

"당신과 함께 본다면 지루한 부분도 재미있을 것 같아." 카를이 이렇게 속삭였다.

동영상의 다음 장면에는 학자들이 여럿 등장해 자의식에 관한 최신 이론 열두 가지를 소개해주었다.

사람들은 자신의 자의식을 고취할 수 있을까요? 학계에서는 가능하다고

말합니다. 학계의 이런 주장을 뒷받침해주는 토대는 다음과 같습니다.

1 우리의 기억은 우리를 변화시킵니다. 우리는 무엇을 기억하느냐에 따라
  슬퍼지기도 하고 기뻐지기도 합니다.

2 따라서 특정한 기억을 관리할 필요가 있습니다. 우리는 긍정적인 일들
  에 집중하는 법을 배울 수 있습니다.

3 이를 위해서는 우선 긍정적인 기억들을 저장해야 합니다. 예를 들어 자
  신이 잘한 일을 기록하는 것도 긍정적인 기억을 저장하는 한 가지 방법
  입니다.

4 사람은 누구나 이러한 긍정적인 일들을 필요할 때마다 떠올리는 법을
  배울 수 있습니다.

5 인간의 뇌는 긍정적인 기억 서너 개를 가지고 어마어마한 무언가를 만
  들어낼 수 있습니다. 고생물학자들이 뼛조각 몇 개를 가지고 거대한 공
  룡을 재현해내는 것과 마찬가지입니다. 다시 말해서 사람들은 몇 개의
  기억을 바탕으로 거대한 정서적 형상을 만들어냅니다.

6 물론 부정적인 기억을 가지고도 거대한 정서적 형상을 만들어낼 수 있

지만, 긍정적인 기억으로도 거대한 정서적 형상을 만들어낼 수 있습니다.

동영상 화면에 두 종류의 공룡이 나타났다. 사나워 보이는 티라노사우루스는 인간의 두려움을 상징했고, 온순해 보이고 몸집이 큰 브론토사우루스는 평화와 행복을 상징했다.

7 사람은 누구나 글자 그대로 '스스로를 실제보다 더 큰 사람으로 만들 수도, 더 작은 사람으로 만들 수도' 있습니다. 자신이 경험한 몇 건의 실패에 집중하는 순간 사람들은 갑자기 자신이 구제 불능 루저라고 느낍니다. 반면 자신이 경험한 몇 건의 성공에 집중하는 순간 사람들은 스스로를 영웅으로 바라보게 되지요. 우리는 이를 '영웅의 정서적 형상을 만들어냈다'라고 표현합니다.

8 이런 일들은 대부분 무의식적으로 일어납니다.

카를이 동영상을 정지하는 버튼을 눌렀다. "이 부분에 대해 설명을 좀 해주면 좋을 것 같은데요." 카를이 말했다.
그러자 안나가 곧바로 설명하기 시작했다. "사람들은 항상 둘 중 하나를 위해 자신의 에너지를 쏟아요. 즉, 자신을 실제보다 더 작은 사람으로, 혹은 더 큰 사람으로 만드는 데에 에너지를 쏟지요. 어렸을 때 나는 아버지의 망원경으로 주변을 보곤 했어요. 모든 것이 커 보였어요. 나를 지켜보시던 아버지가 "이번에는 망원경을 반대쪽으로 돌려서 한번 들여다보렴"이라고 말씀하셨어요. 아버지의 말대로 해보았더니 좀 전에 보았던 것들이 모두 훨씬 작게 보이더라고요.

그러고 나서 아버지가 제게 이렇게 설명해주셨어요. "우리가 자신을 바라볼 때도 망원경을 들여다보듯이 할 수 있단다. 망원경의 어느 쪽으로 들여다볼지는 각자가 결정하는 거야. 각자가 선택하는 망원경의 방향에 따라 우리는 자신을 실제보다 좀 더 크게 혹은 좀 더 작게, 좀 더 낫게 혹은 좀 더 형편없게 보게 되지. 사람들은 절대로 자신의 모습을 있는 그대로 정확하게 볼 수 없단다."

카를이 커다랗게 소리를 내며 웃었다. "그러면 자신을 실제보다 더 크게 보는 편이 낫겠네요."

두 사람은 동영상을 다시 재생했다.

사람들의 기억은 있는 그대로 존재하는 것이 아니라, 각자에 의해 끊임없이 창조됩니다.

9 사람들이 과거를 어떤 모습으로 기억하는지는 각자의 감정 상태, 즉 기분에 달려 있습니다. 심리학자들은 이를 '기분 일치 효과'라고 부릅니다. 즉, 사람들은 지금 자신의 기분과 일치하는 무언가를 골라냅니다.

지금 기분이 좋으면 기쁨을 느꼈던 과거의 기억들을 찾아 나섭니다. 그러면 우리의 기분은 한층 더 좋아지지요.

반면 지금 기분이 좋지 않으면 우리는 자신의 삶 중에서 슬펐던 장면들을 찾아 나섭니다. 그러면 얼마 지나지 않아 기분은 한층 더 나빠지지요. 이와 마찬가지로 우리가 한 가지 일로 누군가와 다투다 보면 그 사람에 대해 마음에 들지 않았던 다른 점들이 즉시 떠오릅니다. 그러면 우리는 순식간에 그 사람을 '거대한 부정적 괴물'로 만들어버리지요.

우리는 스스로에게도 이와 동일한 행동을 합니다. 이와 같이 기억은 있는 그대로 존재하는 것이 아니라 각자에 따라 끊임없이 새로이 창조됩니다. 우리는 자신의 감정 상태에 따라 기억을 만들어냅니다. 그러므로 좋은 기분을 유지하는 것이 매우 중요합니다. 그러면 '내가 뭘 잘 해냈지?'라고 자문하기가 쉬워지기 때문입니다. 그렇게 되면 자신이 이루어낸 성공이 떠오르고 우리의 기분은 한층 더 좋아지지요.

카를은 동영상을 멈추고 의문이 담긴 눈길로 안나를 바라보았다. 그러자 안나가 곧 설명을 시작했다. "사람의 기분을 점점 더 나쁘게 만드는 '악순환'이라는 것이 있어요. 그 과정을 설명해볼게요. 지금 자신이 보잘것없이 작은 존재로 느껴지면, 과거 기억 속의 자신도 보잘것없이 작은 존재로 보여요. 그러면 지금 자신의 존재가 한층 더 보잘것없이 느껴지지요."

"바람직하지 않네요." 카를이 논평하듯 말했다.

"전혀 이롭지 않지요." 안나가 카를에게 동조했다. "하지만 그 반대의 경우도 있어요. 지금 기분이 좋으면 자신의 과거도 아름답게 보이지요. 그러면 기분이 한층 더 좋아져요."

"왜 이 이론이 나한테 도움이 된다는 거죠?" 카를이 물었다.

"이 세상에 객관적인 현실이란 존재하지 않으며 객관적인 기억도 없다는 사실을 분명히 알려주니까요. 우리는 자신의 기억을 계속해서 새롭게 만들어내요. 지금의 기분 그대로 과거의 기억을 만들어내지요. 그래서 좋은 기분을 갖도록 훈련하는 것이 중요해요. 기분이 좋으면 지나간 기억도 아름다워지니까요.

사람들은 항상 망원경의 이쪽 혹은 저쪽으로 세상을 바라봐요. 우리는 항상 한 가지 특정한 시각으로 자신을 바라보고, 자신이 하고 있는 일과 자신의 기억도 특정한 시각으로 바라보지요. 우리는 모든 것을 조금 더 크게, 조금 더 아름답게 보여주는 쪽으로 세상을 바라보는 법을 배워야 해요.

우리는 행복해지기 위해 노력해야 하고 자신의 자의식을 고취하기 위해 애써야 해요. 충분히 가능한 일이에요. 이는 운동과도 비교할 수 있어요. 운동을 맨 처음 시작했을 때는 전혀 훈련되어 있지 않은 상태이기 때문에 힘이 들어요. 하지만 운동을 계속하면 힘든 훈련이 재미있어지기까지 해요. 우리의 자의식도 마찬가지랍니다. 우리는 자의식을 훈련할 수 있고, 이를 통해 '멘탈 컨디션'을 개선할 수 있어요. 자의식이 탄탄해질수록 우리의 멘탈도 강해져요."

"당신은 정말 굉장해요." 카를이 이렇게 감탄했다.

"알고 있어요." 안나가 생긋 웃으며 말했다. 카를의 눈에는 이렇게 말하는 안나가 매우 매력적이고 꾸밈없어 보였다. 두 사람은 동영상을 계속 시청했다. 안나의 설명 덕분에 카를은 이제 동영상의 내용을 아주 잘 이해할 수 있었다.

반복하면 강화됩니다.

10 신경과 전문의들의 연구 결과에 따르면 뇌에 저장된 특정한 경험을 더 자주 떠올릴수록 그 기억이 더 선명해집니다. 자신의 성공에 집중하는 법을 더 많이 연습할수록 자신의 성공에 더 쉽게 집중할 수 있습니다.

11 지금 뭔가를 처음으로 경험하는 것과 지나간 일을 기억하는 것은 뇌에게 있어 아무런 차이가 없습니다. 즉, 과거에 멋지게 해낸 일을 떠올리는 즉시 우리는 다시 자신이 멋진 영웅이라고 느낍니다. 마치 자신이 방금 월드컵 결승전에서 승리골을 넣은 것 같은 기분을 다시금 느끼는 것이지요.

12 우리 뇌에 중요한 것은 긍정적인 기억의 개수입니다. 긍정적인 사건

의 질은 그다지 중요하지 않습니다. 뇌는 우리에게 '결승전에서 승리골을 넣은 것이 길을 건너는 낯선 할머니를 도와준 것보다 훨씬 중요하다'라고 말합니다. 하지만 연구 결과에 따르면 승리골을 넣은 선수의 자의식은 경기 후 몇 달이 지나면 기존과 같은 수준으로 되돌아갑니다.

인간의 무의식 체계는 이 두 가지를 구분하지 않습니다. 하나의 성공은 하나의 성공일 뿐입니다. 더 많은 성공을 저장하고 훗날 더 많은 성공을 기억할수록 스스로를 더 성공적인 사람이라고 느낍니다. 따라서 월드컵 결승전 승리의 주역이었던 영웅이 울적한 삶을 살 수도 있고, 끊임없이 남들을 돕는 일상의 영웅이 매우 행복한 삶을 살 수도 있습니다.

"이만하면 충분히 본 것 같네요." 카를이 말했다. "머리가 지끈거려요."

안나가 웃음을 터뜨렸다. "학자들의 스크립트 초본을 보았더라면 정말로 머릿속이 난리가 났을 거예요. 어쨌든 이 부분을 나중에 다시 한번 보면 내가 말로 설명하는 것보다 훨씬 이해가 잘 될 거예요."

"만일 내가 지금 동영상에서 보고 들은 것을 여덟 살짜리 아이에게 2분 동안 설명해야 한다면 어떻게 하는 게 좋을까요?" 카를이 갑자기 생각이 난 듯이 이렇게 질문했다.

"그런 경우에는 종이에 길이가 같은 두 개의 직선을 나란히 그리세요. 직선 하나의 양쪽 끝에는 화살표를 안쪽으로 향하게 그리고, 다른 직선 양쪽 끝에는 화살표를 바깥쪽으로 향하게 그리세요." 안나가 그림을 그렸다.

카를이 깜짝 놀란 얼굴로 말했다. "위쪽 직선이 아래쪽 직선보다 훨씬 길어 보이는데요?!"

안나가 그 말에 동의했다. "우리 뇌는 이 두 직선의 길이가 같다는 사실을 분명히 알고 있지만, 한 직선이 더 길고 다른 직선이 더 짧다고 느끼지요. 자의식도 마찬가지예요. 자의식이 낮은 사람은 자신을 실제보다 더 보잘것없는 작은 존재로 여기지요. 그러면 스스로에게 기대를 덜 하지요. 자신이 알고 있는 자신의 능력보다 더 적은 걸 기대하지요. 그 결과 자신에 대한 기대가 점점 더 적어지고, 실제 실적도 더 나빠지지요. 결국 능력도 더 없어지고요. 반면 자의식이 탄탄한 사람은 스스로를 실제보다 더 강하고, 더 유능하다고 여기지요. 그러면 스스로에게 더 많은 걸 기대해요. 그러면 그 사람은 더 많은 것을 이루어내고 실적이 더 좋아진답니다. 결국 능력도 더 좋아지고요."

이렇게 말하고 나서 안나는 종이를 한 장 꺼냈다. 종이에는 문장 하나가 적혀 있었다.

당신은 지금
당신이 집중하는
그것이 된다.

안나가 말했다. "여기에서 내가 전달하려는 건 이 글의 내용이 아니에요. 하얀 종이와 검은색 글자의 비율에 주목해보세요. 둘 중 어느 쪽의 비율이 높아 보이나요?"

"당연히 하얀 종이가 차지하는 비율이 검은색 글자보다 훨씬 높죠." 카를이 대답했다. 그는 안나가 무슨 말을 하려고 하는지 그 의도가 궁금했다.

"이 종이를 한 사람의 삶이라고 가정해볼게요. 검은색 글자는 그 사람의 약점과 실패를 상징하고, 하얀 종이는 강점과 성공을 상징해요. 대부분의 사람들은 검은색 글자만 보지요. 검은색 글자가 종이에서 차지하는 비율은 아주 낮은데도 말이에요. 이들은 그 종이의 대부분이 눈부신 하얀색이라는 걸 보지 못해요. 우리 자의식 아카데미에서는 사람들에게 어떻게 하면 자신의 삶 속 눈부신 하얀색을 볼 수 있는지에 대해 알려주지요."

카를은 깊은 인상을 받으면서도 동시에 마음이 무겁고 불안해졌다. 자신이 자신의 장점보다는 약점에 집중한다는 생각이 들었다. 그의 머릿속에는 자신이 잘한 일보다 창피했던 상황들이 훨씬 더 오랫동안 남아 있었다. 그는 안나에게 이러한 생각들을 털어놓았다.

안나는 사랑이 듬뿍 담긴 눈빛으로 카를을 바라보며 이렇게 말했다. "당신은 멋진 사람이에요. 셀 수 없을 만큼 많은 매력을 지닌 사람이에요."

카를은 '셀 수 없을 만큼 많은 매력'에 대해 자세히 듣고 싶었다. 하지만 막상 안나가 이에 관해 자세히 말한다면 자신이 그중 하나도 온전히 받아들이지 못하리라는 것을 잘 알고 있었다. 마치 저주에 걸린 것 같았다. 자신을 지금과는 다른 눈으로 바라보고 싶었다. 더 멋지고, 더 강하고, 더 쿨한 사람으로. 안나와 마크가 카를을 바라보는 바로 그 시각으로 자신을 바라보고 싶었다. 하지만 동시에 카를은 지금까지 자신을 바라보아 온 기존의 시각을 있는 힘을 다해 옹호했다.

◆ ◆ ◆

회의실에서 나온 카를은 잠깐 마크를 만났다. 마크는 그에게 이렇게 제안했다. "내일 아주 멋진 '자의식 전문가'를 방문할 예정이네. 나한테 아주 많은 가르침을 준 사람이지. 그 사람을 만날 때마다 나는 정말 많은 걸 배워. 염려와 두려움을 물리치는 데 정말로 뛰어난 사람이야. 자네, 나와 동행하겠나?"

카를은 흔쾌히 마크의 제안을 받아들였다.

"잘 생각했네." 마크가 빙그레 웃으며 말했다. "그러면 내일 아침 아홉 시에 자네를 데리러 갈 테니 함께 미하엘에게 가세. 미하엘은 자네에게 아주 깊은 인상을 줄 거야. 그와 이야기를 나누고 나면 완전히 다른 시각으로 두려움을 마주하게 될 걸세."

06

미하엘

그날 밤 카를의 꿈에는 또다시 새빨간 스웨터를 걸친 노파가 나타났다. 이번에도 노파는 그에게 뭔가 중요한 이야기를 하려는 것처럼 보였다. 그리고 이번에도 카를은 노파의 말을 알아들을 수 없었다.

시커먼 나무도 보였다. 하지만 이번에는 부모님이 그를 이 나무로 보냈었다는 것을 인식할 수 있었다. 그러고 싶은 마음은 전혀 없었지만, 그는 나무를 타고 위로 올라갔다. 그리고 갑자기 바닥으로 떨어져버렸다. 안나가 그를 도와주러 다가왔다. 하지만 그는 안나를 쫓아버렸다. 노파가 뭔가를 알려주려는 듯이 격한 몸짓을 했다.

그때 카를은 멀어져 가는 안나의 뒷모습을 계속 쳐다보았다. 안나는 이제 다른 나무 아래에 서서 카를을 기다리고 있었다. '밝고 아름다운 나무'였다. 카를은 안나에게 가고 싶었지만, 어찌 된 일인지 그 자리에서 꼼짝도 할 수 없었다. 엄청난 두려움이 그를 엄습했다. 그때 노파가 카를에게 보라색 노트를 보여주더니 그의 침대 아래쪽에 놓아두었다.

카를은 땀범벅이 된 채 잠에서 깨어났다. 그는 방금 꾼 꿈이 뭔가 중요한 메시지를 전달하려 한다는 것을 감지했지만, 그것이 뭔지는 알 수 없었다. 그는 자신도 모르게 침대 아래쪽을 손으로 더듬어 보라색 노트를 찾아냈다. 그의 예상이 정확히 맞아떨어졌다. 그는 보라색 노트를 펼쳐 읽어 내려갔다.

사람은 누구나 적어도 한 가지 이상의 두려움을 지니고 있다. 이 두려움은 그 사람의 삶을 좌우하고 자유를 속박한다.

두려움이 자유를 어떻게 속박하느냐고? 당신이 두려워하면 남들이 당신을 조종하고 통제할 수 있다.

가장 흔한 두려움은 자신이 그다지 괜찮은 사람이 아니라는 것이다. 하지만 당신은 충분히 괜찮은 사람이다. 당신은 상당히 괜찮은 사람이다.

어떤 특정한 상황이 두려운가? 그렇다면 스스로에게 '넌 해낼 수 있어!'라고 말하라. 당신이 충분히 해낼 수 있다고 계속 각인시키라.

뭔가가 두려워 도망쳐버리면 그 두려움은 더 커지고 당신은 더 작아진다.

반면 당신이 두려워하는 바로 그것을 행하면, 그 두려움은 더 작아지고 당신은 더 커진다.

두려움이 당신에게 길을 알려준다. 그러므로 당신의 두려움을 당신의 친구로, 어디로 나아가야 할지 알려주는 친구로 여기라. 그것을 당신은 배워야 한다. 그것을 위해 당신은 노력해야 한다. 그러면 당신은 놀라울 만큼 도약할 것이다. 당신의 잠재력을 최대한 발휘할 것이다.

당신은 자신의 두려움에 붙들리지 않는 법을 배울 수 있다. 당신은 두려움이 차지하던 자리에 다른 뭔가를 채워 넣는 법을 배울 수 있다. 두려움의 자리에 조금씩 자의식을 채워 넣으라. 당신이 무엇을 할 수 있는지, 얼마나 사랑받을 만한 사람인지, 어떤 사람인지 자각하는 법을 배우라.

두려움은 변명을 하도록 만든다. '나는 두려워서 아무것도 할 수 없어.' 당신은 스스로 이렇게 설득하려 든다. 그러면서 위험한 일을 피했다고 안심한다.

하지만 이로 인해 당신은 한층 더 약한 존재가 되어버린다. 두려움은 성공을 쌓는 것이 아니라 실패를 체험하도록 만든다.

두려움을 악용해서는 안 된다. 두려움이 변명거리가 되어서는 안 되며, 두려움을 통해 나아가야 할 길을 배워야 한다.

두려움을 깨부수는 것 외에 다른 방법은 없다. 두려움을 어떻게 다루느냐에 따라 당신의 미래가 결정되기 때문이다.

이번에도 카를은 혼잣말을 했다. "도대체 누가 이걸 적어 넣은 거지?" 이에 대한 논리적인 설명이 필요했다. 자신의 집에 귀신이 살 리는 없다. 이상한 꿈을 꿀 수는 있다. 꿈은 상상의 산물, 혹은 무의식의 산물이니까. 하지만 보라색 노트는 현실이었다.

갑자기 희한한 확신이 들었다. 이 문제에 대한 논리적인 설명이 있을 것이고 자신이 그것을 찾아내리라는 확신이 든 것이다. 그러고 나서 그는 싱긋 미소를 짓고 이렇게 중얼거렸다. "내 자의식이 갑자기 높아졌나? 아니면 내 정신이 조금 이상해졌나?"

이 세상에는 객관적인 현실이 존재하지 않는다는 말을 떠올렸다. 이 문제에 관해서는 학자들의 의견이 일치하는 것 같았다. '그래, 어차피 객관적인 현실이 없다면 긍정적인 방향으로 미치는 편이 낫지.' 카를은 이렇게 생각했다.

• • •

아홉 시 정각에 마크가 카를을 데리러 왔다. 마크는 여느 때처럼 매우 유쾌해 보였다. "나와 동행해준다니 정말 기쁘네. 미하엘은 내 인생에서 가장 중요한 스승 중 한 명이지. 이렇게 소중한 보물을 자네와 함께 공유할 수 있다니 정말 기뻐. 미하엘을 만난 후 세계 유수의 기업 중 한 곳에서 강연하기로 예정되어 있는데, 혹시 같이 갈 생각 있나?"

"좋아요." 카를이 건성으로 대답했다. "강연하시는 곳에 저도 같이 갈게요."

그는 어젯밤 꾼 꿈과 보라색 노트에 적혀 있던 말들이 자꾸만 신경 쓰였다. 그래서 이렇게 물었다. "왜 저는 두려움이 이렇게 많을까요? 두려움은 도대체 왜 존재하나요?"

마크가 완전히 공감한다는 얼굴로 고개를 끄덕였다. "아주 좋은 질문일세. 최근 학계의 관점에서 보면 이 문제에 대해 매우 적절한 답을 낼 수 있지."

"원래부터 이렇게 모든 문제에 답을 할 수 있으셨나요?" 카를이 궁금해하며 물었다.

"원래 나는 대답보다는 질문이 항상 많았지. 하지만 두려움에 관해서는 잘 설명할 수 있어. 이에 관한 다양한 연구 자료를 많이 읽어 왔으니 말이야. 연구 결과에 따르면 인간의 뇌의 '기본적인 태도'는 '염려와 두려움'이라네. 학계에서는 이를 '부정성 편향'이라고 부르지. 인간이 발전해 온 역사 속에서 우리 조상들은 사나운 짐승들을 조심해야만 했어. 살쾡이를 만나면 쓰다듬고 싶은 마음이 아니라, 두려움을 느껴야 했지. 그래야만 살아남을 수 있었으니까. 그리고 그 두려움이 인간의 유전자에 각인되었고 우리의 유산이 된 거지. 그 결과 사람들은 긍정적인 것보다는 부정적인 것에 더 잘 집중하고, 더 잘 기억하게 된 거지. 부정적인 일들이 우리 머릿속에 더 쉽게 각인되는 거야. 이 때문에 유감스럽게도 사람들은 긍정적인 일을 과소평가하는 경향이 있지."

"하지만 그게 오늘날 사람들의 두려움과 무슨 관계가 있지요?" 카를이 물었다.

"그건 금방 알게 될 거야. 우리 인간들은 부정적인 생각을 가진 사람을 더 존중하는 경향이 있어." 마크가 카를의 질문에 개의치 않고 계속 말했다. "우리가 사용하는 단어 중 62퍼센트가 부정적인 의미를 지니고 있어. 이 현상은 지구상의 거의 모든 언어에 해당된다네. 이로 인해 우리는 대부분의 행복한 사건들을 자신도 모르게 무시하고 넘어가지. 그 결과 사람들은 아무 걱정 없이 앞으로 나아가기보다는 뭔가를 두려워하며 머뭇거릴 때가 훨씬 더 많아. 이는 지난 250만 년 동안 인간이 생존하는 데에 매우 유리하게 작용했어. 우리 뇌는 우리에게 용기를 불어넣기보다는 우리의 생명을 보호하려 한 거야. 그래서 인간의 뇌는 부정적인 일이 실제로 일어날 확률이 매우 낮다는 사실을 무시하는 거라네."

카를은 심각한 표정으로 이렇게 말했다. "그래서 우리가 하얀 종이보다는 검은색 글자를 보는 거군요." 카를은 안나에게 배운 것을 마크에게 이야기해주었다.

"아주 멋진 비유군." 마크가 커다란 소리로 감탄했다. "안나는 정말 언어의 마법사야."

"그러니까 난 겁쟁이가 아니네." 마음속으로만 하려던 말이 자신도 모르게 카를의 입 밖으로 튀어나왔다. "겁쟁이가 아니라 아주 정상이래. 인간의 뇌가 원래 그렇게 만들어져 있다잖아!"

"아주 정확한 말이야. 자네는 완전히 정상이야. 자네가 지금 겪고 있는 일들은 우리 모두가 거치는 발달 과정이지." 마크는 이렇게 설명하고는 자신의 말을 다소 정정했다. "정확히 말하자면 우리 모두가 아니라 몇 안 되는 사람들만이 거치는 과정이지. 유감스럽지만 자의식에 대해 아는 사람은 적으니까. 자신의 자의식을 고양하는 것이 그다지 힘든 일이 아닌데도 이를 시도하는 사람은 극소수에 불과해. 자의식을 고양하면 두려움은 저절로 줄어들게 되어 있어. 두려움에서 벗어나 자의식을 고양하기 위해 반드시 거쳐야 하는 네 가지 단계가 있다네.

첫째, 자신이 어떤 경험을 하는지 정확히 인식하는 단계. 둘째, 자신의 경험을 평가하는 단계."

그때 카를이 끼어들어 말했다. "망원경을 눈에 대고 어느 쪽 방향으로 세상을 바라볼지 결정하는 단계이지요." 카를은 이 대목에서도 안나에게 들은 비유적 표현을 사용해 마크에게 설명했다. 이번에도 마크는 감탄하며 말했다. "아무래도 이 멋진 비유들을 우리 회사가 제작한 자의식 동영상에 넣어야겠어."

"저도 그렇게 생각해요." 카를이 맞장구쳤다.

마크가 계속 이야기했다. "셋째, 긍정적인 경험을 저장하는 단계. 넷째, 긍정적인 경험을 활용하는 단계. 긍정적인 경험을 활용해야 할 필요가 있을 때 언제든 이를 소환할 수 있어야 해."

"모두 이론이지요." 카를이 말했다. "안타깝지만 저는 이걸 어떻게 실천하는지 모르겠어요."

"그건 내가 얼마든지 보여주지. 하지만 지금은 우선 미하엘, 나의 위대한 스승부터 만나러 가세."

• • •

마크는 대형 종합병원 앞에 차를 주차했다. 카를은 마크가 미하엘에 대해 입이 마르도록 칭찬했던 것을 떠올리며 기대감에 마음이 들떴다. 두 사람은 병원 건물 안으로 들어갔다. '미하엘은 분명히 존경받는 의대 교수일 거야.' 카를이 생각했다.

마크는 병원 건물 내부를 훤히 알고 있는 것 같았다. 두 사람은 좁고 긴 병동 복도를 따라 걸어가다가 어느 문 앞에 멈추어 섰다. 마크가 노크를 했다. 나지막하게 "들어오세요"라는 소리가 났고 두 사람은 문을 열고 안쪽으로 들어갔다.

환자 침대에 얼굴이 창백한 소년이 앉아 있었다. 열두 살쯤 되어 보이는 소년이었다. 소년의 머리에는 머리카락이 보이지 않았다. 마크가 소년에게 다가가 몸을 수그려 오랫동안 진심을 담아 소년을 껴안았다. 그러고 나서 마크는 카를을 바라보며 말했다. "이쪽은 미하엘이라네. 미하엘, 이 형 이름은 카를이야."

"안녕 미하엘." 카를이 우물쭈물하면서 인사했다. 카를은 미하엘에게 손을 내밀었다. 악수하는 미하엘의 손아귀 힘이 놀랄 만큼 강했다. 카를은 이렇게 생각했다. '마크가 나한테 미리 알려줘야 했어. 내가 미하엘을 아주 많이 아파 보이는 소년이 아니라 의대 교수라 예상했으리라는 걸 마크는 분명히 짐작했을 텐데.' 저 소년은 어디가 아픈 걸까? 카를은 소년의 병명이 궁금했지만, 그걸 물어볼 수는 없었다.

미하엘은 카를의 난감한 마음을 짐작하는 것 같았다. 미하엘은 밝은 목소리로 이렇게 말했다. "지금 마음속으로 '저렇게 멋진 소년이 여기 병원에서 뭘 하고 있나?'라고 생각하고 있죠? 저는 뇌종양이 있어요. 수술은 불가능하고요……. 의사 선생님들 말로는 이제 한 달 내지 세 달 정도 살날이 남아 있대요."

카를은 말문이 막혀 침만 꿀꺽 삼켰다. 그는 마크를 힐끗 쳐다보았다. 마크는 의미심장한 표정으로 고개를 잠깐 끄덕임으로써 미하엘의 말을 확인해주었다.

미하엘은 어깨를 살짝 으쓱거리고는 이렇게 말했다. "아, 그리고 마크한테 형에 관한 이야기를 여러 번 들었어요. 마크 말로는 언젠가 아주 훌륭한 배우가 될 거라고 하던데요. 배우라니, 저는 배우라는 직업이 엄청 멋지다고 생각해요."

'저 아이는 다른 아이들과 똑같이 행동하네.' 카를은 미하엘을 보고 매우 놀랐다. 이렇게 몸이 아픈 아이는 깊은 슬픔에 잠겨 있을 거라고 생각했기 때문이다.

미하엘이 생각에 잠긴 카를에게 이렇게 말했다. "제 꿈은 위대한 축구선수가 되는 거였어요. 지금으로서는 그렇게 되긴 힘들 것 같지만요."

카를은 뭐라고 말을 해야 좋을지 알 수 없었다.

"마크가 그랬어요. 스탠드인으로 일하시고 있다면서요. 이제 형이 오랫동안 꿈꿔 왔던 일을 할 때가 온 것 같아요." 미하엘은 카를을 유심히 바라보며 말했다. "언제 시작할 거예요?"

"글쎄, 그건 마음대로 고를 수 없잖아."

"제 경우에는 마음대로 고를 수가 없지요. 저는 이제 더 이상 축구를 할 수 없으니까요. 종양이 머릿속 여러 부분을 눌러서 몸을 마음대로 움직일 수가 없거든요."

"아, 미안." 카를이 당황한 얼굴로 말했다.

"형이 나한테 미안해한다고 해서 나한테 돌아오는 건 아무것도 없어요." 미하엘이 날카롭게 반응했다. "하지만 형이 내가 기뻐할 일을 해주면 내가 얻는 게 있지요." 미하엘이 카를의 눈을 똑바로 들여다보며 이렇게 말했다. "나를 기쁘게 해줄 마음이 있나요?"

"그럼, 물론이지." 카를은 기습을 당한 기분이었지만, 이 남다른 소년이 마음에 들었다.

"좋아요." 미하엘은 만족스러운 표정으로 고개를 끄덕였다. "내 소원은 영화 촬영 현장에 가보는 거예요."

"그건 내가 확실하게 들어줄 수 있지!" 카를이 자신 있게 말하며 다음 촬영 일정이 언제인지 생각해보았다.

"하지만 제 소원은 아주 특별해요. 마크에게서 형에 관한 이야기를 들은 후부터 저는 형이 배우로 참여하는 영화 촬영 현장을 보고 싶어졌어요."

"그건 확실히 약속할 수 없어." 카를이 힘없이 고개를 떨구었다.

"형은 분명히 할 수 있어요. 마크에게서 형이 배우가 되기로 결심했다고 들었어요. 그러니까 이제는 시간 낭비하지 말고 배우가 되세요. 저한테는 시간이 얼마 남지 않았어요."

카를이 이맛살을 찌푸리며 마크를 쳐다보았다. "도대체 이 사람들 날 두고 무슨 꿍꿍이지?" 카를이 마음속으로만 생각하려던 말이 자신도 모르게 밖으로 튀어나왔다. 마크는 아무 말이 없었다.

"아무 꿍꿍이도 아니에요." 카를의 시선이 다시 미하엘에게로 옮겨 갔다. "저는 형에게 제가 기뻐할 만한 일을 해주겠냐고 물었고, 형은 그러겠다고 말했을 뿐이에요."

"그래, 나는 배우가 되겠다고 결심했어. 하지만 그렇다고 해서 내가 정말로 배우가 되는 건 아니야. 이 세상에 배우가 되고 싶어 하는 사람은 엄청나게 많아. 그리고 그중 몇 안 되는 사람만 실제로 배우가 되는 거야."

"하지만 저는 엄청나게 많은 사람들과 이야기하는 게 아니라 형하고 이야기하고 있는 걸요." 갑자기 소년의 표정이 진지하게 변했다. 조금 전보다 20년은 더 나이 든 사람같이 보였다.

"병이 든 사람들에 관한 가장 큰 거짓말이 뭔지 알아요?" 미하엘이 물었다. "사람들은 병이 든 사람은 더 이상 아무 가치도 없고 아무것도 할 수 없다고 말해요. 그리고 병이 든 사람의 삶은 아무 의미도 없다고 말해요. 하지만 그건 틀린 말이에요. 이제 저는 제 꿈이었던 축구선수가 될 수 없지만, 형이 배우가 되도록 도와줄 수는 있어요. 저는 그것을 꿈꿔 왔고, 제 꿈이 실현되리라는 것을 확실히 알아요."

카를은 어떤 반응을 보여야 할지 모르겠다는 얼굴로 소년을 쳐다보았다.

"그런 표정으로 저를 바라보지 마세요." 소년이 말했다. "이제는 저라도 나서서 형한테 진실을 말해주어야겠어요. 안나가 형을 무척 좋아해요. 안나가 이렇게 좋아하는 걸 보니 형은 정말 좋은 사람인가 봐요. 내가 나이가 좀 더 많았더라면 지금 당장이라도 안나와 결혼할 텐데. 안나가 그러던데, 형은 재능이 엄청나게 많다면서요. 마크도 형을 믿고 있어요. 하지만 정작 형은 자신의 꿈을 실현하지 못하고 머뭇거리고만 있잖아요. 왜 그런 건지 오늘 형을 만나고 나서 감 잡았어요. 형은 지금 두려워하고 있어요! 제가 형이 두려움에서 벗어나도록 도와줄 수 있어요. 아주 간단해요."

카를의 마음속에서 이런저런 감정들이 뒤섞여 올라왔다. 한편으로는 분노가 치밀어 올랐다. 도대체 자신이 배우가 되는 것과 미하엘이 무슨 관계가 있단 말인가? 배우가 되든 말든 그건 나의 인생이다. 미하엘은 마치 기습 공격이라도 하듯이 훅 들어왔다.

하지만 미하엘에게는 살 수 있는 날이 몇 주밖에 남지 않았다. 카를은 이 소년이 불쌍하게 여겨지면서도 화가 났다.

그러고 나서 카를은 미하엘이 자신을 줄곧 유심히 살펴보았다는 것을 알아챘다. "형은 두려워하고 있어요." 미하엘이 고개를 끄덕이며 말했다.

"그래 난 두려워." 카를은 자신이 왜 갑자기 생전 처음 보는 소년에게 이런 말을 털어놓는지 이해할 수 없었다. "넌 두렵지 않니?" 카를은 자신의 혀를 잘라버리고 싶었다. 어쩌자고 죽음을 앞둔 어린 소년에게 이런 질문을 한 것일까?

"드디어 형이 마음속에 담아두었던 말을 하기 시작하네요. 네, 저는 두렵지 않아요. 죽음도 두렵지 않아요."

"정말?"

"정말이요!" 미하엘이 다시 한번 확인해주었다. "전 이렇게 생각해요. 대부분의 사람들은 죽음을 두려워하지요. 그래서 사람들은 죽음이 나쁜 거라고 여겨요. 하지만 어쩌면 죽음 뒤에는 아주 멋진 일이 있을 수도 있어요. 어쩌면 세상을 떠난 사람들이 모두 우리를 기다리고 있을 수도 있어요. 자신들이 먼저 가 있는 곳에 우리도 빨리 오기를 기다리고 있을지도 몰라요. 어쩌면 그들이 있는 곳이 지금 우리가 있는 곳보다 훨씬 멋있을 수도 있어요."

카를은 말문이 막혔다. 도대체 이 소년의 어디에서 이런 힘이 나는 걸까?

"나는 형이 다시 웃으면 좋겠어요." 미하엘이 말했다. "그런데 형은 뭐가 두려워요?"

"나도 정확히는 모르겠어. 어쩌면 배우로 성공하지 못할까 봐 두려운 것 같기도 해. 그렇게 되면 나는 대학 졸업장도 없고, 배우가 된 것도 아니니까. 우리 부모님은 평생 나를 비난하실 거야. 나는 나 자신을 믿지 못하게 될 거고. 아마 나는 관심조차 없는 따분한 일을 하게 되겠지. 몇 푼 안 되는 돈을 벌기 위해서……."

"이런 맙소사, 형, 정말 생각보다 상태가 심각하네요." 미하엘이 논평하듯 말했다. "하지만 우리가 함께 해결할 수 있어요. 형이 정말로 두려워해야 할 게 뭔지 알아요? 형은 자신의 꿈을 놓쳐버릴까 봐 두려워해야 해요. 남들에게 비난받을까 봐 두려워하는 건 정말 바보 같은 짓이에요. 자기 자신에 대한 의심은 오로지 나의 잠재의식에 들여놓은 타인의 의심일 뿐이에요."

"도대체 이런 어려운 말은 어디에서 배운 거니?" 카를이 물었다.

"그거야 뭐, 여기 계시는 브레인에게서 배웠지요." 소년은 빙그레 웃으며 마크를 가리켰다. "마크는 저와 엄청나게 많은 이야기를 나누었어요. 저한테 정말 중요한 사람이세요. 요즘도 날마다 엄청나게 멋진 메시지를 보내주시지요. 오늘 보내준 메시지는 요다의 대사였어요. 영화 〈스타워즈〉에 나오는 현명한 제다이 마스터 요다 말이에요. 형 핸드폰 번호를 알려주면 제가 그 메시지를 바로 보내줄게요."

카를은 미하엘에게 자신의 핸드폰 번호를 알려주었다. 그리고 곧 카를의 핸드폰에서 메시지 도착음이 울렸다.

두려움은 어두운 쪽으로 향하는 길이다.

"완전 멋지죠?" 도착음이 울리자마자 미하엘이 이렇게 물었다.

"맞는 말인지는 잘 모르겠어."

"설마 요다의 말을 의심하는 건 아니죠? 맙소사, 요다는 마크보다도 더 현명하다고요."

"그건 불가능하지." 카를이 능청스럽게 말했다.

"이제야 다시 웃네요." 소년이 카를을 칭찬했다. "하지만 아직 저한테 대답 안 했어요."

"무슨 대답?"

"맙소사, '무슨 대답?'이라니요. 정말 몰라서 묻는 거예요? 형이 배우가 되면 저를 촬영 현장에 데려가주겠느냐는 질문에 대한 대답 말이에요."

"나 잠깐 카페테리아에 가서 뭐라도 마시고 올게. 그동안 조용히 생각 좀 하고 돌아와서 대답해줄게."

∙ ∙ ∙

커피를 다 마시자마자 카를은 자신이 소년에게 약속하리라는 확신이 들었다. 왜냐하면 소년이 원하는 약속을 떠올려보니 지금까지 없던 힘이 샘솟는 기분이 들었기 때문이다. 그는 자신이 소년과의 약속을 지키기 위해 최선을 다할 것 같았다.

카를은 미하엘에게 돌아가 이렇게 말했다. "약속할게. 내가 할 수 있는 건 뭐든 다 할 거야. 정말로 최선을 다할 거야. 만일 마크가 나의 잠재력에 관해 장담한 말이 맞다면, 내가 너와의 약속을 들어줄 수 있겠지."

카를은 엄숙한 표정으로 이렇게 선언했다. "내가 배우가 되자마자 너를 나의 첫 촬영 현장에 데리고 갈게. 약속해."

"그런데 왜 저랑 그 약속을 하는 거죠?" 미하엘이 시험하듯이 물었다.

"너와의 약속이 내게 힘을 주니까. 네가 나에게 힘을 주니까. 너와 약속을 하면 나는 물러설 수 없어. 나는 내 말을 지키게 될 거야. 요다와 허튼 농담을 하는 사람은 없으니까. 만일 나 혼자만의 꿈이었다면, 아마도 나는 몇 년 동안 머뭇거리기만 했을 거야. 하지만 너를 위해서라면 나는 훨씬 애쓰고 노력할 거야. 이제 나에게 최선을 다할 이유가 생긴 거지. 그리고……" 카를은 이런 말을 해도 될지 잠시 생각해보았다. "그리고 나는 서두를 거야."

"나를 안아줘요." 카를의 말에 감동한 미하일이 요청했다.

카를은 미하엘을 조심스럽게 꼭 안아주었다. 그 순간 카를은 소년의 특별한 힘이 자신에게 전달되는 것을 느꼈다. 카를의 두려움이 눈 녹듯이 사라져버렸다. 카를은 갑자기 무언가 매진할 일이 있다는 것에 기쁨을 느꼈다. 이제 그에게는 목표가 있었고, 그는 목표를 이루겠다고 맹세했다.

"포스가 그대와 함께하기를." 카를과 작별 인사를 하던 미하엘이 요다의 대사를 인용했다.

"그리고 그대와도 함께하기를, 현명한 요다여."

◆ ◆ ◆

병원 밖으로 나온 카를은 마크의 차 조수석에 앉아 오랫동안 아무 말이 없었다. 두 사람은 세계 유수의 기업에서 열릴 마크의 강연장으로 향했다. 마크는 카를이 깊은 생각에 잠겨 있다는 것을 감지했다.

카를은 자신이 어떻게 병이 든 소년에게 그런 약속을 할 수 있었는지 골똘히 생각해보았다. '내가 미하일에게 약속한 것은 더 이상 핑계를 대지 않기 위해서였어. 나는 물러나지 않아야 할 이유가 필요했고, 이제 내게는 그 이유가 생겼어. 나는 미하엘을 실망시킬 수 없고, 실망시키지 않을 거야.'

강연이 진행될 기업에 도착하기 전, 마크는 카를에게 강연에 대한 사전 정보를 주었다. 마크는 그 기업의 최고 엘리트 직원 500명을 대상으로 자의식의 중요성에 관해 설명할 예정이었다. 이미 자의식이 매우 높은 상태의 에이스들을 대상으로 한 강연이다.

마크는 이들에게 가장 중요한 두 가지 동기, 즉 최고의 제품 생산과 부의 축적을 강연 포인트로 잡아 공략하려 했다. 이 두 가지를 이루려면 탄탄한 자의식이 필요하다는 메시지를 전하려는 것이다.

마크는 카를에게 강연을 듣고 돌아오는 길에 차 안에서 이에 관해 이야기하자고 제안했다. "단, 오늘 이 강연은 정말로 하이엔드급 강연일세. 수준이 아주 높지"라고 마크가 말했다.

강연을 의뢰한 기업 측에서는 두 사람을 매우 정중하게 맞아주었다. 카를은 세계 굴지의 기업에서 마크의 입지가 얼마나 대단한지 느낄 수 있었다.

마크는 장황한 서론 대신 한 가지 연습으로 강연을 시작했다. 그는 청중들에게 연필로 자화상을 그려보라고 요청했다. 주어진 시간은 2분이었다. 걸작일 필요는 없지만, 공을 들여 그려보라고 했다. 카를 주변에 앉아 있던 청중들은 모두 마크의 요청에 따랐다. 주어진 일에 최선을 다하는 것이 몸에 밴 사람들이었다.

잠시 후 마크가 말했다. "이제 각 자리에 준비된 세 가지 색연필을 손에 드십시오. 검은색, 초록색, 주황색을 사용해 각자가 그린

몸의 부위를 색칠하십시오. 마음에 들지 않는 신체 부위는 검은색으로 칠해보세요. 특별히 멋지다는 생각도 안 들고 특별히 못생겼다는 생각도 안 드는 부위는 초록색으로. 그리고 본인의 눈에 아주 멋져 보이는 부위는 주황색으로 칠해보십시오."

청중들은 웃음을 터뜨렸지만, 모두 강연자가 요청한 대로 했다. 카를은 이 장면이 믿기지 않았다. 500명의 톱 매니저들, 하이엔드급 강연, 그 자리에서 난데없이 '색칠공부' 과제라니……

모두가 색칠공부를 마쳤을 때, 마크는 청중들에게 이 자리에 있는 사람들이 어떤 비율로 그림 속 몸을 검은색, 초록색, 주황색으로 칠했을지 맞춰보라고 했다.

대다수의 청중들은 자기 몸의 중요한 부위들을 검은색으로 칠했다. 즉, 대다수의 청중들이 스스로를 멋지다고 여기지 않고 못생겼다고 여긴다는 것이었다. 나머지 부위들은 대부분 초록색과 주황색을 반반 정도로 색칠했다.

마크는 청중들에게 스스로를 좋아하는 것이 중요하다고 설명했다. 스스로를 있는 그대로 받아들이는 것. 스스로를 멋지다고 여기는 것. 이것이 각자의 직무적 생산성과 소득에 커다란 영향을 미친다고 설명해주었다.

카를은 깊은 감명을 받았다. 그 또한 색칠공부를 했고, 주황색을 아주 조금 사용했다.

마크가 강연을 계속 이어 갔다. 그는 두 가지 중요한 수치를 제시했다. "통계에 따르면 자사의 가치를 명확하게 서면으로 고시한 기업들의 가치는 자사의 가치를 고시하지 않은 기업에 비해 25년 후 기업 이윤이 평균 700퍼센트 이상 높습니다. 다시 말해서 우리가 스스로의 가치를 분명히 아는 것이 매우 중요하다는 것입니다. 개인으로서 자신의 가치를 정확하게 아는 것. 기업으로서 자신의 가치를 정확하게 아는 것. 이 또한 일종의 자의식입니다.

그리고 연구 결과에 따르면 열 명 중 아홉 명은 특정한 상황에 처할 때 스스로가 자의식이 좀 더 높은 사람이기를 간절히 원한다고 합니다."

카를은 강연 내용을 기록하기로 마음먹었다. 그의 백팩에는 언제나 보라색 노트가 들어 있었다. 그는 보라색 노트에 다음과 같이 적어 내려갔다.

어떤 사람들은 돈이 '나무에서 쑥쑥 자라는 존재'라고 비유적으로 말한다. 맞는 말이다. 여기서 나무는 우리의 아이디어와도 같다. 돈은 아이디어를 토대로 자란다. 이 세상에 인간이 존재하는 한, 문제도 존재한다. 그리고 이 문제들을 해결하는 사람이 돈을 번다.

아이디어가 많을수록 더 많은 문제를 해결할 수 있다. 이 맥락에서 '자의식이 높다'는 것은 자신이 수많은 아이디어를 갖고 있다는 것을 분명히 의식하는 것을 의미한다. 당신의 꿈은 '문제'라는 옷을 입고 나타난다. 이 문제는 해결 가능한데, 그러려면 아이디어가 필요하다.

당신이 어떤 문제를 해결할 수 있다고 생각하든, 해결할 수 없다고 생각하든, 당신은 항상 옳다. 어떤 문제든 항상 당신이 생각하는 그대로 귀결된다.

마침내 마크는 돈이라는 주제에 관해 본격적으로 이야기하기 시작했다. "여러분의 좋은 아이디어로 어떤 문제를 해결하고, 이를 통해 100만 명에게 도움을 준다고 상상해보십시오. 예를 들어 여러분이 고안해낸 한 제품을 위해 소비자들이 각자 10유로를 지불한다고 가정해봅시다. 이 경우 여러분이 제품당 1유로씩 배분받는다면, 지극히 합당한 일 아닐까요? 물론 이는 합당한 일입니다. 왜냐하면 여러분의 아이디어가 없었더라면 이 기업은 천만 유로라는 매출을 올리지 못했을 테니까요."

이런 내용의 강연이 30분 정도 진행되었다. 마크는 문제와 아이디어, 자의식과 성취, 성공, 행복 간의 상관관계를 몇 번이고 거듭 강조했다.

최종적으로 그는 이렇게 요약했다. "자의식이 높아질수록 여러분은 더 많은 아이디어를 내고, 좋은 아이디어를 더 잘 알아봅니다. 좋은 아이디어가 더 많아질수록 여러분은 더 많은 문제를 해결할 수 있습니다. 더 많은 문제를 해결할수록 더 많은 돈을 벌 수 있고요. 결국 문제 해결 능력이 높은 사람이 더 많은 돈을 법니다. 이를 위해 여러분에게 필요한 것은 탄탄한 자의식입니다."

마크가 강연을 마치자 500명의 청중들이 자리에서 일어나 오랫동안 박수를 쳤다. '기분이 굉장히 좋을 것 같아.' 카를은 이렇게 생각했다. 그는 마크의 행동 하나하나를 놓치지 않고 관찰했다. 마크는 청중들의 박수 세례를 즐기는 것 같이 보였지만, 이와 동시에 감사해하는 겸손한 모습도 보였다.

◆ ◆ ◆

돌아오는 길, 예상치 못한 교통 체증으로 도로에 서 있게 되자 마크가 유쾌한 목소리로 이렇게 말했다. "이런 이런, 길이 막히는군. 이제 우리가 마음껏 이야기할 시간이 생겼네. 아주 좋아!"

카를은 마크를 처음 보았을 때 그를 제정신 아닌 사람 같다고 생각했었던 것을 떠올렸다. 하지만 마크를 더 잘 알아 갈수록 이 멋진 사람에게 감탄할 수밖에 없었다. 그렇다. 마크는 분명히 달랐다. 그리고 바로 이 '다름'이 카를의 감탄을 자아냈다.

짧은 시간 동안 카를은 매우 많은 것을 접했고, 이에 관한 이야기를 마크와 무척이나 나누고 싶었다. 즉, 자신의 두려움에 대해, 조금 전에 들은 강연에 대해, 그리고 무엇보다도 미하엘에 대해 이야기하고 싶었다. 어떻게 죽음을 앞둔 열두 살짜리 소년이 그토록 쿨할 수 있는지, 그토록 현명할 수 있는지 이야기하고 싶었다. 카를은 어쩌면 그 소년이 죽지 않을 수도 있다는 희망을 가져보았다.

하지만 마크는 이와는 다른 이야기를 하고 싶어 했다. "이제 자네에게 필요한 준비가 다 된 것 같네. 이제는 실행할 수 있을 것 같아."

"무슨 준비 말씀이세요?"

"자네의 자의식을 구축하기 위한 멘탈의 준비 말일세." 마크가 대답했다.

"지금까지의 모든 것이 단지 준비 과정이었다고요?" 카를은 도무지 믿을 수 없었다. 그는 지금까지 자신이 접하고 습득한 것들을 하나하나 나열했다. "지금까지 제게 가르쳐주셨던 모든 것들, 제가 안나에게 배운 모든 것들, 제게 보내주셨던 메시지들, 멕시코의 돈 호세, 제 부모님과 있었던 일, 학술적 이론들, 죽음을 앞둔 영웅 같은 소년, 두려움에 관해 들려주신 이야기들, 자의식과 돈에 관한 강연 등, 이 모든 것이 단지 준비 과정이었다고요?"

"그렇다네." 마크가 대답했다. "지금까지의 모든 것들은 내면의 준비였어. 이제 자네는 여러 방면에서 이전과 달리 생각하게끔 되었지. 이것이 지금까지 우리가 이룬 성과야. 자네의 '마인드셋', 즉 사고방식 자체가 바뀌었어." 마크가 의미심장한 얼굴로 말을 이었다. "이제 자네가 결단을 내릴 시점이야. 그러고 나면 지금까지 습득한 것을 모두 실행할 수 있다네."

"하지만 저는 이미 오래전부터 실행하고 있었는데요?" 카를이 이렇게 항의했다.

"아니야, 아직 실행 전이야." 마크가 반박했다. "지금까지는 거의 모든 것이 자네 머릿속에서만 이루어졌지."

"그런가요?" 카를이 혼란스러운 표정으로 물었다. "그럼 제 부모님하고의 일은 뭐였죠?"

"그 일도 95%는 자네 머릿속에서만 벌어졌던 거지. 부모님과 가졌던 대화는 상대적으로 길지 않았어. 나머지는 내적인 대화와 자네 머릿속에서만 작동했던 두려움이었어. 혹은 자네가 머릿속에서 일어났던 일들에 관해 털어놓은 것이었지."

"하지만 저는 법학 공부를 중단하겠다고 결심했어요. 그건 실행이 아닌가요?" 카를은 자신의 주장을 굽히지 않았다.

"법학 공부를 실제로 중단했나?"

카를이 고개를 저었다.

"그것 보게나. 지금까지는 거의 모든 것들이 자네의 머릿속에서만 벌어졌어."

그 순간 카를은 마크의 말을 알아들었다. 현재 그는 무엇 하나도 진행하고 있지 않았다. 마크의 말처럼 겨우 준비를 마친 상태였다. 아직 자신의 삶에서 바꾸어놓은 것은 아무것도 없었다. 모든 것이 단지 머릿속으로만 벌어지고 있었고, 실행된 것은 하나도 없었다. 이 사실을 깨닫고 나자 카를은 의기소침해졌다. 이런 마음은 그의 표정에도 여실히 드러났다.

"자네 기분이 그다지 좋지 않아 보이는군." 마크가 카를의 심기를 진단했다.

"모든 일이 고작 제 머릿속에서만 일어난 거였네요." 카를이 풀이 죽은 목소리로 말했다. 마크가 이렇게 반박했다. "그 일들이 자네의 머릿속에서 일어났던 건 맞지만, '고작'이라는 단어는 적절하지 않아. 왜냐하면 언제나 가장 중요한 건 우리의 생각이니까. 외부세계의 모든 것들은 생각에 의해 만들어졌지. 사람들은 항상 스스로가 가장 먼저 생각해낸 모습 그대로의 삶을 살게 되어 있어. 사람들은 제일 먼저 자신의 내면세계를 변화시키고, 이를 통해 자신의 외부세계를 변화시킨다네.

그리고 한 가지 좋은 소식이 있어. 자네가 지금 자의식을 고양하겠다고 결단한다면, 자네는 이미 그 길의 절반 이상을 지난 셈이야."

"그러니까 지금까지 우리가 해낸 일들이 무척 중요하다는 말이네요." 카를이 마크의 말을 되씹으며 말했다.

"그렇지. 자네가 오늘 미하엘에게 한 약속을 지킨다면 말일세. 그런 의식적인 결단은 그 영향력이 매우 광범위하거든."

"네, 틀림없어요. 저는 그 약속을 지키고 싶어요." 카를이 말했다. "그리고 저는 제 자의식을 엄청나게 많이 높여야만 배우가 될 수 있다는 것을 깨달았어요. 현재의 자의식 상태로는 절대로 배우가 되지 못할 거예요. 하지만 저는 배우가 되고 싶어요."

"자네는 배우가 '되고 싶은가?' '되고자 하는가?' 아니면 '되어야만 하며, 될 것인가?' 이 세 가지는 완전히 별개의 것이야. 이 중 세 번째 대답, 즉 '되어야만 하며, 될 것이다'라는 대답만이 성공을 보장해주지."

"정말 끈질기시네요." 카를이 나지막한 소리로 중얼거렸다. "알겠어요, 저는 배우가 되어야만 하며, 될 거에요. 왜냐하면 미하엘과 그렇게 약속했으니까요. 단, 제 시도가 성공할 거라고 장담할 수는 없어요."

"약속은 자네가 스스로에게 '나는 해내야 하며, 해낼 거야'라고 말할 때만 약속이지." 마크가 이렇게 설명했다. "이를 위해서는 여러 동기가 필요해. 자네가 자의식을 반드시 고양해야 하는 이유를 전부 모아보게나. 그러면 놀라운 경험을 하게 될 거야. 자신도 모르게 갑자기 '나는 해낼 거야'라는 기분이 들 거야. 지난 며칠간 알게 된 모든 것들을 떠올려보면 자의식을 고양해야 할 여러 이유가 생각날 거야. 지금 어차피 길이 막혀 있으니 우리에겐 시간이 아주 많네."

"메모를 하는 편이 좋겠어요." 카를은 백팩에서 보라색 노트를 꺼냈다. 메모를 하면 생각을 정리하는 데에 도움이 될 것 같았다.

그는 오랫동안 찬찬히 생각해보았다. 지금까지 마크, 안나, 돈 호세, 미하엘과 함께 겪은 일들을 모두 머릿속으로 되짚어보았다. 그는 중요한 생각이 떠오를 때마다 노트에 기록한 뒤 마크에게 읽어주었다. 그러고 나서 두 사람은 각 항목에 관해 이야기를 나누었다.

내가 자의식에 관해 배운 것들

* 나의 자의식을 강화해야만 **'나는 해낼 수 있다'**는 사실을 알 수 있다. 나는 내가 꿈꿔 온 직업을 선택할 수 있다. 즉, 나는 배우가 될 수 있을 것이다. 나의 자의식을 강화해야만 현재 내게 주어진 문제와 미래에 닥쳐올 문제에 대처할 수 있을 것이다. 나는 스스로를 신뢰할 수 있기를 바란다.

* 나의 자의식을 강화해야만 **'나는 사랑받을 만한 가치가 있어'**라고 느낄 수 있을 것이다. 그리고 내가 이렇게 느껴야만 안나와의 관계가 원만하게 이루어질 것이다. 나는 스스로를 존중할 수 있기를 바란다.

* 나의 자의식을 강화해야만 내 꿈을 이룰 수 있다. 나의 자의식을 강화해야만 다음과 같은 사실을 알게 될 것이다. 나는 이것을 할 수 있어. 나는 이것을 좋아해. 내 꿈은 이거야. 그리고 나의 자의식을 강화하면 나는 **'이렇게 하면 내 꿈을 이룰 수 있어'**라는 걸 더 잘 인식할 수 있다.

* 나의 자의식을 강화해야만 **내가 누구인지, 어떤 사람인지 알 수 있다.**

내가 무엇을 잘하는지, 무엇을 좋아하는지를 정확히 알면 내가 진정 어떤 사람인지 알게 된다. 그래야만 비로소 나에게 어울리는 삶을 만들어 갈 수 있다. 그래야만 내가 정말로 행복해진다. 나는 나에 대해 알아가고 스스로를 이해하기를 바란다.

* 자의식이 존재하지 않는다면 남들이 세워놓은 계획에 따라 살 수밖에 없다. 그러면 자신이 '충분히 괜찮은 사람'이 아닐까 봐 두려워하게 된다. 나는 두려움에 의해 지배당하는 삶을 살고 싶지 않다. **나는 나만의 삶을 살고자 한다.**

* 나는 마크, 미하엘, 돈 호세 같은 **좋은 친구들**을 갖고 싶다. 자의식이 탄탄해야 이런 친구들을 가질 수 있다. 왜냐하면 자신의 실수에 집중하는 사람은 친구들에게서도 자꾸만 실수를 찾아내려 하니까. 내 친구들에게 이런 일을 겪게 할 수는 없다.

* **나는 내게 어떤 능력이 있는지 알아내고자 한다.** 안나와 마크는 나의 잠재력을 나보다 훨씬 더 높이 평가한다. 나는 내게 숨겨진 능력을 알아내고자 한다.

* 나는 모든 것을 긍정적으로 바라보는 마크가 굉장히 멋지다고 생각한다. 그는 모든 것에서 긍정적인 면을 찾아낸다. 나도 이런 사람이 되고자 한다. 내가 **스스로를 멋지고 가치 있는 존재로 여겨야만** 세상을 긍정적으로 바라볼 수 있다.

* 그리고 나는 자의식이 탄탄해야 **더 많은 돈을 벌 수 있다**는 원리를 이해하기 시작했다. 안나가 나보다 더 많은 돈을 버는 것도 이 때문이다. 안

나를 조금 따라 하는 것도 나쁜 일은 아닐 것이다.

* 내가 스스로를 긍정적으로 평가하면 '나는 멋진 삶을 살 자격이 있어'라고 확신하게 된다. **그러면 나는 가장 멋진 것만을 내 인생에 들여놓을 수 있다.** 내게 어떤 멋진 삶이 펼쳐질지 궁금하다. 나는 내가 멋진 삶을 누릴 자격이 있다는 것을 안다.

마크는 몇 번이나 거듭 카를을 칭찬했다. 마크는 카를이 제시한 항목들이 자의식 고양에 매우 좋은 동기가 된다고 말했다. 그는 카를이 스스로의 생각을 메모한 것을 칭찬하고는 이렇게 물었다. "이제 결심이 섰나?"

그러자 카를은 마크의 회사에 걸려 있던 글귀가 생각났다. '자의식을 키우기 위한 첫걸음은 자의식을 키우겠다고 결심하는 것이다.'

"네." 카를이 말했다. "결심이 섰어요. 법학 공부를 중단하고 배우가 되기로 결심했어요. 저는 행복해질 거예요. 그리고 안나를 행복하게 만들 거예요. 그리고 미하엘에게 했던 약속을 지킬 거예요. 그러려면 지금보다 자의식을 더 키워야 해요."

카를은 잠시 뭔가를 생각해보더니 빙그레 웃으며 말했다. "그러네요, 아까 하신 말씀이 맞네요. 자의식을 고양해야 할 여러 가지 이유를 메모하며 생각해보니 정말로 '나는 해야 하며, 할 것이다'라고 느껴요. 정말로 자의식이 높아진다는 느낌이 들어요."

"역사적인 순간이군." 마크가 말했다. "만일 지금 우리가 교통 체증으로 정지해 있는 상태가 아니었다면, 자네에게 축하 악수를 건네기 위해 도로 한가운데에 차를 세워야 할 뻔했네." 마크가 너털웃음을 터뜨렸다.

"저를 놀리시는 건가요?" 카를이 물었다.

"아니야. 내가 이 일을 직업으로 삼은 중요한 이유 중 하나는 사람들이 자의식을 고양하도록 도와줄 때 보람을 느끼기 때문이야. 지금 내가 자네의 결단에 얼마나 기뻐하는지 상상도 못 할 거야. 이제 자네의 진정한 삶이 시작될 걸세. 자네의 밝은 미래를 떠올려보니 더없이 기뻐. 그래서 웃음보가 터진 거고."

두 사람은 악수를 나누었다. 카를의 결심을 축하하는 악수였다.

잠시 후 마크가 말했다. "자부심을 갖게나. 대부분의 사람들은 평생 단 한 번도 이런 결심을 내리지 못해. 자의식이 낮은 사람들은 어떤 리스크도 감수하지 않는 것으로 스스로를 보호하려고 하지. 리스크는 감수하지 않고 핑계만 늘어놓지. 핑계는 사람들이 스스로에게 늘어놓는 거짓말이야. 그중에서도 가장 큰 거짓말은 '나는 해낼 수 없어, 나는 그다지 괜찮은 사람이 아니야, 나는 사랑받을 가치가 없어'라는 말이지. 간혹 '나는 하고 싶지 않아'라고 말하는 사람들도 있지. 하지만 대개 이런 말의 뒤에는 자신이 해낼 수 없을 거라는 생각이 숨어 있다네. 잘못된 자아상으로 인해 생길 수 있는 상황 중 내가 최악의 상황이라고 여기는 것이 뭔지 짐작이 가나?"

카를이 고개를 저었다.

"자의식이 낮은 사람들은 무의식적으로 자신의 삶을 비참한 방향으로 끌고 들어가 스스로에게 벌을 주는 경향이 있어."

"왜 저한테 이런 말을 하시는 거죠?" 카를이 물었다.

"내일부터는 본격적인 변화가 시작될 테니 이 문장을 메모해두고 계속 읽으면 힘이 될 걸세. 내가 자네에게 메시지로 보내준 글귀도 마찬가지고. 본격적인 변화가 시작되면 두 가지 일이 생길 테니까 말이지. 우선 아주 힘든 일이 생길 거고, 그다음에는 아주 멋진 일이 생길 거야. 대부분 이 순서대로 두 가지 일이 생기지."

"일종의 경고인가요?"

"바로 그거야." 마크가 자신의 의도를 확인해주었다. "하지만 자네는 잘 해낼 거야. 자네 곁에는 자네를 굳게 믿고 기꺼이 도와줄 좋은 친구들이 있지 않나. 안나도 있고, 미하엘과 나도 있지."

마크는 찡긋 미소를 지으며 이렇게 말했다.

"그리고 이 보라색 노트의 힘을 과소평가하지 말게."

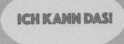

ICH
KANN
DAS

PART 2
변화

ICH KANN DAS!

07

촬영 현장에서

다음 날 스튜디오에 들어선 카를은 특이한 기분이 들었다. 뭔가가 변한 것 같았지만, 정확히 무엇이 변했는지는 알 수 없었다. 물론 며칠 만에 나온 현장이긴 했다. 영화의 주인공 역을 맡은 배우 리하르트가 병이 나 그동안 모든 작업이 중단되었기 때문이다. 하지만 달라진 것은 그것과는 별개였다. 도대체 뭐가 달라진 것일까?

카를은 생각이 많았다. 오늘 아침 마크에게 받은 메시지가 그의 마음을 헤집어놓았기 때문이다.

> 자신을 사랑하고 존중하는 사람은 남들이 자신을 무례하고 모욕적으로 대하는 것을 허용하지 않는다.

카를은 얼마 전부터 마크가 자신에게 딱 필요한 시점에 딱 필요한 글귀를 보낸다는 사실을 알아챘다. 마크는 이 글귀로 그에게 무엇을 말하려 했던 걸까?

촬영 현장에 도착하자마자 카를은 조감독과 마주쳤다. 그의 이름은 도그바르트였는데, 모두들 그를 '도기Doggy'라고 불렀다. 그는 항상 화가 나 있었고, 이름 그대로 어딘가 개와 비슷한 점이 있었다. 단, 그 비슷한 점이란 것이 개에게서 흔히 느낄 수 있는 친근감은 아니었다.

도기가 카를을 보자마자 사납게 달려들었다. "드디어 나타나셨군. 도대체 우리가 널 얼마나 오랫동안 기다려야 하는 거야? 어이, 스탠드인, 네 위치로 빨리 가!"

"정해진 일정에 따르면 저는 8시까지 도착하면 됩니다. 지금은 7시 50분이고요. 그러니까 아무 문제없는 거지요. 그리고 참고삼아 알려드리자면 제 이름은 카를입니다." 카를은 이렇게 말하고 나서 자신의 대답에 스스로도 놀랐다.

도기는 카를을 적대적인 눈빛으로 노려보았다. 두 눈이 튀어나올 것만 같았다. 그가 말문이 막히는 것은 매우 드문 일이었다. 카를의 말이 끝난 지 몇 초 후에 도기가 으르렁댔다. "스탠드인, 너 이따위로 건방지게 굴래? 리하트르가 병이 나서 지금 우리 일정이 엄청나게 밀려 있단 말이야. 그래서 오늘 촬영도 더 일찍 시작했고. 프로라면 이 정도 눈치는 있어야지. 하긴 너는 고작 스탠드인이지. 그것도 아주아주 평범한 스탠드인. 잔소리 말고 당장 네 위치로 가, 스탠드인."

자칫하면 일자리를 잃어버릴 수 있을지도 모른다는 생각이 들었다. 그래서 대꾸하고 싶은 말들을 모두 애써 속으로 삭이고 나지막하게 중얼거렸다. "오케이, 도기."

"너 방금 나를 뭐라고 불렀어? 이 똥개 같은 놈." 도기가 씩씩거리며 욕했다.

'어떻게 그걸 들었지?' 카를이 마음속으로 생각했다. 도기가 서 있는 곳은 그와 15미터나 떨어져 있었다. 이제 분위기가 정말로 싸해졌다. 카를이 말을 돌리려 해보았다. "여기 현장 사람들 모두 그렇게 불러요. 별거 아니에요."

"별거 아니라고?" 도기가 소리쳤다. "난 여기에서 적어도 이름으로 불리는 사람이야. 넌 고작 스탠드인이고. 빈자리를 채워주는 무명씨. 살아 움직이는 쇼윈도 마네킹. 아무것도 아닌 존재."

카를은 자신의 위치로 가서 자리를 잡고, 조감독의 존재를 무시하려 최대한 애를 썼다. 한참 후에 그는 조명을 설치한 동료들과 함께 이야기를 나누었다. 지금까지 계속 친하게 지내 온 동료들이다. 이들은 카를이 멕시코에 다녀왔다는 것을 알고 있었고, 그곳 이야기를 듣고 싶어 했다. 이들은 카를이 어떤 연유로 멕시코에 다녀오게 되었는지도 궁금해했다. 카를은 마크와 돈 호세에 관해 이야기하고, 돈 호세에게서 들은 두 나무 이야기도 들려주었다. 그리고 안나에 관한 칭찬도 늘어놓았다. 안나 이야기를 하면 안 될 이유도 없지 않은가?

그때 카를의 뒤에서 갑자기 도기의 기분 나쁜 목소리가 들려왔다. 모르는 사이에 도기가 카를의 말을 엿듣고 있었던 것이다. "우리 스탠드인께서 사랑에 빠지셨어요? 그리고 그분은 우리 스탠드인 님께 반하셨고요? 맙소사, 도대체 어떤 여자기에 너한테 넘어갔겠냐? 내 눈으로 보지 않아도 딱 견적이 나온다." 도기는 인상을 찌푸려 아주 못생긴 표정을 만들고는 커다란 소리를 내며 웃었다. 기분 좋은 웃음소리는 아니었다.

유치원 때 이후로 카를은 다른 사람과 몸싸움을 벌인 적이 없었다. 그런데 지금 이 순간 육탄전을 벌이고 싶은 강렬한 욕망이 치밀어 올랐다. 카를은 자신도 모르게 주먹을 불끈 쥐었다. 자신에 관한 모욕이었다면 그냥 넘길 수도 있었다. 하지만 안나를 건드려? 그건 선을 넘은 것이었다.

하지만 그가 뒤돌아보았을 때 도기는 이미 자리를 떠난 후였다. 카를은 아무 말 없이 그의 주변에 빙 둘러서 있던 동료 다섯 명에게 지원 요청을 했다. "모두 저 말 들으셨죠?" 카를이 분노에 찬 목소리로 말했다.

하지만 그들은 난감한 표정으로 바닥만 쳐다보았다. 카를이 강한 어조로 말했다. "오늘은 내 차례였지만 다음 차례는 누구일지 몰라요. 저 사람은 항상 저런 식이잖아요. 언제까지 우리가 참아야 하나요?"

드디어 조명 보조기사 중 한 명이 고개를 들고 카를을 쳐다보았다. "카를, 왠지 모르게 예전과 달라진 것 같아."

다른 한 명이 맞장구를 쳤다. "맞아, 몰라볼 정도로 달라졌어. 마치 멕시코에서 이상한 버섯이라도 먹고 온 것 같아. 도기는 수월한 사람은 아니지만 여기 현장에서는 입김이 상당히 센 사람이야. 너도 예전에는 이런 상황을 수긍했었잖아."

카를은 믿을 수 없었다. 어쩌면 저토록 비겁할 수 있을까? 그가 말했다. "남들은 우리가 허용하는 선 안에서 우리를 대합니다. 자신을 존중하는 사람은 남들이 자신을 무례하게 대하는 걸 허용하지 않아요."

다섯 명의 동료들은 고개를 절레절레 흔들며 한 사람씩 자리를 떴다. 카를과 매우 친하게 지냈던 조명 보조기사 게르하르트도 조용히 자리를 떴다.

쉬는 시간에 카를이 카페테리아에서 커피를 마시고 있을 때, 게르하르트가 들어왔다. 그는 조심스럽게 주위를 둘러보다가 두 사람 외에 아무도 없는 것을 확인하고 나서 카를에게 다가왔다. "나는 너를 이해한다는 말을 해주고 싶었어."

"다른 사람들과 함께 있었을 때는 왜 이렇게 말하지 않은 거지?" 카를이 물었다.

게르하르트는 당황한 얼굴로 테이블 판을 쳐다보며 이렇게 대답했다. "난 여기에서 계속 일하고 싶어." 그는 황급히 자리에서 일어나 카페테리아 밖으로 나갔다.

갑자기 자신이 하늘 아래 혼자인 것 같은 기분이 들었다. 그를 이해하는 사람이 하나도 없나? 자신이 정말로 그토록 변했나? 중요한 질문 하나가 머리를 스쳐 갔다. '이렇게까지 할 만한 가치가 있을까?' 기존의 문제들은 여전히 그대로 있고, 새로운 문제까지 생겨버렸다. '자의식을 키우는 길은 정말로 바보 같은 길이야.' 이런 생각이 들었다. '문제투성이잖아⋯⋯.'

그때 그의 핸드폰에서 메시지 도착음이 울렸다. 마크가 메시지를 보낸 것이라고 생각했지만 미하엘이 보낸 메시지였다.

> 내 머릿속을 차지하고 있는 그것이 오늘따라 많이 거슬려요.
> 심하게 아프지는 않지만 아무것도 할 수가 없네요.
> 서둘러야 할 거 같아요. 난 형을 믿어요!

카를의 눈가가 촉촉해졌다. '어린아이가 어쩌면 이리 씩씩할 수 있지. 그런데 다 큰 어른인 나는 다른 사람에게 불공정한 대접을 받았다고 자기 연민에 빠져 찡찡대고 있었네. 나도 더 강해져야겠어.' 카를은 이렇게 생각하고 메시지에 답했다.

> 넌 정말 대단한 사람이야. 나는 너를 실망시키지 않을 거야!

카를은 병상에 누워 있는 그 소년이 카를 자신 안에 있는 힘을 깨워준다는 것을 다시 한번 느꼈다. 그리고 지금껏 자신을 둘러싼 상황을 얼마나 잘못 판단하고 있었는지 알 수 있었다. 최근 들어 그는 돈 호세, 마크를 비롯해 매우 멋진 사람들을 여러 명 알게 되었다. '마크는 정말 놀랄 만큼 쿨한 사람이야! 내게 마크와 같은 아버지가 있었더라면…….' 카를은 이렇게 생각했다. 하지만 어쨌든 그의 상황이 예전보다 더 나빠진 것은 결코 아니었다.

안나와의 일만 해도 그렇다. 카를은 불평만 늘어놓았던 자신이 다시금 부끄러워졌다. 안나! 조금 전까지만 해도 그는 자신의 처지가 전부 예전보다 나빠졌다고 생각했다. 그런데 잘 생각해보니 그는 불과 며칠 전까지만 해도 꿈도 꾸지 못했을 멋진 여성을 만났다. 그리고 그 여성은 그를 사랑했다. 카를 자신도 그 이유를 정말로 알 수 없었지만, 그녀가 그를 사랑하는 것은 확실했다. 카를의 얼굴에 저절로 미소가 번졌다.

촬영 작업이 많이 지연되었다. 주인공 리하르트의 컨디션이 저조해 수시로 쉬어야만 했다. 그의 건강은 상당히 손상된 상태였다. 촬영이 진행되는 동안 동료들은 카를에게 꼭 필요한 말만 건넸다. 그것은 정말로 껄끄러운 일이었다. 하지만 이제 이런 일이 예전만큼 마음에 걸리지는 않았다. 세 시간 이상 지연되던 촬영이 드디어 끝났다. 카를은 핸드폰을 열어 마크에게서 온 메시지를 읽었다.

> 직업을 보면 그 사람이 자신을 얼마나 가치 있는 사람으로
> 여기는지 알 수 있다.
> 이는 우리 각자가 세상에 내어놓는 자신의 가치이다.
> 우리 주변 사람들은 우리가 받을 자격이 있다고 생각하는
> 것만을 보여줄 뿐이다.

'그렇다면 나의 자의식은 그다지 높지 않군.' 카를은 쓴웃음을
지었다.

◆ ◆ ◆

촬영이 끝난 후 카를은 안나를 만나 그날 있었던 일을 이야기
했다. 그의 결론은 이러했다. "마크가 했던 말이 무슨 말인지 조금
씩 알 것 같아. 마크가 내게 '이제 본격적으로 힘든 일이 생길 거
야'라고 했던 말." 이 말을 끝내기가 무섭게 불길한 예감이 들어
이렇게 덧붙였다. "이건 시작에 불과하다는 예감이 들어!"

안나는 카를의 팔짱을 끼고 이렇게 말했다. "당신에게는 좋은
친구들이 있잖아요. 그리고 당신 곁에는 내가 있어요."

"나도 오늘 그게 얼마나 중요한지 깨달았어요." 카를이 안나의
말에 동조했다. "당신과 마크를 떠올려보았더니 갑자기 내 삶에
좋은 일도 아주 많이 생겼다는 생각이 들더군요. 미하엘도 그렇
고!" 카를은 미하엘의 메시지가 자신에게 얼마나 큰 힘을 가져다

주었는지 이야기했다.

"미하엘은 영웅이지요." 안나가 감명받은 얼굴로 말했다. "만일 내가 그런 상황이라면 과연 그만큼 힘을 낼 수 있을지 모르겠어요. 그에게는 배울 점이 참 많아요."

카를이 생각에 잠긴 얼굴로 물었다. "어떻게 그 나이에 그토록 현명할 수 있을까? 그 힘이 어디에서 나는 걸까요?"

"미하엘을 처음 만나고 나서 나도 마크에게 똑같은 질문을 했었어요." 안나가 대답했다. "그랬더니 마크가 내게 클라이스트^{Kleist}의 이야기를 하나 들려주었어요."

탁월한 댄서이자 펜싱 선수인 C씨가 러시아를 여행했대요. 그곳에서 C씨는 러시아 귀족 집을 방문했어요. 그 귀족에게는 펜싱을 하는 아들이 둘 있었답니다. 그중 한 아들이 C씨에게 도전장을 내밀었어요. 하지만 그는 자신의 실력이 C씨보다 훨씬 뒤진다는 것을 곧 알아차렸지요. 그래서 그는 펜싱 마스터 C씨를 그들의 영지에 살고 있던 곰에게 데리고 갔어요. 그 곰은 천하무적이라고 알려진 강력한 존재였어요. 그는 C씨에게 곰과 실력을 견주어보라고 말했지요. 그는 그 곰이 C씨에게 필적하는 상대라고 말했어요.

C씨는 펜싱을 할 때 상대방을 속이는 동작의 명수였어요. 상대방을 속이는 동작은 그의 전략이었지요. C씨는 곰과의 경기를 수락했어요. 하지만 곰은 그에게 속지 않았어요. C씨가 상대방을 속이는 거짓 동작을 하면,

곰은 아무 반응도 하지 않았지요. 반면 C씨가 실제로 공격을 하면, 곰은 앞발을 가볍게 휘두르며 방어했지요. 둘은 이와 같은 동작들을 한참 동안 반복했어요. 그러다가 결국 C씨가 짜증을 내며 포기하고 물러났어요.

곰은 어떻게 이 대결에서 이길 수 있었을까요? 그 비결은 바로 본능이었어요. 그 곰은 자신의 천성과 조화를 이룬 상태, 진정한 자아와 조화를 이룬 상태였어요. 하지만 사람들은 이러한 본능을 잃어버린 상태지요. 사람들은 자신의 낙원을 상실한 상태로 살고 있어요.

"듣다 보니 두 나무가 있는 낙원 이야기가 생각나네요." 카를이 안나의 이야기에 끼어들어 말했다.

"그렇죠." 안나가 생긋 웃으며 말했다. "그리고 이 이야기도 해피엔드예요. 클라이스트는 다음과 같이 비유적으로 말해요. '대부분의 사람들은 낙원을 상실했다. 하지만 낙원으로 돌아갈 길이 하나 있다. 그 길은 고되다. 사람들은 연습을 해야 하지만, 연습을 하면 낙원으로 돌아갈 수 있다. 그 길은 지혜의 길이다.'"

"그러려면 돈 호세가 말했던 두 번째 나무의 목소리에 귀 기울여야 하겠네요." 카를이 진지한 얼굴로 말했다. "그러니까 안나, 당신이 하려는 말은, 미하엘은 낙원을 한 번도 떠난 적이 없다는 거지요. 독사가 둥지를 튼 나무의 말에 한 번도 귀를 기울이지 않았다고요. 미하엘은 자신의 진정한 천성과 조화를 이룬 상태라서 그토록 강한 거고요. 그런데 과연 그것이 가능할까요?"

"나도 단언할 수는 없어요." 안나가 대답했다. "마크는 그렇게 믿고, 나도 그렇게 생각해요. 이만하면 당신의 질문에 대한 대답이 되었을 것 같은데요."

'그런 상태가 되면 기분이 정말 좋겠다.' 카를은 마크와 안나가 말했던 '진정한 자의식'이 어떤 상태일지 감이 왔다.

안나는 그의 생각을 읽기라도 하듯 이렇게 말했다. "지금까지는 '내가 해낼 수 있을까? 나는 사랑받을 만한 사람인가? 나는 누구이고 어떤 사람인가?'라는 세 가지 질문이 상당히 추상적으로 느껴졌을 거예요. 하지만 이제는 이 질문들이 당신의 실생활에서 얼마나 중요한지 체감할 거에요."

"나를 정말로 사랑하는 사람들과 가까이 지내면서 함께 시간을 보내는 것이 중요하다는 마크의 말이 이제는 이해가 돼요." 카를이 보라색 노트를 뒤적거리며 말했다. 그 노트에는 마크가 보내준 메시지가 전부 기록되어 있었다. 그가 말하려던 구절을 노트에서 찾아냈다.

> 당신을 아무런 조건 없이 사랑하는 이들과 함께 시간을 보내라.
> 자신들의 조건을 충족해야만 당신을 '사랑하는' 사람들 말고.

"맞아요." 안나가 카를의 말에 동의했다. "그렇지 않으면 너무 힘이 들지요. 요즘 나는 가능한 한 아무런 조건 없이 나를 아껴주는 사람들하고만 시간을 보내려고 해요."

"그렇다면 나는 지금 촬영 중인 현장으로 복귀하지 말아야겠네요." 카를이 심각한 얼굴로 말했다. "그곳에는 나를 아껴주는 사람이 정말로 하나도 없어요."

그러자 안나가 이렇게 반박했다. "촬영 현장으로 복귀해야지요. 왜냐하면 당신은 아직 이런 이상적인 작업 환경을 조성하지 못한 상태니까요. 이제부터 당신이 이런 환경을 만들어 가야지요. 당신이 해낼 수 있다는 걸 난 알아요. 그때까지는 현재의 상황을 견디는 연습을 해야 해요. 이 또한 당신은 잘 해낼 수 있어요."

"그건 앞뒤가 안 맞는 말 아닌가?" 카를이 머뭇거리며 말했다. "아까는 나를 진심으로 아껴주는 사람들하고 가까이 지내며 시간을 보내야 한다더니, 이번에는 나더러 저런 멍청이들과 지내는 시간을 견뎌야 한다니."

"무슨 말을 하려는지는 알겠어요." 안나가 차분한 표정으로 고개를 끄덕였다. "살다 보면 누구나 이런저런 사람들하고 원만하게 지내야만 하는 상황이 생기기 마련이에요. 이렇게 불가피한 상황에서는 주변 사람들이 마음에 들지 않더라도 그냥 도망쳐버릴 수 없어요. 하지만 인생에서 일회성이 아닌 인간관계는 우리 자신에게 선하게 작용하는 쪽을 선택해야지요. 누구나 자의식이 높아질수록 자신에게 선하게 작용하는 사람들을 점점 더 많이 삶으로 끌어들인다는 사실을 이제 당신도 체험하게 될 거에요. 자의식이 높을수록 타인을 더 쉽게 이해하고 그들과 원만하게 지낼 수 있게 되지요. 때로는 이해하기 힘든 사람들과도 마찬가지고요."

"이해하기 힘든 사람들과 원만하게 지낸다라……. 말로는 쉽지요. 하지만 어떻게 해야 그걸 해낼 수 있을까요?"

"연습을 통해서요." 안나가 대답했다. "그리고 당신에게는 마크라는 강력한 지지자가 있잖아요. 마크보다 이걸 더 잘 설명해줄 수 있는 사람은 지구상에 없을걸요."

"당신은 마크를 정말로 존경하는군요." 카를이 감탄하듯 말했다.

"당연하죠. 마크는 나한테 아버지 같은 존재예요."

"나도 오늘 똑같은 생각을 했는데." 카를이 빙그레 웃었다. "나 내일 마크하고 저녁 약속 있어요."

"그러면 마크에게 자의식을 키우기 위한 연습법과 네 가지 중요한 단계에 대해 설명해달라고 해봐요." 안나가 이렇게 제안했다.

"예전에 마크가 나한테 한 번 설명해줬었는데. 그때는 내가 제대로 이해하지 못했어요." 카를이 안나의 말에 끼어들어 말했다. "당신 말이 맞아요. 마크에게 다시 한번 더 설명해달라고 부탁해봐야겠어요."

"마크는 우리에게 자신의 지식을 강요하지 않아요. 가끔은 우리가 나서서 뭔가를 설명해달라고 요청할 때까지 기다리지요. 내 말을 믿어봐요. 그 네 가지 단계를 이해하는 것은 정말로 중요해요. 하지만 그보다 훨씬 중요한 건, 그 네 단계를 우리 삶 속에 '장착'

하는 거예요. 마크는 이를 '론칭하다'라고 표현하지요. 그리고 자의식을 구축할 수 있는 간단한 연습법이 있어요. 정말로 유용한 연습법이에요. 이 연습법 덕분에 내 삶도 아주 많이 바뀌었어요. 덕분에 나는 이제 언제나 이렇게 확신해요. 나는 해낼 수 있다. 나는 사랑받을 만한 사람이다. 그리고 이제 나는 내가 누구인지, 어떤 사람인지 확실히 알아요."

"한 가지 연습법으로 이 모든 것이 가능해진다고요?" 카를이 깜짝 놀란 얼굴로 말했다.

"엄밀히 말하자면 두 가지 연습법이죠. 첫 번째 연습법은 이미 당신도 아는 '거울 연습'이고요. 오늘 아침에도 거울 앞에서 연습했나요?"

"나를 컨트롤하겠다는 건가요?"

"아니에요, 나는 당신을 사랑해요. 그리고 당신을 돕고 싶어요."

"미안해요." 카를이 말했다. "나는 남의 말에 쉽게 예민해져요. 아마 내 자의식이……. 아니, 오늘 아침에 늦잠을 자는 바람에 거울 연습을 할 시간이 없었어요."

"나도 처음에는 그렇게 건너뛸 때가 많았어요. 마크는 이런 현상을 두고 다음과 같이 말해요. 그것은 '쉽다'와 '간단하다'의 차이다. 그것을 이해하기는 쉽지만, 날마다 실천하는 것은 간단하지 않다. 하루도 빠지지 않고 연습을 실천하려면 정해진 '의식'으로 정착시키는 것이 가장 좋아요. 거울 연습은 이제 내게 단순한 연습법이 아니라, 일종의 의식으로 정착했어요."

"그 둘의 차이가 뭐지요?" 카를이 물었다.

"의식은 규칙적으로 행하는 일이지요. 내 삶의 일부가 되어 하루라도 빠뜨리기 싫은 일이요. 내 경우에는 거울 연습이 일종의 의식이 되었어요. 나는 매일 일어나자마자 거울 앞에서 연습을 해요. 이걸 건너뛰면 기분이 좋지 않아요. 그래서 아침에 자리에서 일어나면 양치를 하고 거울 연습을 해요. 나는 규칙적으로 행하는 의식이 지니는 힘을 믿거든요."

카를은 돈 호세에게 했었던 약속을 다시 한번 스스로에게 했다. 이제부터 그는 거울 연습으로 하루를 시작하기로 했다. 자리에서 일어나 양치를 하고 거울 연습을 하기로 했다.

한참 후, 잠이 들기 직전에 그는 이렇게 중얼거렸다. "이제 알겠네. 나는 이렇게 날마다 잠을 자는 것처럼 반복하는 '의식'을 아주 아주 좋아해."

◆ ◆ ◆

다음 날의 촬영 작업도 매우 힘들었다. 카를은 이제 자신이 정말로 변했다는 사실을 느낄 수 있었다. 자신의 마음에 들지 않는 일을 숨기는 것이 어려웠다. 그는 거울 연습이 자신에게 정말로 도움이 되는지 아직 확신이 들지 않았다.

영화의 주인공 리하르트는 계속 골골댔다. 하지만 카를은 그와 함께 일하는 것이 즐거웠다. 이는 리하르트가 카를을 소중히 여긴 다는 사실을 알고 있었기 때문이기도 했다. 두 사람의 관계는 날이 갈수록 좋아졌다. 이제 리하르트는 카를이 대본을 모두 외우고 있다는 사실도 알았다. 그는 지금까지의 배우 생활 중 이런 스탠드인을 한 번도 만난 적이 없었다. 이에 대해 리하르트는 확실하게 말로써 칭찬해주었고, 최근에는 가끔씩 카를에게 '너라면 어떻게 연기하겠어?'라고 조언을 구하기도 한다. 리하르트의 이러한 행동은 카를에게 엄청난 자부심을 안겨주었다.

가끔 리하르트의 컨디션이 좋지 않을 때면 대사를 놓치는 일도 많았다. 그럴 때마다 리하르트는 카메라가 보이지 않는 각도에서 카를에게 해당 장면을 재현해달라고 부탁했다. 카를은 이렇게 리하르트를 도와주며 간접적으로라도 연기에 참여하는 것이 너무 재미있었다. 하지만 동료들은 그를 여전히 껄끄럽게 대했고, 도기는 끊임없이 그에게 눈총을 주었다.

카를과 이야기를 나누는 배우들도 점점 많아졌다. 예전에는 생각할 수도 없는 일이었다. 어느 날 휴식 시간에 카메라 팀장 구스타포가 카를에게 불쑥 말을 걸었다. 이제 이런 일은 카를에게 아주 자연스럽게 느껴졌다. 현장에서 중요한 실무를 맡은 스태프가 말을 걸어오더라도 '아주 친절한 사람이군'이라고 대수롭지 않게 여길 정도가 되었다.

촬영 현장에서 긴 하루를 보내고 난 후 마크와의 약속 장소로 갔다. 이번에도 마크는 카를을 보고 아주 반가워했다. 요즘은 카를도 마크를 만날 때마다 아주 반가웠다. 두 사람이 자주 가던 식당에서 저녁 식사를 하는 것은 처음이었다. 그래서 카를은 테이블에 메뉴가 놓여 있는 것을 보고 깜짝 놀랐다.

두 사람이 메뉴를 들여다보고 있을 때 마크가 이렇게 말했다. "우리는 생각보다 훨씬 더 많은 걸 선택할 수 있다네. 어떤 식당에 갈지, 그리고 지금처럼 어떤 음식을 먹을지 선택할 수 있지. 마찬가지로 어떤 행동을 할 것인지도 스스로 선택할 수 있지. 그리고 무엇보다도 무엇을 어떤 방식으로 생각할 것인지도 스스로 선택할 수 있어."

카를은 마크가 뭔가 중요한 메시지를 전달하려고 이 말을 꺼냈다는 걸 감지하고 이렇게 말했다. "네, 저번에 봤던 동영상이 떠오르네요. 우리는 프로그램이 아니라 프로그래머라는 대목이요."

두 사람은 식사를 주문했고, 마크가 이어서 이야기했다. "사람들의 멘탈 컨디션에 관한 이야기인데. 우선 직선 세 개를 상상해 보게나. 단위가 100까지 있는 직선 세 개. 첫 번째 직선은 '내가 해낼 수 있을까?'에 관한 것이고, 두 번째 직선은 '나는 사랑받을 만한 사람인가?', 세 번째 직선은 '나는 내가 누구이고 어떤 사람인지 알고 있는가?'에 관한 직선일세."

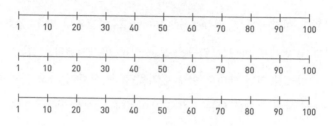

마크는 빈 종이에 직선 세 개를 긋고 각 직선에 단위를 표시하고 나서 이렇게 설명했다. "각 직선에 표시하는 숫자가 높을수록 멘탈 컨디션이 높다는 것을 의미하네. 중요한 건 우리의 멘탈 컨디션을 증진시키는 거지. 우리가 근육을 단련하듯이, 뇌도 단련할 수 있다네."

"네, 저번에 회사에서 봤던 동영상에서도 나왔어요." 카를이 같은 말을 반복했다. "그 동영상, 제가 이해하기는 쉽지 않았어요. 굉장히 잘 만들어지긴 했더라고요. 하지만 동영상 멘트에 어울리는 비유를 안나가 추가하면 아주 좋을 것 같아요. 솔직히 동영상 내용은 지금 생각이 잘 나지 않거든요. 그런데 안나가 생각해낸 비유들은 아직 머릿속에 그대로 남아 있어요. 우리가 이 세상 모든 걸 망원경의 한쪽 면으로 바라본다는 비유 말이에요. 망원경의 한쪽 면으로 들여다보면 모든 것이 크게 보이고, 망원경을 돌려서 다른 쪽 면으로 들여다보면 모든 것이 작게 보이는 거요.

또 다른 비유도 기억나요. 하얀 종이 위에 검은색 글자요. 사람들은 상대적으로 비중이 큰 하얀색 면에는 집중하지 않고, 상대적으로 비중이 작은 검은색 글자에만 집중한다는 비유 말이에요. 자신이 이루어낸 많은 성공에는 시선을 주지 않고 얼마 되지 않는 실패에만 초점을 맞춘다는 말이지요."

"그렇지, 정말 탁월한 비유들이야." 마크가 카를의 의견에 동의했다. "바로 그것이 중요한 포인트지. 자신의 성공과 강점에 집중하는 것. 자신의 성공과 강점을 축소하지 않고 확대하는 것.

이것을 해내면 세 개의 직선으로 표현한 우리의 멘탈 컨디션이 증진된다네. 이제 이 세 가지 직선의 수치를 동시에 올릴 수 있는 연습법 하나를 알려주지. 이 연습을 하고 나면 한꺼번에 세 가지 감정을 느끼게 될 거야. 뭔가를 더 잘할 수 있다는 기분, 자신이 사랑받을 만한 사람이라는 기분, 자신이 어떤 사람인지 좀 더 확실히 안다는 기분이 들 거야."

"어떤 연습일지 기대되네요." 카를이 들뜬 표정으로 말했다.

"금방 알려주지." 마크는 카를이 연습법에 흥미를 보이는 것이 기뻤다. "하지만 그 전에 자의식을 고양하기 위한 네 가지 단계부터 한번 되짚어보세. 아직 기억하고 있나?"

카를은 풀 죽은 얼굴로 고개를 저었다. "네 단계 모두 아주 간단하고 논리적이라는 건 알아요. 하지만 저는 그런 추상적인 것들을 잘 기억하지 못해요. 그건 저의 정말로 커다란 약점이에요. 구체적인 예시가 필요해요. 예시를 들면 절대 잊어버리지 않아요."

"이렇게 솔직하게 이야기해주니 아주 좋군." 마크가 대답했다. "내 경우는 정반대라네. 나는 구체적인 형상을 떠올리거나 기억하는 데에 서툴러. 반면 추상적인 것은 저절로 외워지지. 하지만 내가 구체적인 형상을 잘 기억하지 못하는 것은 나의 약점이 아니야. 그건 내가 갖고 있지 않은 강점일 뿐이지."

"둘의 차이가 뭐지요? 결국 둘 다……."

"망원경을 어떤 방향으로 들여다보느냐의 문제지." 마크가 설명했다.

"내가 잘하지 못하는 무언가를 약점으로 간주하면, 불필요하게 부정적인 의미를 부여하게 돼. 그릇된 의미를 부여하게 되지. 반면 그것이 내가 갖고 있지 않은 하나의 강점일 뿐이라고 자신에게 말하면, 그건 아무 문제도 되지 않아.

이런 점에서 보더라도 자네가 변호사가 되지 않는 건 아주 적절한 일이야. 왜냐하면 법을 다루는 사람들은 매우 추상적인 사고를 해야 할 때가 자주 있으니까. 배우가 된다면 그럴 필요가 없지. 배우로 일할 때는 구체적인 형상을 이해하고 전달하는 게 중요하지. 그건 자네가 아주 잘하는 일이고.

직업을 선택할 때 자신의 강점이 중요하게 작용하는 직업을 고르는 것이 중요해. 누구에게나 자신의 강점이 '소리쳐 부르는' 직업이 따로 있다네. 직업을 다른 말로 콜링calling, 즉 소명이라고 부르는 것도 바로 이 때문이지. 자신의 강점을 좇아가다 보면 자신이 열정적으로 잘할 수 있는 일이 보인다네."

"지금까지 직업이라는 것을 이런 시각으로 바라본 적은 한 번도 없었어요." 카를이 진지한 얼굴로 말했다.

"이제 두려움에서 벗어나 자의식을 고양하기 위한 네 가지 단계에 관해 이야기해보면, 방금 들었던 말이 더 확실하게 와닿을 거야." 마크가 이렇게 제안했다.

"좋아요, 그런데 안나처럼 설명해주시면 제가 더 잘 알아들을 것 같아요. 아시잖아요, 구체적인 비유를 통해서요." 카를이 말했다.

마크가 소리 내어 웃었다. "그건 안나가 정말 잘하지. 물론 나도 지금은 안나의 비유를 사용해서 설명할 걸세."

그러자 카를의 얼굴이 환해졌다. "그렇다면 어떤 설명을 해주실지 얼른 듣고 싶네요."

"그럼 이제 시작해보지. 첫 번째 단계, 자신이 어떤 경험을 하는지 정확히 인식하기. 두 번째 단계, 자신이 경험한 것 평가하기. 세 번째 단계, 긍정적인 경험 저장하기. 네 번째 단계, 긍정적인 경험이 필요할 때 소환하기."

"안나, 제발 이것 좀 이해하기 쉽게 설명해줘!" 이번에도 카를은 마크의 말을 이해한 것 같다는 느낌은 들었지만, 무슨 말인지 확실히 와닿지는 않았다.

"안타깝지만 안나는 여기 없네." 마크가 카를을 놀렸다. "원래는 이 네 가지 단계에 대해 이론적인 설명을 길게 덧붙이려고 했었는데. 좋아, 더 이상 자네를 기다리게 하지는 않을 테니 안심하게나. 안나의 비유는 정말 탁월해. 안나는 이 네 단계를 포토 앨범으로 비유했어. 사람들은 아름답고 특별한 순간들을 포착하고 싶어 해. 어떤 긍정적인 감정과 연관된 순간들을 간직하기 위해 앨범을 마련하지. 기억을 사진처럼 잘 관리할 수 있으면, 감정을 잘 조절할 수 있고, 멘탈도 더 강해진다네.

자네가 간직하고 싶은 장면이 눈앞에 있으면 머릿속으로 사진을 찍어. 그 장면을 간직하려는 거지. 이것이 첫 번째 단계야. '난 이걸 기억할 거야'라고 분명히 인식하는 것."

"그렇다면 두 번째 단계인 '평가하기'는 그 사진이 내 마음에 드는지 생각한다는 의미인가요?" 카를이 마크의 말에 끼어들어 말했다.

"바로 그거야. 자신의 마음에 들지 않는 사진은 앨범에 끼워 넣지 않아. 단, 이 과정에서 망원경을 어느 쪽 면으로 들여다보느냐도 중요한 변수로 작용해. 같은 사진이라도 그 순간 우리의 감정이 밝았다면 더 아름답게 보이고, 슬픈 상황이었다면 덜 아름답게 보이지."

"제가 제대로 이해하고 있는지 확신이 안 가요……."

"이건 안나도 완벽하게 설명해줄 수 없는 유일한 부분이야. 자네가 직접 경험할 수밖에 없어." 마크가 말했다. "이제부터 내가 제안하려는 연습을 해보면, 자네도 금방 경험하게 될 거야. 그리고 자네의 삶이 바뀔 걸세."

"그 전설적인 연습법이 더욱더 궁금해지는데요."

마크가 너털웃음을 터뜨렸다. "이제 곧 알려줄 걸세. 돈 호세의 말, 즉 '행복해지는 유일한 길은 자신에 관한 새로운 이야기를 만드는 것이다'라는 말을 염두에 두게나. 포토 앨범에 이 연습을 더하면 자네의 새로운 이야기가 저절로 만들어질 거야."

"점점 더 기대가 되네요." 카를이 조심스럽게 재촉했다.

"나머지 두 단계에 관한 이론을 듣고 싶어 하는군." 마크가 장난기 어린 얼굴로 말했다. "하지만 이 두 단계는 정말로 중요해. 세 번째 단계인 '저장하기'는 가장 멋진 사진을 앨범에 붙여 넣는 것을 의미하고, 네 번째 단계인 '소환하기'는 사진이 보고 싶을 때마다 볼 수 있다는 의미야.

우리의 기억도 이 사진들처럼 똑같이 관리할 수 있지. 이를 위한 연습법도 있어. 사람들이 별다른 효과를 기대하지 않을 만큼 간단한 연습법이야. 하지만 확실히 말할 수 있는데, 이 연습법은 수많은 기적을 일으켜 왔다네."

이제 카를은 궁금해서 미칠 지경이었다.

마크가 이렇게 설명했다. "빈 노트에 자네가 잘 해낸 일들을 날마다 기록해봐. 나는 이걸 '성공일기'라고 부르지. 성공일기를 석 달 동안 써보면 삶이 아주 많이 바뀔 걸세. 이 석 달 동안 자의식은 두 배정도 높아질 거고."

카를은 상당히 실망한 얼굴로 마크를 쳐다보았다. "그걸로 기적이 일어난다고요? 딱히 굉장한 연습법 같아 보이지는 않는데요."

"그런 생각이 들고도 남지." 마크가 대답했다. "하지만 한 가지 예를 들어보지. 자네가 20일 동안 휴가를 떠난다고 가정해봐. 열흘 동안은 비가 내렸고 다른 열흘 동안은 해가 비치는 맑은 날씨였다면, 대부분의 사람들은 휴가의 절반 동안 비가 내렸다고 말하겠지. 그리고 어떤 사람들은 휴가의 절반 동안 해가 비쳤다고 말하겠지. 하지만 해가 비치는 날에만 자네가 사진을 찍는다고 상상해보게. 그리고 그 사진들을 이번 휴가 앨범에 끼워 넣는 거지. 그러면 그 앨범을 보는 사람은 누구나 '저 사람의 휴가 때는 날씨가 계속 좋았구나'라고 생각할 거야."

"하지만 그건 완전 사기 치는 거 아닌가요?" 카를이 흥분하여 말했다. "원래는 열흘 동안 비가 내렸잖아요."

"언뜻 보면 자네 말이 맞지." 마크가 빙긋 웃으며 말했다. "하지만 그 열흘 동안 하루에 한두 시간만 비가 내렸다면? 나머지 시간 동안에는 구름만 살짝 끼어 있거나 심지어 햇빛이 날 때도 있었지……. 내가 하려는 말은, 우리가 경험하는 일들은 현실의 문제라기보다는 해석의 문제라는 소리야."

"네, 네, 아인슈타인 말이지요. 이 세상에 객관적인 현실은 없다는 말이요." 카를이 볼멘소리를 했다. "그래도 어쩐지 사기 치는 것 같은 기분이 들어요."

"누구도 자신의 휴가가 어땠는지 있는 그대로 정확히 재현할 수는 없을 거야. 사람들은 항상 망원경의 이쪽 면이나 저쪽 면을 통해 세상을 바라보니까. 이는 우리가 단지 기억만을 저장하는 것이 아니기 때문이기도 해. 실제로 우리 기억에 남는 것은 우리가 어떤 특정한 기억과 연관 짓는 감정들이지. 즉, 우리는 감정들을 저장하는 셈이지."

"혹시 비유를 들어 설명해주실 수 있나요?"

"좋아, 테이블 하나를 상상해보게나. 테이블이 하나 보이지? 이것은 감정이 섞이지 않은 기억이야. 이번에는 자네가 사랑하는 사람과 함께 테이블에 앉아 있다고 상상해보게나. 낭만적인 식사, 촛불, 음악……. 테이블에 대한 이번 기억은 어떤가?"

"조금 전보다 훨씬 강력해요! 제가 테이블에 누구와 함께 앉아 있는지 알아맞혀보세요!"

"그럼 이번에는 자네가 그 사람과 다시 동일한 테이블에 앉아 다투고 있다고 상상해보게. 이제 테이블에 관한 자네의 기억이 어떻게 변했지? 그 테이블을 어떤 감정들과 연결 짓는 것 같은가?"

"아, 이제 알겠어요. 같은 테이블이라도 매번 다르네요." 카를이 말했다.

"바로 그거야. 중요한 것은 자네가 한 가지 기억에 관해 추후에 어떤 감정을 연결 지을지 선택할 수 있다는 거지. 이것이 바로 어떤 기억을 '평가하는' 것이라네. 여기에는 '선순환'이 있어. 즉, 체험한 것을 추후에 긍정적으로 평가할수록 기분이 더 좋아지지. 그리고 기분이 좋아질수록 자신의 기억들을 더 긍정적으로 평가하고, 자의식은 더 높아지지. 그러면 자신이 자의식이 높은 사람이라고 느끼게 된다네."

"그렇다면 자의식은 하나의 감정인가요?" 카를이 물었다.

"아주 정확히 파악했군." 마크가 대답했다. 그는 카를을 대견하다는 눈빛으로 쳐다보았다. "자의식은 일종의 감정이야. 자의식은 자네가 저장하는 긍정적인 감정들을 통해 형성되지. 바로 이 대목에서 우리의 마법 같은 연습법이 유용한 역할을 하지. 구체적으로 말하자면, 이 연습법은 자네가 원하는 감정을 강화하는 데에 도움을 준다네."

"하지만 아직도 뭔가 사기 치는 것 같은 기분이 들어요."

"논리적으로 대답하자면, 이 세상에 객관적인 현실은 존재하지 않아. 옛날이야기를 하나 들려주겠네."

아주 먼 옛날 거울이 없던 시절, 한 젊은 청년이 호숫가를 걷고 있었어. 잔잔한 호수 수면 위에 비친 자신의 얼굴을 본 청년은 소스라치게 놀랐어. 생전 처음 본 자신의 얼굴이 너무나도 못생겨 보였거든. 너무 못생겨서 평생 짝도 찾지 못할 것 같다는 생각이 들어서 그는 매우 슬프게 울기 시작했어.

그때 착한 요정이 나타나 그에게 왜 그토록 서럽게 우느냐고 물었어. 청년은 자신이 우는 이유를 설명했지. 그 이유를 들은 요정은 매우 마음이 아팠어. 그래서 요정은 그 청년을 위해 마법의 가면을 하나 선물해주었어. 요정은 청년에게 그 가면을 쓰고 있으면 얼굴이 아주 멋져 보일 거라고 말했어. 또 아무도 가면을 썼다고 알아채지 못할 거라고 했어.

'하지만 절대로 이 가면을 벗어서는 안 돼요. 그리고 이 가면에 관한 이야기를 아무에게도 해서는 안 돼요.' 요정이 말했어.

청년은 그렇게 하겠다고 약속했어. 청년은 가면을 썼고 그때부터 계속 멋진 얼굴로 지냈지. 잘생기고 똑똑하고 마음씨 좋은 청년에 관한 소문은 순식간에 온 나라에 퍼졌어. 많은 아가씨들이 청년에게 눈독을 들였지.

그러던 중 그 청년은 꿈에 그리던 멋진 여성과 마주쳤어. 청년은 그 여성을 보자마자 사랑에 빠졌고, 그 여성도 청년을 사랑하게 되었지. 얼마 후 두 사람은 약혼했어. 하지만 결혼 직전에 그 청년은 양심의 가책을 느꼈어. '나는 사랑하는 사람을 속이고 있어. 그녀는 나의 본래 모습을 알지 못해.' 그는 요정과의 약속을 지킬 수가 없었어. 그는 약혼자를 찾아가 '당신에게 털어놓을 것이 하나 있어요'라고 말했어. 그는 약혼자에게 가면에 관한 사연을 고백하고 이렇게 제안했어. '이제 내가 가면을 벗으면 나의 본래 모습이 드러날 텐데, 그걸 볼 마음이 있나요?'

약혼자가 동의하자 청년은 가면을 벗었지. 약혼자는 한참 동안 청년의 얼굴을 뚫어져라 바라보았어. 그러고 나서 이렇게 말했지. '네, 그런데 지금 당신의 얼굴은 가면을 벗기 전과 똑같은걸요.'

그의 얼굴이 변했던 것이었다. 시간이 가면서 가면을 쓰고 있던 그의 얼굴이 가면처럼 변했던 것이다.

"아름다운 이야기네요." 카를이 말했다. "제 생각에는 많은 사람들이 이런 가면을 쓰고 싶어 할 거예요. 제가 강인해지고 싶어 하는 것처럼요."

"사람들에게는 누구에게나 이런 가면이 하나씩 있다네." 마크가 말했다.

"단, 우리는 가면을 가져다줄 착한 요정을 기다려서는 안 되고, 스스로 이런 가면을 만들어내야 해. '마력을 지닌 연습법'을 통해 자신의 가면을 스스로 만들어내는 거지."

카를은 마크의 회사에서 보았던 동영상을 떠올리며 이렇게 말했다. "그러면 성공일기를 쓰는 건 사기를 치는 게 아니라, 나 스스로를 새롭게 프로그래밍하겠다고 결심하는 거네요."

"바로 그거야." 마크는 카를의 깨달음을 기뻐했다. "자네는 프로그램이 아니라 프로그래머야. 성공일기를 작성함으로써 자신을 원하는 모습으로 새롭게 프로그래밍하는 거지. 이제 자네에게 들려줄 나쁜 소식이 한 가지, 좋은 소식이 한 가지 있어. 먼저 나쁜 소식 한 가지. 인간의 뇌는 게으름 피우고 여러 가지 일들이 저절로 돌아가는 걸 좋아하지. 예컨대 자네가 자신을 새롭게 프로그래밍하여 뭔가가 바뀌면 이를 위해 에너지가 필요하고 힘이 들지.

자네의 뇌는 이런 변화를 좋아하지 않아. 그렇기 때문에 심지어 이런 변화를 막으려고도 해. 이 때문에 우리가 뭔가를 바꾸는 것이 쉽지 않은 거야. 적어도 처음에는 그렇다네.

이번에는 좋은 소식 한 가지. 그럼에도 불구하고 일단 자네가 새로운 습관을 만들어냈다면, 자네의 뇌는 이 새로운 습관 또한 지키려 할 거야. 즉, 자네의 뇌는 자네의 새로운 프로그램도 지키려 할 거라는 말이야. 일단 새로운 습관을 정착시키기만 하면 돼. 새로운 습관을 정착시키는 가장 좋은 방법은 애를 써서 하나의 반복된 '의식'을 만드는 거야. 돈 호세는 이와 관련해 '하늘은 우리에게 활짝 열려 있다. 우리가 하늘에 발을 들여놓지 않는 이유는 스스로가 그럴 자격이 없다고 여기기 때문이다'라는 말을 한 적이 있어.

이는 사실이라네. 자네의 행복을 손에 넣는 단 한 가지 길은 자네에 관한 이야기를 새로 쓰는 것이지. 성공일기를 작성해 자네의 이야기를 새로 써보게나. 사랑으로 그 이야기를 써보게나. 자네에 대한 사랑으로 말이야."

◆ ◆ ◆

카를은 새로운 '의식'을 실행하기 시작했다. 그는 아침마다 자신이 잘 해낸 일을 다섯 가지 이상 기록했다. 처음에는 매우 힘들었다. 하지만 마크와 안나가 각자의 방식으로 카를을 도왔다. 이들은 카를에게 소소한 성공도 좋은 것이라는 사실을 알려주었다.

처음에 카를은 자신을 과도하게 비판적으로 대했다. 자신이 잘한 많은 일을 전혀 성공이라고 인식하지 못하고, 당연하게 여겼다. '나는 원래 이래.' 그는 이렇게 생각했었다.

마크는 카를에게 그가 날마다 수천 가지의 일을 한다고 말해주었다. 그리고 마크는 그 수천 가지 중에서 그가 잘 해낸 일이 다섯 가지도 안 된다는 것은 불가능하다고 말했다. 그때까지 카를은 단 한 번도 이런 시각으로 자신의 행동을 바라본 적이 없었다. 이제 카를은 자신의 하루를 시간대별로 순서대로 돌아보았고, 자신이 날마다 매우 많은 일을 잘해 왔다는 사실을 알게 되었다. 단지 그동안은 자신이 이 일들을 성공이라고 평가하지 않은 것뿐이었다. 시간이 갈수록 그는 자신이 정말로 좋은 능력을 지녔고, 이를 실제로 사용하고 있다는 사실을 인정했다. 예를 들어 그는 대본의 대사를 암기하는 능력이 매우 좋았다. 아무도 그에게 요구하지 않았지만, 그는 촬영과 관련된 많은 것을 스스로 습득해 왔다. 그는 대본을 금세 좋은 연기로 실현할 수 있었다. 또한 여러 가지 형상들을 영화로 구체화할 수 있었다.

주인공 역을 맡은 리하르트는 카를을 매우 아꼈다. 촬영팀장 구스타포가 그에게 조언을 구하는 빈도도 점점 잦아졌다. 카를이 배우들과 함께 식사를 하는 일도 점점 많아졌다.

그는 자신의 결심을 실천했고 학업을 중단했다. 그는 촬영 현장의 상황을 관리했다. 그리고 안나의 행복에 기여했다. 마크는 카를을 자랑스러워했고, 그의 친구가 되었다. 어린 영웅 미하엘도 그를 굳게 믿었다.

◆ ◆ ◆

카를에게는 새로운 습관이 생겼다. 그것은 미하엘을 정기적으로 방문하는 것이었다. 미하엘의 건강 상태는 기복이 매우 컸다. 어떤 날에는 병상에 누워 아무것도 할 수가 없었고, 어떤 날에는 완전히 건강해진 것 같았다. 하지만 미하엘은 카를을 만날 때마다 항상 기분이 좋았다.

두 사람 사이에는 일종의 우정이 싹텄다.

두 사람은 그저 가벼운 장난을 치기도 했고, 실속 있는 대화를 나누기도 했다. 미하엘에게서 많은 것을 배울 수 있었다. 카를은 여전히 자신이 누구인지, 어떤 사람인지 감이 잡히지 않아 미하엘에게 불쑥 이렇게 물었다. "네가 보기에 나는 누구인 것 같아? 어떤 사람인 것 같아?"

"그거야 간단하죠. 형은 배우잖아요. 맙소사, 형은 가끔 정말 답답할 때가 있어요."

"하지만 나는 지금 배우로서 일하는 게 아닌데."

"그게 이상한 거죠." 미하엘이 커다란 소리로 말했다. "형은 지금 이미 배우예요. 확실해요. 조만간 배우로 일하기 시작해야죠."

그 순간 카를은 확신했다. 그래, 이거야. 나는 배우야. 이토록 간단한 것이었다. 그건 그가 좋아하고 잘할 수 있는 일이었다. 그렇다. 그는 배우였다. 미하엘은 정말로 멋진 소년이다. 카를은 미하엘을 오랫동안 꼭 껴안아주었다.

그날 저녁 카를은 성공일기에 이렇게 적었다. "나는 내가 누구인지, 어떤 사람인지 안다. 나는 배우다. 그리고 나는 곧 배우로서 일하게 될 것이다." 그러고 나서 그는 왜 자신을 매우 좋은 배우라고 생각하는지 그 이유를 적었다. 갑자기 성공노트에 적어 넣을 것들이 끝없이 생각났다.

◆ ◆ ◆

사흘 후, 카를은 마크와 만나 함께 점심 식사를 했다. 마크를 만나자마자 그는 좋은 소식을 전하기 바빴다. "저 이제 제가 누구인지 알아요. 제가 어떤 사람인지 알아요. 저는 배우예요."

"내가 보기에도 그건 확실하지." 마크가 환한 얼굴로 말했다. "단지 문제는 이거야. 자네는 어떤 배우인가?"

카를은 마크의 질문에 답하지 못했다.

마크가 계속해서 말했다. "중요한 문제는 이거야. 자네는 평범한 배우이길 원하는가, 아니면 일류 배우이길 원하는가?"

"아," 카를이 한숨을 내쉬었다. "그 중간쯤을 선택할 수는 없나요?"

"없어. 누구나 자신만의 결정을 해야 해. 그리고 어떤 결정을 내리느냐에 따라 자네의 삶이 완전히 달라진다네."

"흠, '평범한' 건 그다지 멋져 보이지는 않네요. '일류'는 너무 과한 표현 같고요." 카를은 잠시 생각을 하다가 이렇게 말했다. "제 생각에 선생님은 분명 '일류'를 선택하셨을 것 같은데요. 안나도 그렇고요."

"그렇지. '일류'라는 표현이 좀 거슬릴 수는 있지만, 한 가지 원칙은 분명해. 즉, 우리는 주어진 잠재력을 최대한 발휘하는 최고가 되고자 한다는 거야. 우리는 자신의 능력이 어디까지인지, 자신이 얼마나 많은 사람을 도울 수 있는지 알고자 해."

"저도 그렇게 되고 싶어요." 카를이 말했다. 이렇게 단호하게 말하고 나니 기분이 정말 좋았다.

"그런 말을 들으니 기쁘군." 마크가 힘찬 목소리로 말했다. "우리와 뜻을 함께한다니 환영일세. 이제 자네에게 알려줄 게 딱 하나 남았는데, 이건 미하엘이 입원해 있는 병원에서 만나 이야기하는 편이 좋을 것 같아. 그곳에서 자네가 나와 안나, 미하엘 앞에서 간단한 공연을 해주면 좋겠는데."

카를은 마크의 의도를 알 수 없었지만, 그의 제안을 받아들였다. 어쨌든 그는 까다로운 장면을 골라 철저히 연습하며 열심히 공연을 준비했다.

• • •

일주일 후 약속한 날이 다가왔다. 카를이 선택한 장면은 배우
한 명이 일인삼역을 하는 장면이었다. 그는 번개처럼 표정과 목소
리를 바꿔 이리저리 움직이며 연기했다. 정말로 세 명의 배우가
그 자리에 있는 것 같았다.

그러던 중 연기하기가 아주 까다로운 대목에서 마크가 갑자기
크게 기침하기 시작했다. 그러고는 큰 소리로 "물 한 잔만"이라고
말했다.

안나가 즉시 물을 뜨러 갔다. 그동안 미하엘은 마크의 등을 힘
껏 두드렸다. 카를은 처음에는 계속 연기하려 애써보았지만, 곧
집중력이 분산되었다. 그는 마크의 기침이 진정될 때까지 기다리
기로 하고 연기를 중단했다.

그때 마크가 커다란 소리로 웃기 시작했다. 안나와 미하엘도 함
께 웃기 시작했다. 웃음이 잦아들자 마크가 말했다. "미안하지만
우리가 자네를 속였어. 하지만 미하엘이 드디어 자네의 멋진 연기
를 보았으니 그건 기쁘네."

"맞아요." 미하엘이 맞장구를 쳤다. "형의 연기를 볼 때가 되었
죠. 그리고 마크와 안나의 말이 맞았어요. 형 정말 너무너무 연기

를 잘하네요." 미하엘이 나이 많은 친구를 뿌듯하게 쳐다보며 이렇게 말했다. "이럴 줄 알았어요! 형은 일류예요! 난 형이 정말 자랑스러워요!"

카를은 미하엘의 칭찬이 자신에게 얼마나 큰 힘이 되는지를 온몸으로 느꼈다. 카를이 이렇게 물었다. "그런데 지금 왜 모두 합심해서 나를 속인 거죠?"

마크가 설명했다. "자네에게 중요한 메시지를 전하고 싶었다네. 위대한 배우가 되고자 하면 위대한 배우처럼 생각해야 하지. 그리고 위대한 배우처럼 연습해야 해."

"하지만 저도 연습은…… 아주 열심히…… 하고 있는데요."

"그렇지, 하지만 일류 배우는 평범한 배우들과는 아주 다른 방식으로 연습한다네. 실제로 발생할 수 있는 위급한 상황에 대비해 연습하지. 어려운 상황이 생기더라도 자신이 맡은 장면을 온전히 소화할 수 있도록 실전처럼 연습하는 거야. 내가 좀 전에 마치 기침이 나오는 시늉을 했던 것도 그 때문이야."

카를이 웃음을 터뜨렸다. "그러니까 선생님도 연기를 하신 거네요?"

"자네처럼 잘하진 못하지." 마크가 말했다. "내게는 다른 강점이 있네. 그건 그렇고 자네에게 해주고 싶은 중요한 이야기가 하나 있어. 한 장면을 익숙하게 연습하고 나면 항상 몇몇 사람들 앞에서 연기를 해보는 게 좋아. 일종의 리허설이지. 이렇게 리허설을 할 때마다 위급한 상황에 대비하는 게 좋아. 그리고 실제로 위급한 상황이 발생하면, 마치 연습하는 것처럼 연기해야 해."

"네, 알겠어요." 카를이 수긍했다. "그러면 아까 제가 어떻게 달리 행동해야 했나요?"

"에이, 그것도 몰라요? 멈추지 말고 계속 연기했어야죠!" 미하엘이 커다란 소리로 말했다.

마크가 맞장구를 쳤다. "그렇지, 계속 연기하는 거지. 어떤 일이 생기더라도 흔들리지 않고 리듬을 잃지 않도록 연습하게. 위급한 상황이 생기더라도 자네는 계속 연기해야 해.

자네가 공연장에 있는데 관객석에서 기침 소리가 난다고 상상해보게. 혹은 자네 뒤에서 무대 소품이 쓰러진다고 상상해보게. 이럴 때 자네는 연기를 중단할 텐가?"

"물론 아니지요."

"그것 보게나. 그러려면 이런 상황에 대비하는 연습을 미리 해두어야 해. 언제 무슨 일이 일어날지 알 수가 없으니까."

"하지만 아까 기침을 심하게 하시길래 저는 정말로 걱정했어요." 카를이 항의하듯이 말했다.

"자네는 자신의 감정을 마음대로 바꿀 수 있는 배우잖아. 감정변화에 아주 뛰어난 배우. 조금 전 나는 자네가 세 가지 인물로 순식간에 변신하는 모습을 똑똑히 지켜보았어. 위급한 상황이 생기더라도 자네는 자신이 맡은 캐릭터의 역할을 끝까지 해내야 해."

"배우로서 연기하는 것이 간단하지는 않네요." 카를이 넋두리했다. 하지만 그는 마크가 전달하려는 메시지가 매우 중요하다는 것을 분명히 알아들었다. 정말 마크의 생각이 미치지 않는 곳은 어디에도 없었다.

마크가 말했다. "연기뿐만이 아니야. 방금 내가 한 이야기는 직업을 막론하고 모든 일에 적용된다네. 어떤 직업이든 그 분야에서 일류가 되고자 한다면, 연기할 줄 알아야 해. 자신의 주변 상황이 좋지 않을지라도 일류의 퍼포먼스를 보여줘야 해. 상황이 정말로 힘들더라도 최고의 기량을 발휘할 수 있어야 해. 그러려면 연습을 해야 하고. 그리고 실제로 위급한 일이 발생하면, 마치 연습하는 것처럼 아주 태연하게 평정심을 유지하며 자신의 역할을 완수하는 거야."

08

기회

그 후 몇 달 동안 카를은 날마다 자신의 '의식'을 실천했다. 매일 아침 거울 연습을 했고, 자신이 잘 해낸 일 다섯 가지 이상을 성공 일기에 기록했다. 시간이 갈수록 두 가지 모두 실천하기가 더 쉬워졌다.

그는 시간이 날 때마다 연기 연습을 했다. 어떤 장면 하나를 완전히 소화하면 몇 명의 '자발적인 관중들' 앞에서 공연했다. 공연 장소는 대부분 미하엘이 입원해 있는 병원이었다. 어떨 때는 병원 내 어린 환자들이 그의 관중이었고, 또 다른 때는 간호사들이 그의 공연을 지켜보았다. 어떤 형태의 위급 상황이 닥쳐올지 전혀 감이 잡히지 않았지만, 이렇게 그는 위급한 상황에 대비해 연습했다.

영화의 주인공 역 배우인 리하르트가 수시로 몸이 좋지 않아 스튜디오에서의 작업이 많이 지연되었다. 하지만 마침내 촬영 작업이 끝났다. 카를은 뿌듯하기도 했지만, 다른 한편으로는 앞으로 무슨 일을 해야 할지 몰라 착잡했다.

쫑파티 때, 리하르트가 카를을 자신의 옆자리로 데리고 가서 이렇게 말했다. "얼마 전에 새로운 영화 제안을 받았어요. 마피아 영화인데, 내가 대부 역할을 하게 될 거예요. 혹시 이번에도 내 옆에서 일할 생각 있어요?"

"스탠드인으로 일하는 거 말인가요?" 카를이 물었다.

"아니, 정말로 내 옆에서 함께 일하자는 말이에요. 난 우리 둘이 함께 연습하면 좋겠어요. 서로 마음이 잘 통하는 것 같아서. 필요하다면 내가 많이 가르쳐줄게요. 우리 둘이 함께 대본을 연구하고 연습하면 훨씬 재미있더라고요."

"그런 거라면 단 1초도 망설일 이유가 없지요." 카를이 환한 얼굴로 대답했다. 마피아 영화라니. 얼마나 쿨한가. 나중에 알게 되었지만, 리하르트의 제안은 보수 면에서도 카를에게 매우 좋은 조건이었다.

• • •

새로 제작되는 영화에는 바로 전 영화의 스태프들이 그대로 고용되었다. 카를은 일부 동료들에게 정이 들었기 때문에 이들과 계속 함께할 수 있어서 기뻤다. 하지만 유감스럽게도 조감독 도기 또한 이번에도 함께 작업하게 되었다. 그는 어떤 연유에서인지 동료들과 카를을 이간질하는 데 여념이 없었다. 카를의 예감대로 도기는 시간이 갈수록 카를에 대한 비겁한 거짓말을 퍼뜨리고 다녔다.

예전에 카를과 친했던 조명 보조기사들도 이제는 그를 투명 인간처럼 취급했다. 그의 친구 게르하르트도 마찬가지였다. 어느 날 휴식 시간에 카를은 게르하르트에게 대놓고 그 이유를 물어보았다. 도대체 다들 왜 자신을 예전과 다르게 대하는지 그 이유를 속 시원히 알고 싶었다.

게르하르트가 몇 마디로 대꾸했다. "너는 네가 우리보다 더 잘났다고 여기잖아?"

"도대체 그렇게 생각하는 이유가 뭐야?"

"다들 그러던데, 너 배우가 될 생각이라며?" 게르하르트가 작정이라도 한 듯이 이렇게 물었다.

"당연히 되고야 싶지. 너랑 다른 사람들은 그럴 마음 없어?"

"사람들한테 들었는데, 너 미친 사람처럼 연습한다더라. 출세에 완전히 눈이 멀어버렸어. 출세주의자."

"그래, 당연히 연습하지. 그렇지 않으면 죽을 때까지 단 한 번도 캐스팅되지 못할 테니까."

게르하르트는 비난 가득한 눈빛으로 카를을 한참 동안 노려보다가 이렇게 말했다. "내가 너한테 충고 하나 할게. 쓸데없는 짓 하지 말고 네 분수를 지켜." 그는 카를이 대답하기도 전에 그 자리를 떠났다.

그날 저녁 카를은 게르하르트와의 이야기를 안나에게 했다. 안나가 말했다. "어떤 사람들과는 우리가 아무런 발전도 하지 않고 제자리에 머물러 있어야만 잘 지낼 수 있어요. 이런 사람들은 당신이 예전에 비해 달라지고 강해지면, 당신의 그런 변화를 불편해하지요. 이런 사람들은 당신이 달라지고 강해지면 마치 당신이 자신들에게 거울을 들이밀고 '넌 지금 뭘 하고 있니?'라고 추궁한다고 여기지요. 하지만 이들은 어떤 노력도 하기 싫어하고, 단지 편안하게 지금 그 자리에 머물고 싶어 해요. 이런 사람들에게 있어 변화를 모색하는 당신은 눈엣가시 같은 존재지요. 그렇기에 이들은 지금의 당신과 함께 있는 것이 그다지 편안하지 않을 거예요."

카를은 마치 망치로 머리를 한 대 맞은 것만 같았다. "내가 자신들의 입지를 위협한다고 여기는 거네요. 내가 열심히 연습하는 것이 자신들을 향한 비난이라고 느끼는 거고요. 저 사람들과는 사이 좋게 지낼 여지가 없네요."

"나도 오랜 친구들에게서 이와 똑같은 일을 겪은 적이 있어요." 안나가 말했다. "그래서 나는 저들 모두가 저대로 머물러 있지 않으리라는 것도 알아요. 나의 오랜 친구 중 몇 명도 시간이 지나면서 변했거든요. 나머지 친구들과는 연락이 끊어졌고요. 그런데 당신의 경우는 나와는 달라요. 당신은 스타가 될 테니까. 확실해요. 지금 당신을 껄끄러워하는 몇몇 사람들은 나중에 아주 자랑스러워하며 이렇게 말할 거예요. '내가 저 스타의 변신과 성공을 직접 지켜보았어. 내가 그 자리에 함께 있었어.' 그러면서 으쓱거릴 테죠. 내 말을 믿어봐요. 시간이 지나면 그 사람들이 당신을 환영해줄 거예요."

"그리고 나는 당신을 환영하고." 카를이 말했다. 안나의 한없는 신뢰는 그에게 분명 큰 힘이 되어주었다.

◆ ◆ ◆

다음 날 아침 카를은 마크로부터 메시지를 받았다.

> 주변 사람들을 잃을까 봐 두려워하지 말라.
> 이보다는 주변 사람들 모두의 마음에 들기 위해
> 당신 자신을 잃어버릴까 두려워하라.

그럼에도 불구하고 촬영장에서의 껄끄러운 상황은 그를 힘겹게 했다. 그 후 미하엘을 방문했을 때, 그는 자신의 상황에 관해 이야기했다.

미하엘이 말했다. "죽음이 눈앞에 있으면 그런 멍청한 사람들에 관해 고민할 시간이 없어요. 형도 그냥 그런 사람들 따위 잊어버려요!"

카를은 미하엘의 직관적인 지혜에 또다시 깊은 인상을 받았다. 하지만 동시에 그 소년이 얼마나 위독한 상태인지 다시금 와닿아 마음이 아팠다.

미하엘은 카를의 슬픔을 감지하고 따뜻한 미소를 지었다. "형, 나는 축구를 할 수 있는 곳으로 가는 거예요. 그리고 이번에는 형 차례에요."

"무슨 차례?"

"형이 관객이 되어 나를 지켜봐줄 차례라는 말이에요. 내 경기를 지켜보고 박수 쳐줘야 해요. 내 머릿속에 그 덩어리가 커지기 전에는 나, 축구 아주 잘했거든요. 그리고 내가 가게 될 곳에서는 종양이 아무런 힘을 못 써요."

카를은 흐르는 눈물을 참아내느라 무진 애를 썼다. "너, 포지션이 뭐니?"

"당연히 최전방 공격수지요. 에이, 그것도 몰라요? 난 골게터예요. 골 처리가 완전 깔끔하다고요." 미하엘은 카를의 눈가가 촉촉해진 것을 눈치채고 큰 소리로 화난 시늉을 했다. "배우가 뭐 이래요? 아휴, 정말! 이보세요, 아픈 사람은 나예요. 형이 내 기분을 띄워줘야지요. 지금 주객이 바뀌었잖아요. 마크가 그랬어요. 죽음이 어떤 것인지는 누구도 모른다고. 그런데도 사람들은 누군가가 죽으면 슬퍼해요. 그건 이기적인 거예요.

이기적이라는 것, 그건 맞는 말이에요. 하지만 나는 죽음이 어떤 것인지 알아요. 왜냐하면 나는 이미 저쪽 세상에 서너 번 갔다 왔거든요. 그때 봤어요. 그곳은 아주 환하고, 내가 축구도 할 수 있는 곳이에요. 나는 그곳에서 축구하는 꿈을 자주 꿔요. 꿈속에서 나는 우주 전체에서 가장 유명한 트레이너한테 스카우트 제의를 받아요. 트레이너는 나를 여러 번 찾아와 자기 팀으로 오라고 해요. 그러고는 내가 자기 팀에 오기를 기다려요. 그리고 나는 그의 팀에 합류하지요."

◆◆◆

그다음 주 내내 리하르트는 병상을 떠나지 못했다. 누구도 그가 다시 건강해질지 장담하지 못했다. 실로 큰일이었다. 스태프들에게 계속해서 임금이 지급되어야 했기 때문에 재정적인 면에서도 큰일이었다. 촬영 현장에서 시간은 돈이었다. 주역 배우가 도중에 하차하면 프로젝트 자체가 결렬된다는 사실은 모두가 알고 있었다. 모든 스태프들이 주인공의 부재로 오랜 시간을 현장에서 서성대고만 있었다.

그러던 중 도기가 어디에선가 갑자기 나타나 카를에게 다가왔다. 그는 카를의 귀에 이렇게 속삭였다. "리하르트가 돌아오지 않으면 너는 여기에서 아웃이야! 완전히 아웃이라고!"

카를이 뭐라고 대답하기도 전에 도기는 다시 사라졌다. '섬뜩할 정도로 기분 나쁜 사람이야.' 카를이 생각했다.

그때 촬영팀장 구스타포가 한 가지 아이디어를 냈다. "우리가 이 시간에 무엇을 해야 할지 생각을 좀 해봤어요."

모두가 긴장한 얼굴로 그를 쳐다보았다. 그는 말수가 적은 사람이었다. 하지만 일단 입을 열면 정말 필요한 말을 했다.

구스타포는 잠시 말을 멈추었다가 다시 이야기했다. "우리가 지금 할 수 없는 일에 초점을 맞춰봤자 아무 소용이 없습니다. 리하르트는 병이 났어요. 지금은 그와 촬영을 할 수 없습니다. 당연하지요. 하지만 우리가 지금 할 수 있는 일이 있어요."

모든 사람이 그의 입만 쳐다보았다. 감독인 안톤도 그의 제안을 듣기 위해 몇 발자국 앞으로 나왔다.

"우선 리하르트가 들어가지 않는 신을 전부 찍으면 됩니다. 리하르트가 간접적으로 들어가는 신에는 카를을 투입하면 되고요. 카를이 대본을 모두 암기하고 있으니까."

"'간접적으로 들어간다'는 게 무슨 뜻이지요?" 가장 먼저 정적을 깨뜨린 것은 도기의 목소리였다.

"카를이 다른 배우들과 연기를 하고 있으면, 그를 제외한 다른 배우들만 카메라 앵글에 담는다는 말입니다. 다소 번거롭기는 하지만 애니메이션 제작에도 활용되는 기법이지요. 이런 식으로 촬영하면 아주 많은 신들을 완성할 수 있습니다."

"가능하겠네요." 안톤이 말했다.

"말도 안 되는 헛소리야." 도기가 소리쳤다. "저 '스탠드인'이 할 줄 아는 게 뭐가 있다고 대체 이 야단이지? 기껏해야 다른 배우들의 리듬을 망쳐버릴 뿐일걸. 대본도 제대로 모르는데. 단지 대본을 조금 아는 것처럼 보일 뿐, 모든 걸 엉망진창으로 만들어버릴 거예요. 내가 알아. 내 말을 좀 믿으라고. 저놈은 한마디로 구제 불능이란 말이야."

카를은 눈앞에서 벌어지고 있는 모든 상황을 이해할 수가 없었다. 그는 다음 몇 초가 자신의 인생에서 가장 결정적인 순간이 되리라는 것을 직감했다. 이것이 바로 '위급한 상황'이었다. '그래, 바로 지금이야.' 그의 머릿속에 이런 생각이 스쳤다.

그때 도기가 또 다른 비겁한 짓을 했다. "미신을 믿지는 않지만, 카를은 어쩐지 재수가 없어요. 카를이 리하르트와 함께 있는 시간이 많아질수록 리하르트의 병이 점점 더 심해졌다니까. 이건 우연이 아니라고요."

카를은 도기의 말이 사람들에게 먹혀들었다는 것을 감지했다. 그는 이제 본능에 따라 움직였다. 도기의 앞으로 다가가 증오가 가득한 목소리로 소리쳤다.

"이 비겁한 새끼야. 시궁창 냄새 나는 쥐새끼 같은 놈. 내가 널 짓이겨버릴 테다. 넌 먼지만도 못한 놈이야. 내가 너를 손봐주고 나면, 넌 흔적도 없이 사라질 거야!"

도기의 얼굴이 시뻘겋게 달아올랐다. 도기는 카를의 앞쪽으로 두세 발자국 바싹 다가갔다. 마치 카를의 멱살이라도 잡을 기세였다. 하지만 카를이 오른팔을 당당하게 들어 올리자 도기는 그의 위세에 눌려 그 자리에서 꼼짝도 하지 못했다. 그러고 나서 카를은 카리스마 넘치는 톤으로 이렇게 말했다.

"입 닥쳐, 이 쥐새끼야! 이만하면 내 말을 알아들었을 텐데. 넌 시궁창 냄새 나는 쥐새끼라고. 네가 무슨 짓을 저질렀는지 네놈도 알겠지. 내 등 뒤에서 어떤 짓을 벌였는지. 나에 대해 어떤 음모를 꾸몄는지. 설마 너, 내가 그걸 모르고 있다고 생각한 건 아니지? 넌 가장 중요한 사실 하나를 잊고 있어. 이곳의 보스는 나란 말이야! 네 생명은 내 처분에 달려 있어."

바늘 하나가 바닥에 떨어져도 들릴 정도의 정적이 흘렀다. 숨소리 하나 들리지 않았다.

그 순간 카를이 아주 일상적인 목소리로 돌아와 말했다. "제게 그 역할을 맡겨주신다면 저는 이런 식으로 연기할 거예요. 고마워요, 도기. 상대역을 맡아주어서."

그러자 그 자리에 있던 스태프들이 의아해하는 눈빛으로 서로를 쳐다보았다. 그때 감독 안톤이 박수를 치기 시작했다. 무언가에 열광한 듯 힘차게 박수를 쳤다. 그는 박수를 멈추지 않았다. 그가 이토록 열광하는 것은 좀처럼 보기 힘든 모습이었다.

도기는 무슨 영문인지 모르겠다는 얼굴이었다.

"대단해." 안톤이 소리쳤다. "내가 머릿속으로 그려본 그대로야. 이보다 더 훌륭할 수는 없어. 카를, 정말 완벽해."

"내 생전 이런 모욕은 처음이야." 도기가 분을 이기지 못하고 고함을 질렀다. 그의 얼굴은 당혹스러울 정도로 벌겋게 달아올랐고, 양쪽 관자놀이의 핏줄이 불뚝 솟아올랐다.

"그래요, 다들 아직도 파악을 못 했나?" 안톤이 껄껄거리며 웃었다. "방금 카를은 우리 앞에서 대본의 클라이맥스 장면을 연기한 겁니다. 그리고 내 소감을 말하자면, 한마디로 '톱클래스'였어요."

그러자 구스타포도 박수를 치기 시작했다. 점점 더 많은 사람들이 하나둘 박수 대열에 합류했다. 해당 장면을 찾아보느라 대본을 뒤적이는 사람들도 있었다. 카를이 쏟아놓은 말들은 대본과 정확히 일치했다. 카를은 주인공인 대부가 자신을 배신한 비서를 몰아세우는 장면을 연기했던 것이었다. 다들 그제야 무슨 상황인지 알고는 감탄하며 소리 내어 웃었다.

얼마 후, 촬영 책임자들이 모여 구스타포의 아이디어를 실행하기로 결정했다. 우선 주인공 외의 배우들이 나오는 모든 신을 촬영하기로 했다. 그리고 주인공이 나오는 신에서는 카를이 '보이지 않는 각도에서' 리하르트의 대역을 하기로 했다.

하지만 구스타포는 아무도 모르게 자신의 아이디어를 한 단계 발전시켰다. 그는 카메라 앵글에 카를을 넣은 채로 촬영할 작정이었다. 언제 무슨 일이 터질지 모르니 미리 대비하기 위해⋯⋯.

♦ ♦ ♦

촬영은 2주 동안 진행되었다. 카를은 촬영 작업이 굉장히 즐거웠다. 그는 계속 연습했다. 예전보다 더 열심히 연습했다. 거기에 더해 '의식'을 꾸준히 실천했고, 거의 날마다 마크가 보내주는 메시지를 읽었다. 어느 날 그의 핸드폰에 이런 메시지가 도착해 있었다.

> 우리의 꿈은 그 꿈을 좇을 용기를 내야만 실현된다.

바로 이날, 리하르트가 향후 6개월 동안 촬영에 참여할 수 없다는 소식이 전해졌다. 큰일이었다. 촬영 책임자들은 사태를 논의하기 위해 한자리에 모였다. 한 시간쯤 후, 카를에게 회의 석상으로 와달라는 요청이 들어왔다.

"방금 우리는 구스타포가 촬영한 신들을 모니터링했어요. 구스타포가 카메라에 주인공의 대역을 빼놓지 않고 담았더군요." 감독 안톤이 말했다. "우린 그걸 모르고 있었지만, 지금은 아주 다행이라고 생각하고 있지요. 구스타포 덕분에 자네를 담은 신들을 아주 자세하게 모니터링할 수 있었으니. 뭐라고 표현해야 할까, 아주 훌륭한 연기였어요. 굉장해!"

도대체 일이 어떻게 돌아가고 있는지 알 수 없었다. 프로젝트 자체가 무산된 것 아니었던가?

"한 가지 제의를 하려는데." 안톤이 계속 말했다. "우리는 자네가 주인공 역할을 맡아주었으면 좋겠어. 자네가 대부 역할을 하는 거지. 그만큼 연기가 뛰어나니 충분히 해낼 수 있을 거야. 그러면 우리는 이 영화를 살려낼 수 있고. 살려낸다기보다는, 뭐랄까, 우리 모두 자네가 주인공을 맡아준다면 이 영화가 아주 제대로 빛을 볼 거라고 믿고 있어."

무릎이 후들거렸다. 무슨 말을 해야 할지 생각이 나지 않았다. '아직 내 실력이 그 정도는 아닌데.' 이런 생각이 카를의 머리를 스쳐 지나갔다. 갑자기 엄청난 두려움이 그를 엄습했다. 온몸이 마비된 것 같았다. 엄청나게 무거운 짐이 그의 양쪽 어깨를 짓누르는 것만 같았다. 아무 말도 할 수 없었다.

"단, 유감스럽게도 이번 프로젝트에는 난점이 하나 있어요." 안톤이 계속 말했다. "우리가 독자적으로 결정을 내릴 수 없다는 거예요. 이번 영화는 특정 펀드가 자금을 대고 있기 때문에 그 펀드의 투자자들에게 최종적인 결정권이 있어요. 내가 투자자들에게 새로운 주연 배우 후보의 연기를 보여줄 기회를 달라고 제안할 생각이에요. 일부 장면을 라이브로 보여주면 투자자들이 판단할 수 있을 테니까. 그들이 동의하면 자네가 주인공이 되는 거지."

프로젝트 책임자들은 기대에 넘치는 눈빛으로 카를을 바라보았다. 만일 그들 중 카를의 환호를 기대했던 사람이 있었다면, 그는 아마도 카를의 반응에 실망했을 것이다. 카를은 말할 수 없을 만큼 두려웠다. 하지만 그 엄청난 제의를 거절할 용기도 없었다. 결국 카를은 그 제의를 받아들였다. 투자자들 앞에서 몇 가지 중요한 신을 시범 공연하기로 한 것이다.

◆ ◆ ◆

그날 저녁, 카를은 아버지와 만났다. 아버지에게서 그와 대화를 하고 싶다는 연락이 온 것이다. 그는 아버지와의 만남이 큰 충돌 없이 무사히 끝나기만을 바랐다. 하지만 사태는 카를이 우려했던 것보다 더 심각했다. 아버지는 그를 심하게 비난했다. 항상 같은 레퍼토리였다. 카를이 배은망덕하고, 현실감각이 전혀 없다는 소리였다. 아버지는 카를이 너무나도 유약하기 때문에 절대 배우가 될 수 없다고 단언했다.

카를은 아버지에게 자신이 주역으로 캐스팅되었다고 이야기했다. 그러자 아버지는 귀에 거슬리는 소리를 내며 크게 웃었다. 카를이 자주 들어 온 불쾌한 웃음소리였다. 카를은 아버지의 이런 웃음소리를 들을 때마다 마음이 불편했다.

아버지가 말했다. "난 너를 아주 잘 알아. 너한테는 진정한 성공에 필요한 자질이 없어. 지금까지 항상 그랬지. 앞으로도 그럴 테고. 너는 배우라는 꿈을 이룰 수 없어. 그런 시도 자체가 엄청난 실책이야. 너는 결국 망신만 당하고 말 거야. 네 덕분에 나까지 덤으로 망신을 당할 테고."

카를은 아버지가 단 한 번도 자신을 믿어준 적이 없다는 사실을 상기했다. 언젠가 카를은 아버지가 친구에게 이렇게 말하는 걸 들은 적이 있었다. "아쉽게도 내 아들은 머리가 좋은 것 같지는 않아, 하하하." 그때도 아버지는 그 거슬리는 소리를 내며 크게 웃었다.

몇 달 전까지만 해도 카를은 부모님에게 이렇게 말했었다. "엄마 아빠가 저 잘되라고 이러시는 거 알아요." 그런데 이제는 아버지가 정말로 자기가 잘되라고 이런 말을 하는지 확신이 들지 않았다. 그는 잠시 아버지가 자신의 약점이 되는지에 대해 생각해본 후 차분하고 분명하게 말했다.

"이제 더 이상 아버지한테서 그런 말 듣기 싫어요. 제 기억에 의하면 아버지가 저를 따뜻하게 안아주신 적은 지금까지 단 한 번도 없었어요. 저를 믿어주신 적도 없었고요. 지금 제게 엄청나게 큰 기회가 찾아왔는데, 저는 너무나도 두려워요. 담담하게 아버지와 이야기할 수 있을 힘이 생기기 전까지는 아버지와 이야기하고 싶지 않아요. 아버지가 저를 어떻게 생각하시든, 제게 무슨 말을 하시든, 그것 때문에 상처를 입지 않을 만큼 충분히 강해질 때까지는 아버지를 만나고 싶지 않아요."

그러자 아버지는 서둘러 본래 자신이 하고자 했던 말을 꺼냈다. "이제 다시 복학해야지. 반드시 복학해! 그렇지 않으면 넌 루저로 끝날 거야!"

카를은 아버지에게 두 가지 나무에 관해 이야기해드리고 싶었다. 우리를 아무 조건 없이 사랑해주는 사람들하고 시간을 보내는 것이 얼마나 중요한지 이야기해드리고 싶었다. 그리고 남들이 이해하지 못하는 삶을 사는 것도 괜찮다고. 왜냐하면 결국 그것은 남들의 삶이 아니라, 우리의 삶이니까. 하지만 그는 아버지가 이런 말을 이해하지 못하리라는 것을 느꼈다.

그는 한동안 아버지를 만나지 않으리라 마음먹었다. 시간이 지나면 언젠가 기회가 오겠지. 그는 아버지께 자신의 이런 생각을 알렸다. 아버지는 더 이상 그에게 시선을 주지 않고 아무 말 없이 자리를 떠났다.

그 순간 카를의 머릿속에 마크에게 받았던 메시지 하나가 떠올랐다.

> 죄책감을 느끼지 않고 분명하게 거절하는 법을 익혀라.
> 당신이 원하지 않는 일들을 하기에 인생은 너무 짧다.
> 지금 당장 그런 일을 멈춰라.

이 메시지 안에 담겨 있는 지혜가 카를의 마음에 와닿았다. 그는 자신이 바른 일을 하고 있다는 것을 알고 있었다. 하지만 기분이 좋지는 않았다. 주인공 역할에 대한 두려움이 더 커졌다.

♦ ♦ ♦

카를은 마크와 식사 약속을 잡았다. 지금 그에게는 마크의 조언이 필요했다. 카를은 마크에게 자신이 받은 제의에 대해 설명했고, 그 때문에 두렵다고 이야기했다. 그리고 아버지와 대화를 나누고 나니 자신의 두려움이 더 커졌다는 이야기도 했다.

"두려움에 관한 중요한 점 몇 가지를 알려주겠네." 마크가 말했다. "중요한 것은 아버지와 그런 대화를 나눈 후 자네가 무엇을 하느냐지. 엄밀히 따지면 자네는 지금 그 일을 해낼 수 있는지 모르는 상태야. 지금 자네는 사람들이 수시로 접하게 되는 세 가지 질문 중 하나와 맞닥뜨렸어. '내가 해낼 수 있을까?' 자네는 이에 대해 아직 확신할 수 없고……. 자네가 지금 주인공 역할을 만족스럽게 해낼 수 있을까? 지금 자네가 성공에 대해 확신할 수 없는 것은 자네가 아버지에게서 받았어야 했을 사랑과 신뢰를 항상 느끼지는 못한 것과 밀접하게 연관이 있어."

"항상 느끼지는 못했다고요? 그게 아니라 전혀 느끼지 못했어요!"

"유감이군. 하지만 자의식은 일종의 감정이라는 것을 명심하게.

그리고 자네의 내면에서 이 자의식이라는 감정을 증진할 수 있다는 사실을 명심하게. 자네는 지난 과거의 희생물이 아니야. 자네는 프로그램이 아니라 프로그래머일세. 자네가 두려움을 선택할 것인지, 사랑을 선택할 것인지, 그 선택권은 항상 자네에게 있어. 만일 두려움을 선택한다면 스스로를 가둘 감옥을 선택하는 셈이지. 고대 연금술사에 관해 들어본 적이 있는가?"

"네, 값싼 금속으로 금을 만들려고 했던 사람들이지요."

"그렇지. 이처럼 우리도 자신의 두려움을 '황금'으로 바꾸는 법을 습득해야 해. 나는 이를 '멘탈의 연금술'이라 부른다네. 누구나 자신의 두려움을 활용하는 법을 배울 수 있어. 그러면 두려움이 더는 우리를 방해하지 못하고, 심지어 우리의 목표 달성에 도움이 되기도 하지."

"두려움이 긍정적인 작용을 한다고요?" 카를이 깜짝 놀라 이렇게 물었다. "저는 두려움 때문에 너무 힘들고 무력해져요."

"두려움의 힘을 자네 스스로를 위해 활용할 수 있어. 매우 직설적인 질문을 몇 가지 해도 되겠나?"

"물론이죠, 편하게 물어보세요." 카를은 마크 앞에서는 숨길 것이 하나도 없었다.

"자네 때문에 안나가 실망한다면, 자네는 어떤 기분이 들까? 안나는 자네를 믿고 있지. 자네가 특출한 배우라고 확신하고 있어. 그런데 만일 자네가 그 주인공 역할을 거절한다면……?"

"지금 저한테 무슨 말을 하고 싶으신지 알겠어요. 네, 저는 안나가 저 때문에 실망할까 봐 겁이 나요. 안나는 제 인생에서 가장 멋진 사람이거든요."

"또 한 가지 질문." 마크가 말했다. "자네에게 이런 기회가 다시는 오지 않을 거라고 상상해보게. 이 기회를 놓치고 나면 자신에게 너무 화나지 않을까?"

"저 자신이 구제 불능이라는 기분이 들겠지요. 이런 생각은 아직 한 번도 해보지 않았어요."

"그리고 이번에는 자네가 이번 기회를 받아들이고 나서 계속 이보다 더 멋진 배역에 캐스팅된다고 상상해보게. 하지만 지금 이 배역을 거절한다면, 이후에는 아무 제안도 들어오지 않을 거야."

"그러면 제가 정말 바보 같은 짓을 저지른 거겠죠. 인생 최고의 기회를 망쳐버린 거겠죠."

"그렇게 볼 수도 있지." 마크가 말했다. "멘탈의 연금술에서 이야기하려는 바는 다음과 같네. 두려움을 자신을 위해 활용하라. 행여나 실패할까 두려워서 달아나버리면 두려움은 더 커지고, 자의식은 더 작아진다. 그러므로 자네 스스로를 위해 두려움을 이용해보게나. 그 제안을 거부할 경우 어떤 끔찍한 일이 벌어질지 상상해보게. 자네가 놓치게 될 모든 것들을 머릿속으로 그려보게. 자네의 자존감이 얼마나 망가질지 상상해보게. 이런 상상을 해보면 두려움은 자네를 찾아온 기회를 수용하는 데에 도움이 될 수도 있어."

"하지만 그렇다고 해서 제 두려움이 없어지는 건 아니잖아요."
카를은 선뜻 동의하지 않았다.

"그렇지. 하지만 그런 상상을 해보면 새로운 두려움이 생기지.
즉, 절호의 기회와 그 이후에 올 모든 기회를 놓쳐버릴 수 있다는
두려움이 생겨. 이렇게 생긴 두려움은 본래의 두려움보다 훨씬 크
지."

마크는 재킷 주머니에서 작은 카드 한 장을 꺼내 카를에게 건
네주었다. "자네를 위한 카드야. 내가 두려워질 때마다 사용하는
카드지. 지금까지 여러 상황에서 내게 큰 도움이 되어줬어. 아마
자네에게도 도움이 될 걸세. 뭔가가 점점 두려워지면 이 카드의
질문에 답해보게."

카를이 카드를 읽었다.

- 이 일을 할 때 최악의 경우 어떤 나쁜 결과가 발생할 수 있을까?

- 그러면 내 인생이 끝이 날까?

- 나쁜 결과가 발생하지 않도록 하려면 어떻게 하면 될까?

  이 일을 하고 나서 나쁜 결과가 생기는 것. 혹은 내가 이 기회를 흘려

  보내는 것. 둘 중 어느 편이 더 치명적일까?

- 이 일을 할 때 발생할 최상의 결과는?

두 사람은 이 다섯 가지 질문을 하나씩 차례차례 살펴보았다. 최악의 경우 어떤 나쁜 결과가 발생할 수 있을까?

카를이 첫 번째 질문에 답했다. "너무 긴장해서 대사를 잊어버릴 수도 있어요. 그러면 저는 완전 망신을 당할 거예요."

"자신이 무엇을 염려하고 두려워하는지를 분명하게 인식하는 것이 아주 중요해." 마크가 이렇게 설명했다. "뭔가에 대해 잘 알고 있으면 그것을 잘 다룰 수 있어. 두려움은 항상 정체가 모호할 때 가장 치명적이지. 이제 두 번째 질문, 최악의 경우가 발생하면 자네 인생이 끝날까?"

"그건 아니지요." 카를이 웃음을 터뜨렸다. "하지만 그런 일이 벌어지지 않으면 좋겠어요."

"당연하지, 나쁜 결과가 발생하지 않도록 방지하려면 어떻게 하면 되겠나?"

"그거야 뭐, 열심히 연습해야죠. 무엇보다도 위급한 상황에 대비하는 연습을 할 거예요."

"바로 그거야, 그렇다면 둘 중 어느 편이 더 심각할까? 극도로 긴장해 대사를 잊어버리고 망신당하는 것? 아니면 절호의 기회를 흘려보내는 것?

"무슨 말씀인지 알아들었어요." 카를이 말했다. "만일 지금 이 기회를 잡지 않으면 저는 평생 후회할 거예요."

"좋아. 이 일을 할 때 발생할 최상의 결과는?"

"오스카상 수상자가 되는 거겠지요." 카를이 농담하듯 말했다.

그러자 마크도 너털웃음을 터뜨렸다. 무엇보다도 그는 카를이 다섯 가지 질문의 의미를 이해한 것을 기뻐했다. 얼마 안 되는 시간 동안 마크는 카를로 하여금 실패하는 것보다 한 번뿐인 기회를 내팽개치는 것을 더 두려워하게끔 만드는 데에 성공했다.

마크가 진지한 표정으로 말했다. "언젠가는 모든 일이 지나가버리지. 문제는 그때까지 자네가 무엇을 행하길 원하는지야. 이 문장에서 강조해야 할 단어는 '행하다'야. 자네를 앞으로 나아가게끔 하는 것은 행동이야. 두려움은 우리가 아무것도 행하지 않을 때 제일 강력해. 하지만 자네가 뭔가를 실제로 행해보면, '고민보다는 행동이 마음을 안정시킨다'는 사실을 알게 될 걸세.

이제 자네가 적극적으로 행할 수 있는 일을 알려주려 하네. 자네의 성공일기에 기록해둔 일들을 오늘 저녁 최대한 많이 읽어보게. 자네가 잘 해낸 일들을 많이 읽을수록 기분이 더 좋아질 거야. 기분이 좋아질수록 자신이 한 일들이 더 성공적으로 느껴질 걸세. 그리고 나서 가장 의미 있는 성공 열 가지, 이른바 '톱 텐Top 10'을 선정해서 따로 기록해보게."

카를은 그렇게 하겠다고 약속했다. 하지만 그러고 난 후 그의 마음에는 또 다른 염려가 자라났다. "이런 모든 조치가 소용없으면 어떡하지요? 이러고도 두려움 때문에 아무것도 못 하고 무기력해지면 어떡해요?"

"그러면 기적이 일어날 걸세." 마크가 말했다.

카를은 깜짝 놀라 마크를 쳐다보았다. "기적이 일어나기를 바라라고요? 어떻게 그런 말을 할 수 있으세요?"

"맞는 말이니까." 마크가 힘주어 말했다. "할 수 있는 모든 걸 하는데도 우리 앞에 극복하기 힘들어 보이는 장애물이 있을 수 있지. 그럼에도 불구하고 포기하지 않으면 기적이 일어난다네. 항상."

"그러면 마법이라도 믿으라는 말씀이세요? 제가 그럴 수 있을지는 모르겠어요."

"아니, 기적이란 스스로에게도 설명할 수 없는 무언가를 의미한다네. 그 무언가를 가동하는 자연법칙이 무엇인지 우리가 모를 뿐. 그리고 우리가 그 자연법칙을 모르기 때문에 그것을 기적이라고 부르는 거지. 자네가 멘탈 컨디션을 단련하고 자의식을 증진하면 기적이 일어날 만한 상태에 이르게 된다네. 그러면 자네는 '나는 기적을 경험할 자격이 있어'라고 느낄 거야. 그리고 이런 믿음은 새로운 힘을 부여해주지. 내 말을 믿어보게나. 기적은 정말 일어난다네. 어디서든 항상."

"정말로 기적을 경험한 적이 있으세요?"

"있지." 마크가 명상에 잠긴 얼굴로 대답했다. "여러 해 전에 나는 어느 노파의 도움을 받았어. 정말 이상하게 들릴 거라는 건 잘 알고 있지만, 그 노파는 상식적으로는 존재할 수 없는 사람이었어. 내가 그 노파를 필요로 했을 때 어딘가에서 갑자기 나타나 나를 도와주었지."

09

위기

카를은 마크에게 약속했던 것을 실행했다. 그는 지난 몇 달 동안 성공일기에 기록해둔 글들을 모두 읽었다. 그러고 나서 톱 텐을 선정했다. 그랬더니 마크의 말대로 기분이 좋아졌고, 자신감도 커졌다.

그럼에도 불구하고 그는 두려웠다. 그는 자신이 지금 아주 중요한 기로에 서 있다는 사실을 알고 있었다. 이제 그가 정말로 '톱 클래스' 배우인지 아니면 단지 평범한 배우에 불과한지가 분명하게 드러날 것이다.

뒤숭숭한 마음으로 그는 잠자리에 들었다. 그 노파는 요즘도 가끔 꿈에 나타났다. 매번 같은 꿈이었다. 항상 두 가지 나무가 있었다. '시커먼 나무' 한 그루, '밝은 나무' 한 그루. 안타깝게도 꿈속에서 그는 단 한 번도 밝은 나무 곁으로 가지 못했다. 시커먼 나무에는 엄청난 위험이 서려 있었다.

이 꿈을 꾼 다음 날 아침에는 항상 보라색 노트에 새로운 글이 적혀 있었다. 이 글들은 카를에게 매우 큰 힘이 되어주었다. 요즘은 특히 두려움에 관한 글들이 그의 마음에 와닿았다. 그는 그 글들을 몇 번이나 거듭 읽었다.

당신이 두려워하면, 남들이 당신을 조종하고 통제할 수 있다.
행여나 실패할까 두려워서 달아나버리면, 두려움은 더 커지고 당신은 더 작아진다.
두려움은 변명거리가 되어서는 안 되며, 나아가야 할 길을 알려주어야 한다.

그는 마크에게 들었던 말을 떠올려보았다. 자신의 두려움을 이용할 수 있다는 말. 두려움을 자신을 위해 '활용'할 수 있다는 말을 떠올려보았다. 하지만 자신이 그것을 실행할 수 있을지 확신이 들지 않았다. 중요한 대답 한 가지가 해결되지 않은 채로 남아 있는 것만 같았다. 그리고 어쩐지 그 대답이 최근에 여러 번 꾸었던 꿈과 연관이 있을 것 같았다. 그는 이런 생각을 하면서 서서히 잠에 빠져들었다.

그날 밤 꿈은 여느 때보다 훨씬 강렬했다. 이번에도 카를의 부모님은 카를을 그 시커먼 나무로 보냈다. 이번 꿈에서 그 나무는 유독 더 시커멓게 보였다. 카를은 나무에 오르고 싶은 마음이 전혀 없었지만, 이번에도 나무 위로 올라갔다. 그리고 이번에도 바닥으로 떨어졌다.

땅바닥에 주저앉은 그는 처음으로 그 시커먼 나무를 정확하게 관찰해보았다. 그러자 나무줄기 위에서 아버지의 얼굴이 보였다. 처음에는 희미했지만 점점 더 확실하게 보였다. 온몸에 소름이 돋았다. 그 시커먼 나무가 바로 그의 아버지였던 것이다. 카를은 그곳을 벗어나고 싶었다.

그런데 무릎이 너무 아파서 일어날 수가 없었다. 너무나도 두려워서 옴짝달싹할 수도 없었다. 그는 그 시커먼 나무, 즉 자신의 아버지를 계속 노려보았다. 나무 위쪽을 쳐다보니 조감독 도기가 보였다. 그때 아버지의 얼굴이 서서히 변하더니 또 다른 사람이 모습을 드러냈다.

새로 나타난 사람의 모습이 점점 더 분명해졌다. 이제 그것이 누구인지 알아볼 수 있었다. 그것은 바로 카를 자신이었다. 지금 보니 그 시커먼 나무는 카를 자신이었던 것이다.

너무나도 놀라 구역질이 났다.

그때 저쪽 편 밝은 나무 아래에서 그를 기다리고 있는 안나가 보였다. 그는 안나에게 가려 했지만, 이번에도 무언가가 그를 붙

잡고 놓아주지 않았다. 그는 안나를 부르려고 했지만, 목소리가 나오지 않았다.

그때 새빨간 스웨터를 걸친 백발의 노파가 나타나 그의 손을 잡아주었다. 그의 무릎은 여전히 아팠지만, 이제 그는 잘 걸을 수 있었다.

그리고 이제 나지막하게 목소리도 나왔다. 노파는 그를 안나에게로 데려갔다.

그가 도착하자 안나는 밝은 나무를 가리켰다. 그 나무는 눈부시게 환하고 아름다웠다. 카를은 아름다운 나무에 매료되어 넋을 놓고 보았다. 그 순간 그 밝은 나무의 모습도 변하기 시작했다. 나무 꼭대기 쪽에서 사람의 모습이 보였다. 이번에도 처음에는 희미하다가 점점 더 확실해졌다.

그것은 한 사람이 아니라, 여러 사람이었다. 처음에는 안나가 보이다가 다음에는 마크, 돈 호세, 그리고 미하엘이 보였다. 마지막에는 안톤과 구스타포의 모습까지 보였다. 모두 그에게 다정한 미소를 지어주었다.

그때 그 밝은 나무의 모습이 다시 변했다. 모든 얼굴들이 서서히 변하더니 새로운 얼굴이 나타났다. 그것은 바로 카를 자신이었다. 그는 사실 그 밝은 나무가 카를 자신이었다는 것을 알게 되었다.

카를은 땀범벅이 된 채로 잠에서 깨어났다. 잠에서 깨고 나서도 꿈의 아주 세세한 부분까지 기억났다. 카를은 분명히 느꼈다. 그 꿈은 악몽이 아니었다. 일종의 메시지였다. '그 꿈이 내게 뭔가 매우 중요한 메시지를 전달하려는 것 같아. 도대체 그게 뭘까?' 그는 자신의 핸드폰을 들여다보았다. 마크에게서 온 메시지가 하나 도착해 있었다. 메시지에는 스티브 잡스의 말이 인용되어 있었다.

> 위대한 성과를 내는 유일한 길은 자신의 일을 사랑하는 것이다.

'나는 연기하는 걸 사랑해.' 카를이 생각했다. '하지만 이런 어려운 조건에서 정말로 위대한 성과를 낼 수 있을지는 모르겠어.' 그는 꿈을 이루는 과정이 이토록 힘들 거라고는 생각하지 못했다.

이날 아침 그는 내키지 않는 마음을 다잡으며 '의식'을 치렀다. 그날따라 거울 연습의 효과가 미덥지 않았다. 성공일기에 다섯 가지를 채워 넣는 것도 고역이었다.

의식을 다 치르고 난 후 조깅을 하러 나갔다. 무얼 하든 건강은 지키고 싶었다. 그는 여느 오전과 마찬가지로 조깅을 하며 공원 내 돌계단을 지나갔다. 돌계단에서 젖은 낙엽을 밟고 미끄러지는 바람에 서너 계단 아래로 굴러떨어졌다. 자리에서 일어나려 했을 때, 오른쪽 무릎에서 바늘로 찌르는 듯한 통증이 느껴졌다. 통증이 너무 심해 오른쪽 다리로 바닥을 디딜 수가 없었다. 그 순간 투자자들 앞에서 시범 연기해야 할 신 중 하나가 떠올랐다. 그 신에는 주인공이 아주 빨리 뛰는 부분이 있었다. 공연은 불과 열흘밖에 남지 않았다.

이런 일까지 생기다니. 마지막 남은 한 조각의 용기가 사그라드는 기분이었다. 그나마 핸드폰은 챙겨온지라 최악의 사태는 피할 수 있었다. 그는 핸드폰으로 택시를 불러 병원으로 향했다. 대기실은 사람들로 꽉 차 있었다. 드디어 그의 차례가 되었을 때는 무릎이 이미 상당히 부어올라 있었다. 무릎이 견디기 힘들 만큼 아팠다. 진료 결과 다행히 인대 파열은 아니었고, 심한 염좌였다. 의사는 최소 일주일 이상 제대로 걷기 힘들 거라고 했다. 간호사가 그에게 무릎을 보호하기 위한 목발을 가져다주었다.

'최고군, 목발을 짚고 달리기라니. 이로써 시범 공연은 물 건너갔네.' 그가 체념하듯 이렇게 생각했다.

그가 마크에게 전화를 걸어 이 나쁜 소식을 전하자, 마크가 만남을 제안했다. "지금 곧 택시를 타고 우리 회사로 오게. 꼭 할 이야기가 있어. 아주 급한 이야기야. 나도 예정된 미팅을 취소하고 기다리겠네."

◆ ◆ ◆

카를은 완전히 풀 죽은 얼굴로 마크의 회사에 도착했다. 이 상황에 무슨 할 이야기가 남았다는 거지? 절호의 기회는 이미 날아

갔잖아.

마크가 카를을 보자마자 단도직입적으로 물었다. "자네, '연습이 거장을 만든다'는 말 믿나?"

"네, 믿어요."

"자네는 거의 날마다 조깅을 하지. 얼마나 오랫동안, 어떤 속도로 뛰나?" 마크가 물었다.

"편안한 속도로 40분 정도 뜁니다."

"그렇군." 마크가 이렇게 확인하고는 계속 말했다. "자네의 한계에 이를 때까지가 아니라 즐길 수 있는 정도로 뛰는군. 아주 좋아. 그렇게 뛰면 더 건강해지고, 긴장도 해소되고, 컨디션도 좋아지지. 하지만 계속 그런 페이스로 뛰어서 톱 클래스가 될 수 있을까? 전문적인 달리기 선수가 될 수 있을까?"

"그건 아니지요." 카를은 도대체 마크가 무슨 이야기를 하려는지 감이 잡히지 않았다.

"하지만 아주 힘들어서 재미가 없을 때도 계속할 수 있는 어떤 일이 자네에게 있다면, 많은 노력을 해야 하고 때로는 지루하고 몸이 아파 포기하고 싶어져도 여전히 하고 싶은 어떤 일이 자네에게 있다면, 그 일은 자네의 열정 그 자체야. 자네가 그 일에 매진하는 이유는 그 일이 수월해서가 아니라, 그 일을 사랑하기 때문이지. 자네가 그 일을 그만두지 않고 하는 이유는 다음과 같은 확신이 있기 때문이야. '그 일은 나 자신이야. 그 일은 내 열정 그 자체야. 나는 그 일을 해낼 수 있어. 지금은 해낼 방법을 모르지만 나는 그 일을 사랑해. 그래서 나는 그 일을 해낼 방법을 찾아낼 거야. 난 해낼 수 있어.'" 그러자 카를이 이렇게 반박했다. "하지만 저는 정말로 무릎을 다쳤어요. 꾸며낸 일이 아니라, 정말로 무릎이 너무 아파요. 최적의 환경에서도 주인공 역할에 지원하는 것이 너무나도 두려웠는데, 지금 이렇게 부상까지 당했잖아요. 꿈을 이루는 것이 이렇게 힘들 줄은 몰랐어요."

"쉽고 위대한 일은 찾아보기 힘들지." 마크가 진지한 목소리로 말했다. "힘든 시간을 겪어내려면 자네의 일을 사랑해야 해."

"무슨 말씀을 하시려는지 알겠어요." 카를이 대답했다. "하지만 정말 힘들어요! 어찌나 힘든지 내가 해낼 수 있을지 모르겠다는 생각마저 들어요."

"힘든 게 당연해!" 마크의 표정은 매우 결연해 보였다. "힘들지 않다면 누구나 할 수 있을 테니까. 힘든 시간을 거쳐야 톱 클래스가 될 수 있어. 마하트마 간디는 '고난을 견뎌내는 사람들만이 행복을 맛볼 수 있다'고 말했어."

카를은 한참 동안 생각에 잠겨 있었다. '톱 클래스'라는 표현이 아직은 그다지 마음에 들지 않았다. 그가 물었다. "누구나 톱 클래스가 될 수 있는 걸까요? 저는 마하트마 간디가 아니에요. 예컨대 평범한 계산대 여직원도 톱 클래스의 성과를 낼 수 있다는 말씀이신가요?"

"물론이지. 그래, 아주 우수한 계산대 여직원의 예를 들어볼 수도 있어. 하지만 이보다 중요한 것은 자네가 다른 사람 뒤에 숨어 버려서는 안 된다는 거야. 자신이 알지도 못하는 사람 뒤에 숨는 건 말할 것도 없고. 맞아, 자네는 간디가 아니야. 하지만 자네는 카를이야. 배우 카를이라고. 그러니 이제는 배우 카를다운 행동을 하란 말이야. 해가 비치는 맑은 날에만 하지 말고, 비가 쏟아지는 힘겨운 날에도."

마크는 매우 명확하게 말하는 재주가 있었다. 다소 가혹하게 느껴질 정도로 명확하게. "스스로에게 자문해보게. 누구나 그걸 할 수 있는지, 그 여부가 그렇게 중요한가?"

"당연하죠, 저는 이런 모든 과정이 정말로 제게 효과가 있을지 알고 싶어요."

"바로 그거야." 마크가 말했다. "자네에게! 나는 지금 자네에게 말하고 있어. 모든 이들에게 말하는 것이 아니야. 뭔가 새로운 걸 배울 때 그것이 모든 이들에게 효과가 있을지는 알 수 없을뿐더러 중요하지도 않아. 내가 알아야 할 건 이거지. 이것이 나에게 효과가 있을까? 이걸 내가 내 삶에 활용할 수 있을까? 여기에서 관건은 자네야. 그리고 자네가 그걸 해낼 수 있는지가 관건이야. 왜냐하면 내가 여기에서 지금 자네에게 하는 말은 모든 사람들에게 해당하는 말이 아니니까. 지금 나의 말은 정말로 뭔가를 변화시키고자 하는 사람들만을 위한 말이라네. 변화를 위한 대가를 감수할 사람들에게게만 해당하는 말. 모든 이들이 이런 마음가짐이 되어 있지는 않지."

만일 마크가 이 말을 한 것이 카를에게 용기를 불어넣기 위함이었다면, 그는 아무런 성과도 거두지 못했다. 카를의 기분은 오히려 더 가라앉았기 때문이다. "저는 톱 클래스의 성과를 낼 만한 사람이 아니에요. 너무 유약해요. 한마디로 루저. 이렇게 실망시켜드려 죄송해요."

마크는 크고 단호한 목소리로 말했다. "이제 그만! 다시는 자신을 그렇게 형편없이 낮추지 말게. 스스로에 대해 이런 말을 하는 건 자신을 폄하하는 거니까. 그것은 자네의 세계를 제한하고 스스로의 힘을 내다 버리는 거나 다름없어."

"예전에 제게 해주신 말이 기억나네요. 최악의 거짓말 중 다수는 '나는 너무 ~해서'로 시작된다는 말이요. 그런데 제 내면에는 이런 식의 말이 너무 굳어져 있나 봐요. 아버지가 항상 그러셨어요. 제가 너무 유약하다고. 며칠 전에도 또다시 이 말을 하시더라고요." 카를이 힘없는 목소리로 말했다.

"그러니까 자네는 남들이 자네에 관해 쏟아놓은 부정적인 말을 곱씹는다는 말인가?! 자네가 진심으로 원하는 길을 가는 것을 원치 않는 사람들의 말을? 그게 어떤 결과를 가져오는지 알고는 있나? 자네에 관한 타인들의 부정적인 생각이 현실이 된다네. 그리고 그 결과 자네는 타인들에게 동정심을 유발할 거고."

"하지만 제가 그 일을 해낼 수 있을 거라는 생각이 정말로 들지 않아요."

"자네가 무슨 일을 할 수 있는지, 할 수 없는지를 미리 정하려 들지 말게. 이런 판단들은 모두 과거를 토대로 하는 거니까. 지난 날 자네의 자의식은 지금과는 완전히 달랐어. 분명 얼마 전까지만 해도 자네가 해낼 수 없는 일이 있었을 거야. 하지만 이제는 자네가 결단한다면, 무엇이든 해낼 수 있어. 자네의 자의식이 탄탄해졌으니까."

"하지만 제 무릎은 여전히 부상당한 상태예요!"

"그건 그렇지. 하지만 그 부상이 자네의 기분에 어떤 영향을 미치는지 결정하는 주체는 바로 자네 자신일세. 탄탄해진 자의식으로 자신의 부상에 어떻게 대처할지, 어떤 결론을 내릴지 결정하는 주체는 바로 자네야. 설마 무릎이 삐었다는 이유로 자네 인생이 걸린 절호의 기회를 내던져버릴 수는 없지 않은가."

이 말들은 카를의 마음에 와닿았다. 그는 스스로에게 다짐했다. '나는 포기하지 않을 거야.'

◆ ◆ ◆

카를은 이보다 상황이 나빠질 수는 없을 거라고 생각했다. 하지만 집에 도착해보니 아버지에게서 편지 한 장이 와 있었다. 편지에서 아버지는 카를과 인연을 끊겠다고 선언했고, 이제 자신에게는 아들이 없다고, 카를의 상속권을 박탈했다고 통보했다.

그날 저녁 카를은 안나에게 편지를 보여주었다. 안나는 "이제 당분간은 아버지에게서 벗어났네요. 잘되었어요. 당신의 아버지는 당신에게서 에너지를 빼앗아가는 사람이니까요."

"당신 말이 맞겠지." 카를이 대답했다. "하지만 그래도 마음이 아프네. '도대체 아버지는 왜 저러실까?'라는 생각이 들어."

"그 말을 들으니 유명한 앵무새 이야기가 생각나네요." 안나가 말했다.

앵무새 한 마리가 새장 안에 홀로 살고 있어요. 앵무새가 문득 거울을 보아요. 앵무새는 거울 속에 있는 새가 자신을 위협한다고 느껴 거울을 마구 쪼아대요. 앵무새는 사나워 보이는 그 거울 속의 새를 자신의 경쟁자라 여겨 쫓아내려 해요. 잠시 후 거울 속 새가 조금 전보다 더 사납게 보이자, 앵무새는 더욱 세게 거울을 쪼아대요. 앵무새는 줄곧 자신이 쪼아댄 새가 거울에 비친 자신이라는 것을 전혀 알지 못해요. 그 새장 안에는 앵무새가 한 마리밖에 없어요. 앵무새가 내내 힘겹게 싸우는 상대는 앵무새 자신이지요.

이야기를 마친 후 안나는 조금 전에 했던 말을 다시 한번 했다. "나는 진심으로 당신에게 있어 잘된 일이라고 생각해요. 당신의 아버지는 당신에게 좋은 영향을 끼치지 못해요. 아버지를 그냥 보내드려요."

카를은 그녀의 말이 옳다는 것을 느꼈다. 하지만 그대로 행동하기는 쉽지 않았다.

◆ ◆ ◆

다음 며칠 동안 카를은 동료 배우들의 도움이 필요했다. 그들과 함께 연기 연습을 해야 했다. 다친 무릎으로 연기할 수 있는 몇몇 신만이라도 연습해두어야 했다. 달리기를 해야 하는 신의 경우, 뭔가 즉흥적으로 대체할 방법을 모색해야 했다.

도기는 그를 곤경에 빠뜨릴 기회만 호시탐탐 엿보았다. 정말 별의별 생각을 다 해냈다.

어느 날 리허설 후 도기는 발을 헛디딘 시늉을 하며 카를을 꼭 붙들더니 그의 얼굴에 대고 요란하게 재채기를 하고는 능청을 떨었다. "아, 미안. 내가 지금 독감에 걸렸거든. 나한테 옮지 않으면 좋겠네. 정말 지독한 독감 바이러스거든."

도기는 증오가 가득한 목소리로 한마디 더 쏘아붙이고는 자리를 떠났다. "아니지. 실은 바로 그 반대야. 너한테도 이미 바이러스가 달라붙었어. 이제 네 몸속에 퍼져 갈 거야. 난 그걸 느낄 수 있어. ㅎㅎㅎㅎ."

사흘이 지나자 몸이 처지고 쑤셨다. 도기가 정말로 그에게 바이러스를 옮긴 것이었다. 하지만 그보다 심각한 것은 목소리가 완전히 잠겨 말을 할 수 없게 된 것이었다. 그는 감기에 좋다는 온갖 수단을 동원해보았다. 콧물과 근육통은 잦아들었지만, 목소리는 여전히 꽉 잠겨 있었다.

카를은 마음속으로는 이미 항복한 상태였다. 목소리가 나오지 않는 상태에서 시범 공연을 할 방법은 없었다. 낙담할 만도 했다. 친구들의 도움을 받아 다시 힘을 내자마자 또 다른 벽에 부딪힌 셈이었다.

마크는 예전에 자신이 도움을 받았던 음성치료사, 스베아를 그에게 소개해주었다. 마크는 카를을 위해 예약 날짜도 특별히 앞당겨 잡아주었다. 스베아에게 음성치료를 받으려면 보통 한두 달은 기다려야 했다.

카를은 한눈에 스베아가 마음에 들었다. 그는 꽉 잠긴 목소리로 시범 공연이라는 기회에 대해 이야기했다. 그리고 상속권을 박탈한 그의 아버지에 대해, 그가 감기에 걸릴 거라고 예언했던 도기에 대해 이야기했다.

"그것이 말이 가진 힘이랍니다." 스베아가 생긋 미소를 지으며 말했다. "당신의 가장 큰 적은 도기가 아니에요. 당신의 아버지도 아니고요. 당신의 가장 큰 적은 바로 당신 자신이랍니다. 남들이 당신에게 하는 말은 중요하지 않아요. 중요한 것은 남들의 말을 듣고 나서 당신이 자신에게 하는 말이랍니다."

"그렇겠죠." 카를이 흥분해서 말했다. "저를 바이러스로 감염시킨 것도 저 자신이겠지요."

"우리는 말로써 실제로 자신을 감염시킵니다. 이를 멘탈 바이러스라 하지요." 스베아는 개의치 않고 계속 말했다.

"마치 마크와 쌍둥이처럼 똑같은 소리를 하시네요." 카를이 꽉 잠긴 목소리로 말했다. "전 어떻게 하면 좋지요? 이 목소리로는 도저히 시범 공연을 할 수가 없어요. 일정도 며칠 안 남았고요."

스베아는 지혜로운 얼굴로 미소 지었다. "이것은 제가 치료를 하면서 자주 접하는 현상입니다. 아주 중요한 일을 앞두고 목소리가 나오지 않는 건 당신만 겪는 현상이 아니에요. 얼마나 많은 유명인들이 똑같은 일을 겪었는지 알면 당신도 놀랄 거예요. 지금까지는 제 치료가 이들 모두에게 효과가 있었답니다. 치료에 협조해주시면 당신에게도 도움을 드릴 수 있을 거예요."

"하지만 제 목소리는 완전히 잠겨……."

"목소리는 기분에서 나옵니다. 즉, 목소리의 톤을 들어보면 그 사람의 감정을 알 수 있어요. 자신에 대한 감정을 바꿀 수 있다면 목소리도 금세 다시 힘이 생깁니다."

"이로써 우리는 다시 자의식에 관한 이야기로 돌아왔네요." 카를이 말했다. "정말로 이렇게 모든 것이 자의식과 연관이 있나요?"

"적어도 우리의 목소리는 자의식과 밀접하게 연관되어 있답니다." 스베아가 확실하게 대답해주었다. 스베아는 진지한 표정으로 카를을 쳐다보더니 이렇게 물었다. "한 가지 중요한 조언을 드려도 될까요?"

카를이 고개를 끄덕였다.

"좋습니다. 가장 중요한 깨달음 중 하나는 이러합니다. 어떤 일도 당신에게 해롭지 않습니다. 모든 일은 당신에게 유익합니다."

이 말은 한동안 카를을 조용하게 만들었다. 잠시 후 카를은 자포자기한 얼굴로 이렇게 물었다. "무릎을 다치고 목소리가 꽉 잠긴 것이 제게 유익하다고요? 제가 연기해야 할 신 중에는 소리쳐야 하는 장면들도 있는데, 이제 불가능해졌어요. 이런 일이 도대체 어떻게 저에게 유익하다는 거죠?"

"언뜻 보면 그렇게 보이지 않지요. 그건 그래요." 스베아가 대답했다. "하지만 저는 정확히 알아요. 모든 일은 우리에게 유익합니다. 우리가 이를 즉시 이해하기는 힘들지만 사실입니다. 소리쳐야 하는 장면들과 관련해서 제게 아이디어가 하나 있어요. 그 신에서 중요한 건 음량이 아니라 강도지요. 그 신을 연기할 때 소리를 치는 것이 아니라 나지막하게 속삭이듯 대사를 하면 어떨까요? 그러면 아주 효과적으로 연출할 수 있을 것 같은데요. 이것을 잘 소화해내면 훨씬 강한 인상을 줄 수 있어요. 소리치는 건 누구나 할 수 있지요. 하지만 속삭임으로 장면을 효과적으로 전달하는 건 아무나 할 수 없어요."

카를은 곰곰이 생각해보았다. 머릿속으로 그 장면들을 훑어보니 충분히 가능할 것 같았다.

스베아가 그를 북돋워주었다. "일상적인 장면에서는 일상적인 목소리만 나오면 되지요. 그 정도의 목소리는 남은 며칠 안에 돌아올 거예요. 그리고 아까 이야기한 것처럼 그 몇몇 장면에서도 소리칠 필요가 없어졌잖아요. 소리치지 않고도 다른 방식으로 아주 강도 있고 설득력 있는 연기를 펼칠 수 있습니다. 그건 우리가 함께 연습하면 됩니다."

두 사람은 조심스럽게 연습을 했다. 얼마 후 카를은 스베아와의 트레이닝이 효과가 괜찮다고 느꼈다. 정확히 말하자면 트레이닝의 효과는 매우 좋았다. 스베아는 카를에게 적합한 연습 방법을 여러 가지 설명해주었다. 그것은 목과 후두를 위한 간단한 발성 연습과 긴장 해소 연습들이었다. 그리고 스베아는 추가적으로 다양한 실질적인 팁을 주었다.

◆ ◆ ◆

카를의 감정 상태는 기복이 심했다. 스베아에게 음성치료를 받고 나서는 기분이 상당히 좋았다. 하지만 저녁이 되자 자신이 그 모든 무거운 짐을 감당해내지 못할 것 같은 기분이 들었다. 아버지, 시범 공연, 도기, 무릎, 그리고 꽉 잠겨버린 목소리까지, 모든 것들이 자신을 괴롭히기 위해 똘똘 뭉친 것만 같았다. 어쩌면 이렇게까지 힘들게 애쓸 필요는 없지 않을까.

이 생각이 그의 머릿속에서 떠나가지 않았다. 어쩌면 이렇게까지 애쓸 필요는 없지 않을까. 어쩌면 그에게는 톱 클래스가 될 능력 자체가 없을 수도 있다. 어쩌면 그는 그저 두려움이 많은 아주 평범한 사람일 수도 있다. 두려움이 아주 많은 평범한 사람.

그날 저녁 안나가 카를을 찾아왔지만, 카를은 안나에게 시선도 주지 않았다. 자신에게 너무 몰두해 있어서 다른 곳에 신경 쓸 여유가 없었다. 시간이 갈수록 기분은 점점 나빠졌고, 의구심은 점점 더 커졌다. 그는 자신이 마크와 미하엘에게 했던 약속을 깨뜨리기 일보 직전이라는 것을 예감했다. 배우가 되는 걸 포기하지 않겠다는 약속.

카를은 혼잣말했다. "나는 포기하는 게 아니야. 절대 포기가 아니야. 단지 나의 천성에 어울리지 않는 일을 하지 않을 뿐이지. 저 이상한 사람들이 판단하는 '나'는 전혀 내가 아니야. 나에 대해서는 내가 더 잘 알지. 나는 그 일을 해낼 수 없어. 나는 그럴 만한 사람이 아니야."

일순간에 그는 모든 것을 의문시했다. 정말로 모든 것과 모든 사람을 의문시했다. 이제 심지어 마크까지도 의심했다. '어쩌면 그 브레인은 이상한 선동가일 수도 있고, 이미 내 머리를 브레인 워싱했을지도 몰라.' 죽음을 앞둔 미하엘의 행동도 일반적인 사람의 눈으로는 이해하기 힘들었다.

이런 식으로 카를은 한동안 온갖 생각을 다 했다. 그러다가 한참 후에야 안나가 자신을 계속 지켜보고 있다는 걸 알아차렸다. 그는 퉁명스럽게 말했다. "우리 관계도 이상하긴 해요. 당신은 나보다 훨씬 우월한 사람이잖아요. 도대체 내 안에 뭐가 잠재해 있다는 거죠? 당신은 나에 대한 당신의 판단이 옳았다는 걸 증명하기 위해 나의 성공을 바라는 건가요? 지금 있는 그대로의 나는 당신에게 부족한 존재인가요? 당신이 '내가 그 사람의 잠재력을 제일 먼저 알아봤어'라고 떠들어댈 수 있도록 내가 배우가 되어야 하나요?"

카를의 말은 안나의 마음을 강타했다. 안나의 눈에 눈물이 고였다. 지금까지 한 번도 보지 못했던 낯선 모습이었다. 그녀는 한참 후에야 대답할 수 있었다. "이런 말을 하는 당신을 보니 마음이 아파요. 당신의 문제를 단지 내게 투영한다는 걸 알지만 그래도 마음이 아프네요. 나는 당신이 날 비난하는 게 아니라는 걸 알아요. 나는 당신이 잘되기만을 바라니까요. 그리고 나는 당신을 진정으로 사랑해요. 하지만 당신도 내 사랑을 진정으로 허용해야 해요."

카를은 아무 대답도 하지 않았다. 음절 하나하나가 그의 머릿속에서 계속 울렸다. 안나는 매우 작은 소리로 말했다. 하지만 단어 하나하나에 엄청난 카리스마가 있었다. 카를은 안나의 말을 곰곰이 되새겨보았다.

카를이 작은 목소리로 대답했다. "안나, 당신 말이 옳아요. 당신에게 상처를 주려고 한 말이 아니에요. 난 지금 스스로에게 상처를 주려 하고 있어요. 당신을 비난할 마음도 없었어요. 지금 나는 나 자신에 대해 심각한 문제를 가지고 있어요. 나는 이 문제를 지금 해결해야 해요. 그 방법을 생각해내야 해요. ……잠깐 밖에 나가서 신선한 공기 좀 쐬고 올게요."

"다 잘될 거예요." 안나가 말했다.

순간 카를의 정신이 번쩍 들었다. 그녀가 정말로 '다 잘될 거예요'라고 말했는가? 그렇다. 그녀는 그렇게 말했다. 어떻게 이 상황에서 그 말을 할 수 있었을까? 그 순간 그녀의 사랑이 느껴졌다. 그는 그녀의 사랑에 집중해보았다. 그러자 무엇과도 비교할 수 없는 따스함이 느껴졌다. 그에게 있어 그녀는 그를 충만하게 채워주는 밝은 빛과도 같았다. 그녀의 목소리는 한없는 따스함과 선의를 담고 있었다.

서서히 두려움이 자취를 감추었고, 절망이 사그라들었다. 이제 그도 '다 잘될 거야'라는 예감이 들었다.

갑자기 확신이 섰다. '그래, 다 잘될 거야.' 그에게는 어떤 문제도 없었다. 그가 스스로 문제를 만들어낼 뿐이었다. 그는 때때로 특정한 상황에 매우 부정적인 의미를 부여해 그 상황이 마치 하나의 문제처럼 보이게 만들었다. 이제 이것을 중단하기만 하면 된다. 그리고 '다 잘되어 가고 있다.'

객관적으로 보면 지금 그에게는 인생 최대의 기회가 찾아왔다. 물론 그의 무릎은 성하지 않았고, 목소리는 꽉 잠긴 상태였다. 하지만 모든 문제에는 해법이 있었다. 그의 문제는 그의 머릿속에서만 존재했다. '다 잘되어 가고 있다.'

카를 자신도 갑자기 이런 확신이 어디에서 왔는지 알 수가 없었다. 하지만 갑자기 자신이 방금 바닥을 치고 올라왔다는 것을 깨달았다. 바닥에 이르렀을 때, 그는 자신에게 선택의 여지가 있다는 것을 깨우쳤다.

자신에게 선택의 여지가 있다는 것을 깨우친 사람은 이미 최저점을 통과한 상태다. 그렇다. 마크가 경고했던 것처럼 정말로 힘겨운 시간이었다. 카를의 얼굴에 흐뭇한 미소가 번졌다.

이 시점까지 그가 겪은 모든 것들은 단지 준비 과정이었다. 이제는 그가 진정한 선택을 할 수 있고, 해야 하는 시점이었다. 그의 선택. 이제 그는 결정해야 했다. 카를은 스스로에게 물었다. '나는 어떤 사람인가? 나는 포기하는 사람인가? 아니면 자신의 약속을 지키는 사람인가? 나는 미들 클래스인가 아니면 톱 클래스인가?'

그는 아주 커다란 소리를 내며 웃었다. '이제 드디어 그 세 가지 질문에 답할 시간이 온 것 같군.' 카를은 두 번째 질문에 대해 자문해보았다. '나는 사랑받을 만한 사람인가? 나는 최고가 되기 위해 최선을 다해 노력하는 사람이므로, 이상적인 여성에게 사랑받을 만한 사람이지 않은가?'

이번에는 세 번째 질문 차례였다. '내가 해낼 수 있을까?' 이론상으로는 이 세 질문 모두 아주 간단하게 들렸다. 그랬다. 처음에는 이 질문들이 새롭기만 했고, 그다지 커다란 영향을 미치지 못했다. 이제 이 문제를 결정하기만 하면 되었다. 지금부터 내가 그일을 해낼 수 없는 것처럼 행동할 것인가? 아니면 내가 그 일을 해낼 수 있는 것처럼 행동할 것인가?

만일 지금 이 순간 그가 포기하지 않겠다고 결정한다면, 이제 그의 앞에는 오르막길이 펼쳐질 것이다. 이제 그는 결정을 내려야만 했다. …… 그런데, 그게 아니었다. 갑자기 그에게 한 가지 생각이 번뜩 떠올랐다. 그는 결정을 내릴 필요가 없었다. 왜냐하면 그는 이미 결정을 내린 상태였기 때문이다. 그가 인지하지 못했을뿐, 그는 이미 결정을 내린 상태였다. 그전에는 두려움이 생각을 마치 안개처럼 뿌옇게 가려버린 상태였다. 하지만 이제 그에게는 확신이 있었다.

이제 그의 결정은 마음속 깊은 곳에 자리 잡았다. 이제 그의 결정은 그의 일부가 되었다. 그는 어두운 공원에서 이렇게 외쳤다. "나는 두 번 다시 포기하지 않을 거야. 나는 내 말을 지킬 거야. 나는 사랑의 길을 걸어가기로 결정했어. 나는 사랑받을 만한 사람이야. 두려움은 언제든 다시 생기겠지만, 이제는 예전처럼 나를 완전히 묶어두지 못할 거야.

나는 배우야. 나는 영화와 연기를 사랑해. 그리고 나는 영화를 촬영하고 연기할 거야. 들것에 실려 나가는 한이 있어도 시범 공연을 마칠 거야. 나는 내가 할 수 있는 걸 할 거야. 내 길을 걸어갈 거야. 시범 공연 중에 어떤 일이 일어나더라도 내 길을 걸어갈 거야."

◆ ◆ ◆

그가 집으로 돌아왔을 때 안나는 잠이 들기 직전이었다. 그는 안나를 다정하게 토닥였다. "다 잘될 거예요." 그가 안나의 귀에 속삭였다.

"나도 알아요." 안나가 잠결에 중얼거렸다.

그는 또다시 같은 꿈을 꾸리라는 것을 예감했다. 꿈속에서 그는 그 시커먼 나무 위에 올라가 아래로 떨어져 무릎을 다쳤다. 그리고 무시무시한 나무가 먼저 아버지의 모습으로 변했다가 다시 카를 자신의 모습으로 변하는 것을 지켜보았다. 그 후 노파는 카를을 그 밝은 나무로 데려갔다. 밝은 나무는 먼저 그의 친구들로 변했다가 다시 그의 모습으로 변했다.

잠에서 깬 카를은 예전에 같은 꿈을 꾸었을 때와는 달리 불안하지 않았다. 그는 직감했다. '이 꿈은 나에 관한 중요한 진실을 담고 있어.' 그는 곧 그 꿈의 의미를 알게 될 것 같았다. 카를은 호기심 어린 얼굴로 보라색 노트를 열어보았다. 그의 직감은 옳았다.

보라색 노트에는 상당히 긴 글이 새로 기록되어 있었다.

모든 문제는 중립적이다. 우리가 각 문제에 어떤 의미를 부여하는지가 관건이다. 굳이 문제에 어떤 의미를 부여하자면, 그것은 우리가 승리를 쌓아나갈 때 필요한 재료이다.

좋지 않은 상황 그 자체는 아무런 문제가 되지 않는다. 이보다는 우리가 문제를 바라보는 방식이 문제다. 우리가 어떤 문제를 자신의 영향력 밖에 있다고 여길 때에만, 그 문제가 진정한 문제가 된다.

어떤 문제에 부딪히면 이렇게 자문해보라. "카를, 너는 얼마나 '큰 사람'이니? 너는 정말로 얼마나 '큰 사람'이니?" 만일 당신이 당면한 문제보다 더 '큰 사람'이라면, 그에 합당하게 행동하라. 만일 당신이 당면한 문제보다 더 '작은 사람'이라면, 이를 성장의 계기로 삼으라.

대부분의 사람들은 자신이 원하는 모습으로 거듭나기 위해 겪어내야 할 것들을 겪기 싫어한다. 하지만 사람은 누구나 전력을 다해야 하는 상황에서만 성장할 수 있다.

노력에는 대가가 따른다. 당신이 여러 가지 문제를 관리하고 대처하는 데 능숙하다면, 그 무엇도 당신을 저지하지 못할 것이다. 그 무엇도! 그 무엇도 당신을 저지하지 못한다면, 당신은 자유롭게 선택할 수 있다. 당신이 무엇을 하고자 하든, 당신에게는 '나는 해낼 수 있어'라는 확신이 있다. 바로 그것이 자유다.

당신이 당면한 문제보다 더 '큰 사람'이어야 진정한 자유를 누릴 수 있다.

자신의 문제보다 더 '작은 사람'은 자신의 문제에 사로잡힌 포로다.

자의식이 탄탄할수록 문제가 작아 보인다. 탄탄한 자의식을 지녀야 자신이 문제보다 더 크게 인식되기 때문이다.

언제 자신이 '큰 사람'이라 느낄까? 자신이 어떤 사람인지 알고 있고, 자신이 사랑받을 만한 사람이며 당면한 일을 해낼 수 있는 사람이라는 것을 알고 있을 때, 당신은 자신을 '큰 사람'이라고 느낄 것이다. 자신을 '큰 사람'이라고 느낀다면, 당신은 '큰 사람'이다. 정말로 모든 것은 자의식에 달려 있다. 탄탄한 자의식을 지닌 사람만이 행복과 성공을 누릴 수 있다.

최종적으로 당신은 삶 속에서 여러 가지 문제를 다루는 능력에 대해 보상을 받게 된다. 행복이나 우정에 관한 문제도 그러하고, 돈과 관련된 문제도 그러하다. 자의식이 탄탄할수록 주어진 문제를 더 잘 해결할 수 있다.

'이 글은 어제 필요했던 글인데.' 카를이 생각했다. 하지만 곧 이렇게 시인했다. '어제 읽었더라면 내가 이 글에 담긴 진실을 알아보지 못했을 거야.'

이날 아침 그는 확신에 넘쳐 거울 연습을 했다. "나는 널 사랑해, 카를. 너는 멋진 배우야. 너는 사랑받을 만한 사람이야. 너는 네가 생각했던 것보다 강한 사람이야. 너는 너의 잠재력을 최대한 발휘하겠다고 결정했어. 잘 생각했어. 왜냐하면 너에게는 정말로 재능이 있어. 그리고 이제 너는 그걸 온 세상에 보여줄 거야."

오늘은 성공일기를 쓰는 것도 무척 즐거웠다. 쓸 거리가 무척 많았다.

• • •

마크와 약속이 잡혀 있었는데, 이번에는 아침 식사 약속이었다. 카를은 여느 때처럼 아주 반갑게 인사하고 나서 마크에게 어제 자신이 겪은 일을 털어놓았다. 그는 이야기를 이렇게 맺었다. "모든 일과 모든 사람을 의심했어요. 심지어 안나와 선생님도요. 급기야 정말로 '더는 못하겠다'라는 마음까지 들더라고요."

마크는 커다란 소리로 웃었다. 이해심이 담긴 웃음소리였다. "우리도 모두 겪은 일일세. 포기라는 유혹에 빠져본 적 없이 위대한 일을 해낸 사람을 나는 한 번도 본 적 없다네. 하지만 중요한 것은 포기하지 않는 거야. 많은 이들은 사랑을 저버리는 결정을 내리지. 자신의 열정을 저버리는 결정을 내리고, 자신의 두려움에 무릎을 꿇고 말아. 이런 일은 자의식에 관한 세 가지 질문에 대해 치열하게 고민하지 않아서 생기는 경우가 대부분이지. 내가 해낼 수 있을까? 나는 사랑받을 만한 사람인가? 나는 누구이고 어떤 사람인가? 이제 중요한 질문 하나를 해보겠네. 만일 어제 포기했더라면 지금 자네가 행복할 것 같은가?"

"물론 아니지요." 카를이 대답했다. "더는 애쓸 필요가 없어졌다고, 더 자유로워졌다고 자기합리화를 하고 있을 거예요. 하지만 분명히 저 자신에 대해 자랑스럽지도, 행복하지도 않을 거예요. 스스로를 멋지다고 느끼지도 않을 거고요. 오히려 저를 경멸할 것 같아요."

"그래서 내가 자네와 친구가 되자마자 이렇게 말했던 걸세. 건강한 자의식을 지녀야만 충만하고, 성공적이고, 행복한 삶을 살 수 있다고."

"기억나요. 그때는 제가 그 말을 듣고 과장이 너무 심하다고 생각했었어요."

마크는 진지한 얼굴로 나이 어린 친구를 바라보았다. "만일 어제 자네가 포기했더라면, 자네는 지금 거짓말쟁이가 되어 있을 거야."

"그건 좀 가혹한 것 같은데요?"

"전혀 가혹한 게 아니지. 자네는 미하엘과 내게 포기하지 않겠다고 약속했으니까. 약속을 지키지 않는 사람이 거짓말쟁이가 아니고 뭐겠나."

카를은 생각이 많은 얼굴로 마크를 바라보았다. "제가 경솔하게 약속을 한 건 아니지만, 거짓말쟁이라는 말은 좀 심하네요."

마크가 말했다. "중요한 문제는 이거야. 자네는 왜 그렇게 약속했나? 그건 자네에게 없었던 힘을 얻기 위해서였지. 이렇게 얻은 힘은 자네로 하여금 특정한 길을 걷게 만들었지. 그 길은 어제 자네를 위기로 이끌었고. 우리와 했던 약속은 자네에게 이정표나 다름없었어. 언제 어디서든 자네에게 '이쪽으로 가세요'라고 알려주는 이정표 노릇을 했지. 대부분의 사람들에게는 이런 도움이 필요해. 자네는 이 모든 과정을 거치고 가장 힘든 시간을 겪어내고 나서 자신의 힘에 대해 눈을 뜬 걸세."

"거짓말에 관한 이야기가 나와서 말인데," 잠시 후 마크가 이어서 이야기했다. "사람들이 스스로에게 '더는 못 하겠어'라고 말할 때, 이 말은 대부분 진실이 아니라네."

"그거야 뭐." 카를이 대답했다. "그 사람들에게는 진실이지요. 저도 어제 그런 생각이 들었거든요."

"진실이 아니라 거짓말일 수도 있어." 이윽고 마크가 요청했다. "오른팔을 최대한 높이 들어보게." 카를은 마크가 지시하는 대로 했다.

"좋아." 마크가 말했다. "이제 그 상태에서 팔을 3퍼센트 정도 더 위로 올려보게." 카를은 이 지시도 따를 수 있었다.

"이제 1퍼센트 더 높이." 카를은 이것도 실행할 수 있었다.

마크가 설명했다.

"학계의 연구 결과에 따르면 놀라운 사실 한 가지가 있어. 대부분의 사람들이 뭔가를 달성하기 위해 자신의 힘을 100퍼센트 기울였다고 여길 때, 사실은 그 수치가 40퍼센트에 불과하다는 거야. 사람들은 그 자리에서 자신이 두 배보다 더 많은 힘을 낼 수 있다는 사실을 의식하지 못하는 거지."

"좀 전에 제가 팔을 들었을 때 그 수치는 40퍼센트보다는 훨씬 높았어요. 몇 퍼센트 정도는 더 높이 올릴 수도 있었겠지요. 그건 저도 직접 봤고요. 하지만 그보다 100퍼센트 이상을 더 높이 올릴 수 있다고요? 제 팔이 그렇게 길지는 않은데요!"

"확신할 수 있나?" 마크가 물었다. "의자나 테이블 위에 올라가서 팔을 올릴 수도 있었을 텐데. 혹은 높은 계단에 올라갈 수도 있고. 하지만 자네는 '여기서 더는 안 돼. 지금 나로서는 이게 100퍼센트야'라고 생각했기 때문에 그렇게 하지 않았던 게지."

"여기에서 전달하시려는 교훈은 뭐지요?" 카를이 물었다.

"'난 해낼 수 없어.' 혹은 '난 부족한 사람이야'라는 말을 절대 자제하라는 걸세. 이런 말을 하면 자네의 '문제'에 초점을 맞추게 되니까. 이보다는 '어떻게 하면 해낼 수 있을까?'라고 스스로에게 물어보게. 그러면 자네의 이성이 해법을 찾아 나설 테니까. 그리고 자네는 수많은 해법을 찾게 될 거야."

카를은 잠시 생각에 잠겨 있다가 이렇게 물었다. "제가 지킬 수 있을지 확실치 않은 약속을 했던 건 바람직한 행동이었나요?"

"물론이지. 그 약속을 계기로 자네가 아주 특별한 길을 걸어왔으니 말이야. 자네에게는 선택권이 하나밖에 없었지. 거짓말쟁이가 되느냐 아니면 약속을 지키느냐. 지금 메시지를 하나 보내겠네."

> 당신에게 오직 '강인함'이라는 선택지 하나만 남을 때까지,
> 당신은 스스로가 얼마나 강한 사람인지 모른다.

카를은 이렇게 인상적인 글을 보내는 마크를 보고 미소를 지을 수밖에 없었다. 카를은 그가 보내주는 이런 글들을 매우 소중히 여겼다.

그때 웨이터가 아침 식사를 가져왔다. 둘은 언제나 그렇듯 별다른 말 없이 맛있게 음식을 먹었다.

◆ ◆ ◆

식사를 마친 후 카를은 마크에게 최근 여러 번 꾸었던 꿈에 관해 이야기했다. 그는 그 꿈을 상세하게 묘사하며 그것이 자신에게 전달하려는 메시지를 찾고 있다는 말도 했다.

마크는 카를의 말을 집중해서 듣고는 오랫동안 조용히 생각했다. 한참 후에 마크는 이렇게 말했다. "내 생각에 자네는 그 꿈이 전달하려는 메시지를 이미 알고 있어. 그 시커먼 나무는 독을 퍼뜨려 자네를 망가뜨리려고 해. 하지만 그 나무는 자네에게 아무런 해를 끼칠 수 없어. 그럴 힘이 없으니까. 그 나무가 할 수 있는 일은 자네가 스스로를 망가뜨리도록 유혹하는 것뿐이지.

카를은 생각에 잠긴 얼굴로 고개를 끄덕였다. 그리고 오늘 아침

보라색 노트에 기록되어 있던 문장을 떠올렸다. 그는 노트를 꺼내 그 문장을 소리 내어 읽었다. "우리가 어떤 문제를 자신의 영향력 밖에 있다고 여길 때에만, 그 문제가 진정한 문제가 된다."

"매우 좋은 표현이군." 마크가 칭찬했다.

"제가 쓴 건 아니에요."

"그거야 알고 있었지." 마크가 커다란 소리를 내며 유쾌하게 웃었다. "내 생각에 자네의 꿈이 전하고자 하는 것은 아주 중요한 진실이야. 즉, 그 누구도 자네에 관해 힘을 행사할 수 없다는 것. '나는 누구이고 어떤 사람인지'를 자네가 자각하고 있다면, 아무도 자네에 관해 힘을 휘두를 수 없다는 것."

카를은 마크에게 잠깐만 기다려달라고 하고는 메모를 했다.

내가 누구이고 어떤 사람인지 자각하고 있으면, 그 누구도 나에게 힘을 행사할 수 없다.

마크가 계속 말했다. "자네가 어떤 사람이고 싶은지 확실하게 결정해야 해. 시커먼 나무이고 싶은지, 아니면 밝은 나무이고 싶은지. 자네는 두려움과 의심이 가득한 사람이고 싶은가, 아니면 사랑과 열정이 가득한 사람이고 싶은가?

자의식의 핵심은 자신의 길을 선택하는 능력이야. 모든 것은 생각에서부터 시작되지. 사람들은 누구나 자신이 생각하는 그대로의 존재가 된다네. 원하든 원치 않든. 우리는 우리의 생각을 통해 스스로를 단련시키지. 그리고 남들이 우리 자신을 어떻게 대해야 할지 자신과 남들에게 알려주지. 자신을 부정적으로 생각하면 스스로를 소중하게 대하지 않아. 이는 남들에게도 우리를 소중하게 대할 필요가 없다고 가르쳐주는 것이나 다름없어."

카를은 돈 호세가 이와 비슷한 말을 했던 것을 기억했다. 그는 돈 호세가 했던 말을 인용했다. "자신을 사랑하고 존중하는 사람은 남들이 자신을 무례하고 모욕적으로 대하는 것을 허용하지 않는다."

"그렇지." 마크가 맞장구를 쳤다. "그리고 우리가 서로를 정말로 잘 알면, 서로를 사랑하게 되어 있어."

카를은 그 꿈을 찬찬히 되짚어보고 다시 말을 꺼냈다. "그 꿈이 전하려던 메시지를 알 것 같아요. 저는 시커먼 나무가 될 수도 있고, 밝은 나무가 될 수도 있어요. 제가 허용하지 않으면 아무도 저에 관해 힘을 행사할 수 없어요. 밝은 나무의 말에 더 많이 귀 기울일수록 그 나무처럼 되는 거지요."

"훌륭해." 마크가 카를을 칭찬했다. "그런데 해줄 이야기가 하나 있네. 우리가 꾸는 꿈에는 종류가 있어. 일반적인 꿈이 있고, 자각몽이라는 것이 있다네."

"자각몽이 뭔가요?" 카를이 물었다.

"스스로 꿈을 꾸고 있다는 사실을 자각한 채로 꾸는 꿈이지. 이러한 사실을 자각하는 상태로 꿈을 꾸면, 꿈의 진행에도 영향을 미칠 수 있어."

"제 꿈이 어떤 방향으로 진행될지 제가 정할 수 있다는 말씀이세요? 그런 생각은 한 번도 못 해봤어요."

"한번 시도해보게." 마크가 카를에게 조언해주었다. "단언할 수는 없지만 그러면 지금 자네가 상상하는 것보다 훨씬 많은 걸 이뤄낼 수도 있을 거야. 다음번에 똑같은 꿈을 꾸면 그 꿈을 바꿔보려고 시도해보게."

카를은 삶 속에 이처럼 여러 가지 가능성이 있다는 사실에 다시금 놀랐다. 자면서 꿈을 마음먹은 대로 바꾼다니……. 도대체 이런 걸 아는 사람이 어디에 있겠는가? 카를은 존경 어린 눈빛으로 마크를 바라보았다. 어쩜 이렇게 쿨하고 지혜로운 사람이 있을까!

각자의 집으로 돌아가기 전 마크가 이렇게 말했다. "지난 몇 달동안 자네는 아주 열심히 연습해 왔어. 자네의 노력에 경의를 표하고 싶어. 그 모든 연습에는 아주 중요한 의미가 하나 있었어. 결정적인 순간에 자네가 귀 기울여야 하는 나무의 말에 귀를 기울이는 것. 그 밝은 나무의 말에 귀를 기울이는 것.

많은 사람들은 이런 연습을 하지 않으려 해. 필요한 연습은 하지 않고 그저 기적이 일어나기를 기다리지. 반면에 연습하는 사람들은 한 가지 지혜, 즉 자신이 기적이 되어야 한다는 것을 알고 있는 사람들이지. 이제 사흘 앞으로 다가왔군. 사흘 후면 자네는 시범 공연 무대에 서게 될 거야. 마치 연습하는 것처럼 연기하면 돼. 긴장을 풀고 편안하게. 이로써 자네가 그 밝은 나무가 되는 거지."

카를은 내면의 소리에 귀를 기울여보곤 깜짝 놀랐다. 두려움이 전혀 느껴지지 않았다. 오히려 눈앞으로 다가온 이벤트가 기대되었다. 카를은 자신의 심경의 변화를 마크에게 알려주었다.

나이 지긋한 친구가 기뻐하며 말했다. "물론 우리 모두 자네를 응원하러 갈 걸세. 안나, 미하엘, 그리고 돈 호세까지 오겠다고 했어. 마침 유럽 각지를 돌아다니며 여행 중이라고 연락해 왔더군."

"다 잘될 거예요." 카를이 말했다. 이런 확신이 카를 스스로도 놀랍기만 했다. 그리고 이는 카를에게 평안함을 주었다. 마크는 작별 인사를 하며 카를을 따뜻하게 안아주었다.

몇 분 후, 카를은 마크로부터 또 하나의 메시지를 받았다. 마틴 루터 킹 2세의 말이 담긴 메시지였다.

> 날 수 없다면 달려라.
> 달릴 수 없다면 걸어라.
> 걸을 수 없다면 기어가라.
> 무엇을 하든 계속 앞으로 나아가라.

ICH
KANN
DAS

PART 3
난 해낼 수 있어

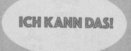

10

결정적인 순간

카를의 운명을 결정짓는 시범 공연 전날 밤, 카를은 또 그 꿈을 꾸었다. 하지만 이번에는 카를에게 '지금 나는 꿈을 꾸고 있어'라는 의식이 있었다. 그날 밤 꿈도 예전과 똑같이 시작되었다. 카를의 아버지는 카를을 시커먼 나무 쪽으로 보냈다. 그러자마자 그 무시무시하고 시커먼 나무가 카를을 자기 쪽으로 잡아당겼다.

하지만 이번에는 카를이 시커먼 나무 쪽으로 끌려가지 않으려 버텼다. 카를은 자신의 의도를 느꼈다. '나는 그 끔찍한 꿈을 또다시 꾸고 싶지 않아. 내가 이 꿈을 바꿀 수 있어.' 힘이 들긴 했지만, 버틸 만했다. 그는 있는 힘을 다해 밝은 나무 쪽을 쳐다보았다. 그리고 그 나무 아래에 서 있는 안나를 쳐다보았다. 카를의 저항에도 그 시커먼 나무는 카를을 조금씩 자기 쪽으로 끌고 갔다.

그때 한 가지 생각이 났다. 그는 새빨간 스웨터를 걸친 백발 노파에게 도움을 요청했다. 그러자 갑자기 일이 아주 쉽게 해결되었다. 노파가 카를의 손을 잡고 그를 밝은 나무 쪽으로 데려갔다. 나무의 모습이 변해 갔다. 처음에는 안나와 하나로 어우러지더니 친구들의 모습이 되었다가, 마지막에는 카를 자신으로 변했다.

그리고 나서 카를은 자기 자신인 밝은 나무가 점점 더 밝게 빛나는 꿈을 꾸었다. 마침내 나무는 마치 태양처럼 밝게 빛났다. 카를은 자신의 마음속에서 한없는 사랑을 느꼈다. 그는 이 광경을 즐겼고, 이 광경이 계속 이어지도록 숨죽이며 지켜보았다. 이 아름다운 순간을 온전히 의식하며 즐겼다.

그가 잠에서 깨어났다. 눈을 떠보니 안나가 자신을 지켜보고 있었다. "내가 자는 모습을 보고 있었나요?"

"자는 모습이 너무나도 행복해 보였어요. 마치 당신의 마음속이 환하게 빛나는 것처럼 보였어요. 너무나도 평온한 모습이었어요." 안나가 대답했다.

"사랑해요." 카를이 행복한 얼굴로 말했다.

"나 말고 연기하는 것도 사랑하지요?"

"이미 잘 알고 있을 텐데!"

"그렇다면 오늘 공연에 대해서 내가 염려할 건 없겠네요. 사랑은 빛나는 탁월함의 극단적 형태니까요."

"오, 나의 귀여운 철학자!"

"농담이 아니라 진지하게 말하는 거예요. 그 사람들에게 당신이 연기를 얼마나 사랑하는지 보여주세요. 당신은 그 누구도 감동시킬 필요가 없어요. 그냥 있는 그대로의 당신이면 돼요. 당신은 지금 그 자체로 더없이 탁월한 존재니까요. 누구에게도 아무것도 증명할 필요가 없어요. 내게도 마찬가지고요. 오늘 공연 결과와 상관없이 나는 당신을 사랑해요. 편하게 연습하듯이 연기해요. 그 사람들에게 당신이 얼마나 반짝반짝 빛나는 존재인지 보여주세요."

"강력한 허리케인처럼 무대를 휩쓸어버릴 테다." 카를은 기분이 매우 상기된 채 이렇게 소리치며 힘차게 침대 밖으로 나왔다. 그는 성큼성큼 욕실을 향해 뛰어가다가 갑자기 그 자리에 얼어붙은 듯 멈춰 서서 외쳤다. "내 무릎. 내 무릎!"

"통증이 더 심해졌나요?" 안나가 걱정스러운 얼굴로 물었다.

"아니, 통증이 절반으로 확 줄어들었어요. 믿을 수가 없네요. 방금 내가 뛰는 거 봤어요?"

그러고 나서 카를은 안나에게 어젯밤 꿈에 관해 이야기했다. 마크의 조언에 따랐더니 정말로 꿈의 흐름을 바꿀 수 있었다는 이야기였다. 마지막에 그는 이렇게 덧붙였다. "생각해보니 어젯밤 꿈에서는 내가 나무에서 떨어지지 않았네요. 그래서 무릎을 다치지도 않았고요."

"엄청 으스스한 이야기네요." 안나가 신기하다는 얼굴로 말했다.

"나도 어찌 설명할 수가 없네요. 어쨌든 오늘은 목발이 필요 없겠어요."

두 사람이 아침 식사를 하는 동안 마크가 보낸 메시지가 도착했다. 카를은 이미 이 메시지를 기다리고 있었다.

> 잠시 울고, 소리치고, 자신에 대해 의구심을 품어도 좋다.
> 단, 그러고 나서는 가던 길을 계속 가고, 당신이 정말로 원하는 일을 완수하라.

"바로 이대로 할 거야." 카를이 확신에 찬 얼굴로 고개를 끄덕였다. 그때 자신이 아침마다 반복하는 '의식'을 잊어버렸다는 사실이 떠올랐다. 그는 서둘러 거울 연습을 하고 나서 자신이 잘 해낸 일 몇 가지를 성공일기에 기록했다. 그는 오늘 같은 날 이 의식을 행하는 것이 특별히 중요하다는 것을 느꼈다. 이제 그는 안나와 함께 스튜디오를 향해 갔다.

◆ ◆ ◆

그의 대기실에는 깜짝 선물이 그를 기다리고 있었다. 스타 배우 리하르트가 앉아 있었던 것이다. 리하르트를 보자마자 카를은 미안한 마음이 들었다. "어쩌다 보니 이 역할이 저한테까지 왔어요.

이 상황에 대해 제가 먼저 양해를 구했어야 했는데 그러지 못했네요."

리하르트는 부드럽게 웃으며 이렇게 대답했다. "마음 쓰지 말아요. 내 컨디션도 조금 나아졌고. 오늘 내가 여기에 온 건 응원을 해주고 싶어서예요. 첫 번째 시범 공연이 얼마나 힘든지 잘 아니까.

지금껏 몇 년 동안 쉬지도 않고 이 배역 저 배역을 맡아 왔더라고요. 이제 내 몸과 마음에 휴식이 필요한 것 같아요. 그래서 나 대신 역할을 맡아줄 사람이 있으니 정말 다행이라는 생각이 들어요. 덕분에 내가 잠시 내려놓고 쉴 수 있으니. 적어도 1년 이상은 일을 놓고 그냥 지내보려 해요.

내가 진심으로 응원하고 있다는 거, 알려주고 싶었어요. 우리는 누구나 성공을 이룰 기회를 필요로 하지요. 그리고 그런 기회가 오면 꼭 붙들어야 해요. 투자자들이 내게 이 시범 공연을 보고 의견을 줄 수 있는지 요청했어요. 그래서 좋다고 했고요. 난 오늘 당신이 아주 잘 해내리라고 확신해요. 내가 함께 연습해봤으니 판단할 수 있는데, 당신은 아주 탁월해요. 나중에 공연 끝나고 힘차게 박수 칠 테니 마음 놓고 임하세요."

카를의 마음이 아주 편안해졌다. 그는 리하르트에게 자신을 안아줄 수 있냐고 물어보았다.

"당연하지요."

리하르트는 진심을 담아 카를을 꼭 안아준 후, 대기실 밖으로 나갔다. 혼자 남은 카를은 대기실 안을 이리저리 둘러보았다. 조금 있으면 메이크업 담당자가 올 시간이었다. 운명의 순간이 눈앞에 다가온 것이다.

카를은 조심스럽게 목소리를 내보았다. 여전히 목소리에는 힘이 없었지만, 연기에 지장을 줄 정도는 아니었다. 그러고 나서 그는 오른쪽 무릎을 눌러보았다. 아직 완전히 회복된 건 아니었지만, 연기에 지장을 줄 정도는 아니었다. 시간이 점점 다가왔다. 대사는 잊어버리지 않았겠지? 몇몇 대사를 머릿속으로 떠올려보았다. 대사 한 줄이 생각나지 않았다. "제기랄!"

그러자 긴장감이 일순간에 커졌고, 심장이 점점 더 빨리 뛰었다. 무슨 일이 있어도 그 대사를 생각해내야만 했다. 그는 당황해서 머리를 짜내보았지만, 도저히 기억나지 않았다. 그러자 긴장감이 조금씩 두려움으로 변해 갔다. 패닉이 그를 엄습했다. 그 시커먼 나무가 갑자기 그의 앞에 다시 모습을 드러냈다.

"내 앞에서 얼쩡거리지 말고 저리 꺼져." 그가 이렇게 소리쳤다.

"아, 우리가 괜히 왔나 보네." 대기실 문 쪽에서 익숙한 목소리가 들려왔다. 그가 모르는 사이에 누군가가 그를 찾아왔던 것이다. 목소리의 주인공은 미하엘이었다. 미하엘 뒤에는 돈 호세와 마크가 서 있었다.

"다른 데에다 한 말이에요." 당황한 카를이 더듬거리며 말했다.

미하엘이 마치 연극을 하듯이 주변을 두리번거리고는 이렇게

말했다. "에이, 솔직히 말해봐요. 여기 우리 말고는 아무도 안 보이는데요."

"내 두려움을 향해 말한 거였는데……."

"아니, 그 나쁜 놈들이 여기에 왔었어요? 농담이고, 이제 진지하게. 형, 뭐가 두려운 거예요?" 미하엘이 물었다.

"두려움이 몰려오면 모든 게 먹구름처럼 깜깜해지고, 옴짝달싹할 수조차 없어. 나도 내가 뭘 두려워하는지 잘 모르겠어. 어쩌면 무대에서 대사를 잊어버릴 수 있다는 걸지도 모르지. 조금 전에도 중요한 대사 한 줄이 생각나지 않아서……."

"그러면 어울리는 대사를 지어내요." 미하엘이 말했다. "저 밖에 와 있는 아저씨를 봤는데, 돈을 굴리느라 바쁜 사람들이라서 분명히 대본은 1도 모를 거예요. 아주 친절하게 보이는 아저씨도 있던걸요. 그냥 쿨하게 넘겨요."

미하엘은 이렇게 말해놓고 카를의 표정을 면밀히 살폈다. 자신의 말이 카를에게 제대로 가닿았는지 살폈다. 그러고는 아직 충분치 않다고 판단했는지 이렇게 덧붙였다. "형, 형은 정말 최고예요. 완전 대박. 톱 클래스예요!"

마크도 미하엘의 말에 힘을 실어주었다. "자네는 배역을 완벽하게 파악하고 있지 않나. 단어 하나하나가 중요한 게 아니지. 그냥 배역에 몰입하게. 최선을 다해서. 그러면 관객들 한 사람 한 사람에게 확신을 줄 수 있을 거야."

"그래도 어떤 일이 생길지 알 수 없어요." 카를이 고집을 꺾지 않았다. "도기도 벼르고 있을 거고……."

돈 호세가 카를에게 두세 발자국 가까이 다가가 말했다. "무슨 일이 생길지 결정하는 사람은 바로 자네야. 다른 누군가도, 어떤 상황도 아니고. 무슨 일이 생기든 그것에 어떻게 응답할지 결정하는 건 다름 아닌 자네 자신이야."

"이런 상황 자체가 저한테 생소해요. 너무 많은 것이 걸려 있어요."

"상황을 통제할 수 있는 사람은 어디에도 없어." 돈 호세가 말했다. "생소한 상황이든, 익숙한 상황이든……. 우리 각자가 정말로 통제할 수 있는 건 자신의 사고방식뿐이야. 어떤 나무의 소리에 귀 기울일지 결정하는 건 바로 자네야. 밝은 나무의 소리에 귀를 기울이고 멋진 배우로 변신해보게. 자네에게 내재하는 스타성을 발현해보라고."

"왜 이렇게 불안하고 두려운지 모르겠어요. 어제저녁만 해도 아주 좋았어요. 오늘 아침에도요. 드디어 두려움에서 벗어났다고 생각했어요." 카를이 어쩔 줄 몰라 했다.

"심리학자들은 이런 증상을 '승자의 망설임'이라고 칭한다네." 마크가 설명했다. "이 배후에는 '승자가 되는 건 내게 어울리지 않아'라는 생각이 숨어 있지."

돈 호세가 설명했다. "즉, 승리를 눈앞에 둔 사람을 넘어뜨리려

고 시커먼 나무가 또다시 최고의 기량을 부린다는 뜻이지. 지극히 자주 있는 일이야. 시커먼 나무가 패닉 상태에 빠졌다는 걸 나타낼 뿐이지. 엄밀히 보면 시커먼 나무는 이미 자신이 패배했다는 걸 간파하고 있어. 자네를 멋대로 휘두를 힘이 없어졌다는 걸 알면서도 최후의 발악을 해보는 거지. 이제 그 꼬임에 넘어가지만 않으면 돼."

이런 말을 듣고서도 카를은 의기소침했다. 그때 미하엘이 마크와 돈 호세에게 말했다. "이 형하고는 조금 특이한 방식으로 말해야 잘 통해요. 잠깐 둘이서만 이야기해볼게요."

멕시코 인디언 현자, 돈 호세와 마크는 카를을 꼭 안아주고 힘을 내라는 말을 하고는 대기실 밖으로 나갔다. 미하엘은 대기실 문을 닫고 의자에 털썩 주저앉았다. 갑자기 그가 매우 약해 보였다. 미하엘은 단도직입적으로 말했다.

"나는 곧 죽을 거예요."

"말도 안 돼. 너는 나보다 더 오래 살 거야." 카를이 미하엘을 건성으로 달래려 했다. 하지만 미하엘의 안색을 제대로 보고 소스라치게 놀랐다. 그 어린 소년은 병색이 완연했다.

"나에 관해 의사들이 하는 이야기를 들었어요. 곧 저세상으로 갈 거라고 했어요."

"의사라고 다 아는 건 아니야……."

"형, 나는 곧 죽어요. 그래도 괜찮아요. 그러면 우주에서 가장 유명한 팀에서 축구를 할 거니까요. 형도 알잖아요. 그 트레이너가 나를 기다린다는 거."

카를은 미하엘이 지금 자신에게 무슨 말을 하려는 건지 짐작할 수가 없었다.

미하엘이 말을 이었다. "하지만 형의 멋진 무대, 그건 꼭 볼 거예요. 의사들은 내가 오늘 여기 오는 걸 반대했어요. 그 사람들은 몰라요. 형한테 내가 필요하다는 걸. 그래서 내가 여기에 온 건데."

"노력해볼게."

"맙소사, 지금 뭔 이상한 말을 해요? 나는 형이 전력을 다하길 원해요. 노력해보겠다고요? 우리 할아버지도 그렇게 맥없이 말하지 않아요. 형은 톱 클래스라고요. 이제 나가서 내게 그걸 보여줘요."

카를은 소년을 꼭 안아주고 무대를 향해 나갔다. 가는 길에 도기와 마주쳤다. 도기는 카를과 마주치기를 기다리고 있었던 것이다. 키 작고 턱수염이 텁수룩한 도기가 종이 몇 장을 공중에서 흔들어댔다.

"알아보니 투자자들이 대본을 갖고 있지 않더구만. 그러면 네가 대사를 잊어버리더라도 그 사람들로서는 알아챌 도리가 없지. 그래서 내가 얼른 대본을 복사해서 나눠줬다니까."

카를은 도기의 옆을 서둘러 지나가려 했다. 도기가 나지막한 소리로 이렇게 쏘아붙였다. "너는 대사를 잊어버릴 거야. 아주 끔찍한 일이지……."

도기가 카를을 뒤쫓아 오며 계속 쏘아댔다. "이 자리에서 어물쩍 뭉개고 넘어갈 수 있을 줄 알았겠지. 꿈도 꾸지 마! 이제 넌 끝장이야! 이 비겁한 겁쟁이! 루저! 네가 대사를 잊어버리는 순간 모든 사람들이 알아챌 테니."

"정말 역겨운 인간이야." 카를이 혼잣말했다. "나는 대사를 잊어버리지 않을 거야."

그 순간 카를은 자신이 스스로에게 무슨 말을 했는지 알아챘다. '대사를 잊어버리지 않을 거야…….' 이렇게 대사에 얽매여 있으면 정말로 대사를 잊어버릴 수도 있을 것 같아서 그는 얼른 이렇게 고쳐 말했다. "나는 나를 보러 온 관객들을 매료시킬 거야."

그러고 나서 카를은 뒤로 돌아 도기의 눈을 똑바로 노려보았다. "넌 나한테 해를 끼칠 수 없어. 넌 나를 더 강하게 만들어주는 존재야. 그래, 바로 그거야. 네가 그런 말을 할수록 나는 더 강해지고 정신이 번쩍 들어. 이제 곧 원수랑 싸우는 장면을 연기할 때 난 머릿속으로 네 얼굴을 떠올릴 거야. 그러면 아주 실감 나게 연기할 수 있을 테니까."

도기가 낙담한 표정으로 고개를 떨구었다. 카를은 이제 도기가 더 이상 해코지를 하지 않으리라는 걸 느꼈다. 카를은 당당한 걸음으로 홀 안으로 들어갔다.

홀 안에서 그는 우선 투자자들을 소개받았다. 투자팀은 모두 여덟 명으로, 스타일이 제각기 다른 사람들이었다. 그중 한 명은 첫눈에 카를의 마음에 들었다. 나이가 지긋해 보이는 품격 있는 남성이 친절하게 자신을 소개했다. "골트슈타인이요. 오늘 공연, 기대가 큽니다."

'저 사람은 돈도 많고 행복해 보이네.' 카를이 생각했다. 그리고는 골트슈타인 곁에 앉아 있는 열두 살 정도인 듯한 소녀를 보고 무슨 영문일까 궁금해졌다.

골트슈타인은 카를의 눈길을 알아채고 이렇게 설명했다. "이쪽은 키라, 내 좋은 친구지요. 내 반려견을 돌봐주는 친구인데, 직관이 아주 뛰어나요. 오늘 공연을 함께 보고 당신의 연기가 아이들에게도 반응이 좋을지 내게 알려주기로 했다오."

소녀는 상냥한 얼굴로 고개를 끄덕였다. 카를에게 좋은 생각이 떠올랐다. 카를이 키라에게 말했다. "안녕, 키라. 실은 내 친구 한 명이 이곳에 와 있어. 이름은 미하엘이고 열두 살. 그런데 미하엘에게는 치료할 수 없는 종양이 있어. 원래는 병원 밖으로 나오면 안 되는데, 내 공연을 꼭 보겠다며 무리해서 와 있어. 혹시 네가 내 친구의 상태를 지켜봐주겠니?"

"제가 지켜볼게요." 소녀가 약속했다. 소녀는 아주 상냥했다. "제가 그 친구 옆에 앉아 있을 테니 아무 염려 마세요."

• • •

이제 운명의 순간이 다가왔다. 모든 것이 걸려 있는 중요한 순간. 카를은 무대에 올라 서슴없이 첫 장면을 연기하기 시작했다. 처음에는 다소 안정감이 덜했지만, 시간이 지나면서 점차 안나와 미하엘만을 위해 편안하게 연기했다. 홀 조명이 어두워서 두 사람의 표정을 전혀 알아볼 수 없었지만, 몇 번이고 소리 없이 응원하듯 고개를 끄덕이는 두 사람의 모습이 그의 눈에 들어왔다.

카를은 첫 장면을 마치고 관객들의 반응을 기다렸다. 골트슈타인이 말했다. "나는 굉장히 마음에 들었어요. 연기를 좀 더 보고 결정합시다." 다른 투자자들도 카를의 연기를 긍정적으로 평가하는 말을 차분하게 몇 마디씩 해주었다.

이제 자신 본연의 모습을 보여줄 시간이다. 카를은 느낌이 매우 다른 여러 장면을 연달아 연기했다. 때로는 혼자서, 때로는 동료 배우와 함께. 시간이 갈수록 그는 점점 자신감을 얻어 갔다.

• • •

그때 갑자기 관객석에서 소란스러운 소리가 들렸다. 카를은 이 갑작스러운 분주함이 어디에서 시작된 것인지 파악할 수 없었다.

"그 소년이 쓰러졌어요." 한 사람의 목소리가 홀 전체에 울렸다.

카를은 이미 시작한 대사를 맺지 못하고 그 자리에 멈추어버렸다. 어떤 상황이 생기더라도 연기를 계속해야 한다고 배우긴 했지만, 자신의 어린 친구의 상태가 좋지 않은 경우는 달랐다.

누군가가 홀의 조명을 완전히 켰다. 이제 카를은 상황을 한눈에 볼 수 있었다. 미하엘은 의자 위에 힘없이 축 처져 있었다. 하지만 의식은 있었다. 키라가 미하엘의 뺨을 쓰다듬어주고 차분하게 말을 건네고 있었다.

마크와 의사 한 명, 간호사 두 명이 미하엘을 향해 뛰어갔다. 나중에 들은 이야기에 따르면, 마크가 만일의 경우를 대비해 의료진과 구급차를 대기시켜놓았던 것이었다.

의사는 미하엘을 세밀하게 진찰했다. 모두 이 광경을 숨죽이고 지켜보았다. 상당한 시간이 지난 후 의사는 혼잣말을 하고 이렇게 말했다. "단순한 기절입니다. 오늘 아침에 너무 흥분해서 아무것도 먹지 않았어요. 완전히 저혈당 상태입니다. 정맥으로 포도당을 주사했으니 곧 힘이 날 겁니다."

의사의 말에 모두 안심하고 한숨을 돌렸다.

의사가 계속 말했다. "하지만 이제 미하엘을 다시 병원으로 데려가는 편이 좋겠어요. 절대 안정이 필요합니다." 의사는 예방 차원에서 한마디를 덧붙였다. "당분간 면회는 자제해주세요. 미하엘은 몇 시간 동안 혼자 조용히 쉬어야 하니까요."

소년은 다소 저항했지만, 간호사들이 그를 들것에 실어 출구 쪽

으로 옮겨 갔다.

그때 미하엘이 희미한 목소리로 카를을 불렀다. "카를, 형한테 중요한 할 말이 있어."

카를이 미하엘에게 달려갔다. 그는 들것 옆에 서서 미하엘의 손을 잡았다. 카를은 미하엘을 위해 아무것도 해줄 수 없는 자신이 무력하게 느껴져 이렇게만 말했다. "뭐 좀 먹고 오지 그랬어."

"오늘 형 혼자만 긴장한 줄 알아?" 미하엘이 희미하게 미소 지었다.

그러고 나서 그는 의사를 가리키며 이렇게 말했다. "저 사람들은 나를 가지고 자기들 멋대로 해요. 하지만 난 형이 연기하는 걸 꼭 보고 싶은데. 공연 모습을 동영상에 담아서 나중에 나한테 보내줄 수 있어요?"

"나한테 한 가지 좋은 생각이 있어." 갑자기 뒤쪽에서 키라의 목소리가 들려왔다. "내가 라이브로 스트리밍하면, 네가 카를이 연기하는 걸 핸드폰으로 전부 다 볼 수 있어."

"완전 좋은 생각이야." 미하엘이 환해진 얼굴로 말했다. 그가 키라를 쳐다보며 말했다. "너 정말 최고다. 고마워!"

미하엘은 호주머니에서 핸드폰을 꺼내 이렇게 말했다. "자, 난 준비되었어. 형, 조금 전 연기 정말 멋졌어요. 그리고 이제는 더 멋지게 할 거예요. 그건 확실히 알아요."

카를은 미하엘을 잃게 될까 봐 두려웠다. 미하엘은 카를의 마음을 읽었다. "형, 마스터 요다가 했던 말 기억나요? '두려움은 어두운 쪽으로 향하는 길이다'라는 말이요. 형, 지금 이 고비를 잘 통과해야 해요. 난 형이 위너가 되는 걸 보고 싶어요. 나한테는 그게 제일 중요해요. 내 기대를 저버리지 말아요."

미하엘은 자신의 핸드폰 화면을 이것저것 터치하더니 이렇게 말했다. "이제 무대에 올라 공연을 계속하세요."

카를은 이 열두 살짜리 소년이 품고 있는 힘을 다시금 느꼈다. 정말 놀라운 아이였다. 이런 상황에서도 소년은 카를만을 생각하고 있었다.

그리고 카를은 미하엘과 마크가 보내주었던 메시지에 담긴 힘을 느꼈다. 그 글들을 읽을 때마다 카를은 새로운 의미를 깨우쳤다. 한 가지 교훈을 습득했다고 느끼기가 무섭게 새로운 차원에서 다시 한번 그 지혜와 마주치곤 했다.

간호사들이 미하엘을 구급차 안에 실었다. 그는 힘없이 카를에게 손을 흔들고 이렇게 말했다.

"포스가 그대와 함께하기를, 카를."

"그리고 그대와도 함께하기를, 현명한 요다여."

◆ ◆ ◆

구급차가 출발했고, 키라는 라이브 스트리밍을 준비하기 위해

다시 홀 안으로 들어갔다. 이제 카를 혼자 주차장에 우두커니 서 있었다. 갑자기 속이 심하게 메스꺼워 구토를 했다.

그러고 나서 카를은 그냥 어디론가 사라지고 싶다는 충동을 강하게 느꼈다. 어찌 되었든 이 자리를 떠나고만 싶었다. 미하엘에게로 가볼까?

소년에 대한 염려가 점점 더 커졌다. 카를은 지금 당장 미하엘에게 달려가고 싶었다.

물론 그것이 아무 소용없다는 사실을 알고 있었다. 미하엘에게 무엇보다도 필요한 건 절대 안정이라고 의사가 말했다. 의사의 처방을 존중해야만 했다. 그리고 미하엘은 지금 적절한 관리를 받고 있었다.

하지만 이런 상황에서 무대에 올라 계속 연기하는 것은 올바른 일이라고 여겨지지 않았다. 어쩐지 경솔하고, 의미 없는 행동이라 느껴졌다. 병이 위중한 친구의 상태가 좋지 않은데도 배역을 맡으려고 무대에 오를 수는 없었다.

도망쳐버리고 싶은 충동은 점점 커져만 갔다.

이런 내면을 정확히 의식하지 못한 가운데 그는 서서히 스튜디오를 벗어나고 있었다. 그때 등 뒤에서 누군가가 그를 불렀다.

"너는 도망칠 권리가 없어!"

단 한 번도 들어본 적 없는 목소리였지만 이 말을 듣자마자 누구의 목소리인지 확실히 알았다. 어떻게 알았는지는 카를 자신도 설명하기가 힘들었다. 그럼에도 불구하고 그는 뒤를 돌아 목소리의 주인을 확인했다. 그리고는 소스라치게 놀랐다. 그것은 꿈속에 몇 번이나 나타났던 백발 노파였다. 노파는 이번에도 그 새빨간 스웨터를 걸치고 있었다. 노파가 다시 한번 말했다. "너는 도망칠 권리가 없어."

"도망치는 게 아니에요. 그저 올바른 행동을 하려는 것뿐이라고요. 이런 상황에서 어떻게 연기를 하겠어요?" 카를이 대답했다. "미하엘의 상태가 좋지 않은데, 그 와중에 제가 가상의 장면들을 연기하는 것 자체에 회의가 들었어요."

"가상의 장면들을 연기하려고 배우가 되겠다는 거였잖아. 여러 인물의 감정을 표현해내려고. 그리고 이야기가 나왔으니 말인데, 너는 그 일을 아주 잘하더라."

노파는 이렇게 말하고는 혼자서 킥킥거리며 웃었다.

"하지만 지금은 여러 감정을 표현하고 싶지 않아요. 그냥 조용히 미하엘 생각만 하고 싶어요."

노파가 카를에게로 좀 더 가까이 다가와서는 매우 집요하게 말했다. "지금 너에게는 미하엘을 도와줄 방도가 없어. 하지만 네가 연기를 하면, 미하엘이 아주 기뻐할 거야. 그런데 네가 도망쳐버리면 미하엘은 한없이 실망할 거야. 도망치는 사람은 결코 세상에 도움이 될 수 없어."

"도망치는 게 아니라니까요."

"아니, 그건 도망치는 거야. 내 말에 대답해봐. 네게 도망칠 권리가 있다고 생각하니? 너의 외모와 재능, 건강, 그리고 지금 너에게 주어진 이 기회를 간절히 원하는 사람들이 이 세상에는 너무나도 많아. 자기 연민에 눈이 멀어서 너한테 주어진 기회 따위는 눈에 보이지도 않나 보지?"

"하지만 이러다가 미하엘한테 무슨 일이라도 생기면 어떡해요?" 카를이 물었다.

노파는 카를을 한참 바라보았다. "너 정말 고집이 세구나, 그렇지 않니? 그 두려움 뒤에 숨지 마. 무슨 일이 생기면 그냥 생기는 거지. 그건 네가 좌우할 수 있는 게 아니야. 하지만 지금 미하엘을 기쁘게 하는 건 너한테 달려 있어. 널 믿어주는 사람들도 그렇고, 나도 그렇고, 넌 우릴 기쁘게 해줄 수 있어. 지난 몇 달 동안 나도 너 때문에 정말 힘들었단다."

"저 때문에 뭐가 힘드셨다는 거예요?"

"글쎄, 나는 널 조금이라도 도와주려고 했지. 넌 재능이 아주 많아. 연기하는 걸 무엇보다도 좋아하고. 하지만 너는 너의 열정에 귀를 기울이지 않을 때가 자주 있어. 특히 두려운 마음이 커지면 그렇지. 이걸 명심하렴. '사랑은 두려움보다 강하다'는 것, 이것이 멋진 일을 해내기 위해 꼭 필요한 진정한 비밀이란다."

카를은 잠시 뭔가를 생각하더니 이렇게 물었다. "그런데 대체 누구세요?"

"이미 알고 있잖니. 적어도 내가 누구인지 예감은 있을 거야. 나는 너를 '밝은 나무'로 데려가는 사람이야. 나는 너의 일부야. 나는 네가 모든 것을 준비해놓고도 해낼 수 없다고 생각할 때 나타나지.

나는 너의 일부야. '난 해낼 수 있어'라고 확신하는 너의 일부야.

너는 어떻게 그렇게 확신할 수 있느냐고 자문하지. 너의 삶 전체가 너를 이 순간으로 이끌었어. 너는 지난 몇 달 동안 정말 치열하게 연습해 왔지. 그렇게 연습한 결과 이제는 최선을 다할 수 있게 되었고, '난 해낼 수 있다'는 걸 확신하게 되었지."

카를은 자기 앞에 있는 노파를 주의 깊게 관찰했다. 그 노파는 제정신이 아니거나, 일종의 '환상'에 사로잡혀 있거나 둘 중 하나였다.

약간 비현실적인 말처럼 들리겠지만, 그 노파에겐 그림자가 없었다. 카를의 일부라고? 카를에게는 그렇게 생각되지 않았다.

그는 그 노파가 자신에게 선의를 지니고 있다는 것을 느꼈다. 그리고 자신이 그 노파의 말에 귀 기울이는 것이 현명한 행동일 거라고 느꼈다. 그래서 그는 노파에게 물었다. "제가 지금 뭘 해야 할까요?"

"너는 배우니까 배우답게 행동해야지. 무대 위 카메라 앞에서뿐만 아니라 네 삶 속의 감독이자 배우로 행동하렴. 세상이 너에게 보내준 기회잖아. 이제 무대로 돌아가서 네 친구들과 세상에게, 그리고 무엇보다도 너 자신에게 '나는 톱 클래스야'라고 당당하게 보여주렴.

정말로 위대한 배우는 그럴 기분이 아닐 때도 최고의 기량을 발휘한단다. 이제 돌아가서 연기하렴."

"아직 시간이 좀 필요해요." 카를이 심드렁하게 대답했다.

"이만큼 이야기했으면 충분하지. 더는 시간이 없어. 적어도 꿈 속에서 만나거나 보라색 노트로 소통할 시간은 없지. 이만하면 충분해. 이제 사람들에게 네가 얼마나 멋진 사람인지 보여주고 와."

노파는 킥킥거리며 이렇게 말하고는 자동차들 사이로 쏜살같이 사라졌다.

• • •

카를은 홀을 향해 발길을 되돌렸다. 카를은 그 자리에 있던 모든 사람들에게 5분 정도 정신을 가다듬은 뒤 돌아와 공연을 계속하겠다고 알렸다. 그는 사람들이 자신을 5분 정도 더 기다려주는 것이 아주 당연한 일인 듯 당당하게 공지했다.

그에게는 숨을 고를 시간이 필요했고, 사람들 모두 이를 흔쾌히 양해했다.

카를은 서둘러 대기실로 가서 거울 연습을 했다. 이 연습을 하면서 그는 지금까지 한 번도 느끼지 못했던 자의식과 확신을 가졌다.

그는 거울 앞에서 자신과의 대화를 이렇게 마무리했다. "카를, 너는 정말로 훌륭해. 나는 너를 사랑해. 이제 밖으로 나가서 네 인생 최고의 순간을 만끽해."

그는 다시 무대 위에 올라 초유의 연기를 보여주었다. 그는 자신이 연기하는 장면에 완전히 몰입해 하나가 되었다.

관객들은 수시로 그에게 박수를 보냈다. 처음에는 박수가 여기저기서 산발적으로 튀어나오더니, 시간이 흐를수록 점점 우레와 같은 갈채로 변해 갔다.

카를도 점점 변해 갔다. 그는 시간도 공간도 의식하지 않는 무아지경에 이르렀다. 그는 자신의 배역, 동료 배우들, 그리고 관객들과 하나가 되었다. 그의 연기는 지켜보는 이들을 빠짐없이 사로잡았다.

혼신을 힘을 다한 그의 연기에 부흥하듯, 각 신의 동료 배우들도 각자의 기량을 뛰어넘었다. 그가 모두를 이끌어 갔다. 그들이 무대 위에서 선보인 것은 지극히 위대한 예술이었다. 모든 이들이 하나같이 이를 느꼈다.

마침내 마지막 장면을 연기할 차례였다. 마지막 장면은 상당히 길고 까다로운 독백으로 이루어져 있었다. 카를이 의도적으로 선별한 부분이었다. 카를이 이 장면을 선택한 이유는 대본 전체에서 가장 연기하기 어려운 장면이었기 때문이었다.

독백은 한 사람의 변신을 묘사했다. 독백이 진행되면서 등장인물의 신체적인 특징도 변해야 했다. 목소리와 표정이 바뀌었고, 관객들이 지켜보는 가운에 완전히 다른 새로운 인물이 모습을 드러냈다. 변신은 서서히 실감 나게 진행되었다. 무척 매력적인 장면이었다. 관객들 모두가 카를의 입술을 주시했다. 그의 연기는 완벽했다.

이제 독백이 끝이 났고, 숨소리조차 들리지 않는 정적이 홀 안에 가득했다.

갑자기 누군가 명령이라도 내린 듯 모든 관객들이 동시에 자리에서 일어났고, 우레와 같은 박수갈채가 쏟아졌다. 안나, 마크, 돈 호세, 투자자들, 키라, 안톤, 구스타포, 영화 스태프들 모두가 환호하며 박수를 쳤다.

카를은 양손을 왼쪽 가슴 위에 올리고 고개를 숙였다. 지금까지 한 번도 느끼지 못했던 행복감이 그의 몸과 마음을 가득 채웠다. 카를은 이미 안나, 그리고 친구들과 함께 많은 행복한 순간들을 만끽해 왔다. 하지만 지금 이 자리에서 그가 느끼는 행복감은 그것과는 달랐다. 조금 전 그는 자신의 재능을 세상을 향해 드러냈다. 자신의 재능에 형상을 부여한 것이다. 공연 전까지만 해도 그의 내면에 숨겨져 있던 것이 이제 세상 밖으로 나온 것이다. 그리고 세상은 이를 기뻐하고 반겨주었다.

그는 오랜 시간 열심히 연습했고, 이 연습이 그에게 '몰입'이라는 유일무이한 체험을 선물해주었다.

그렇다. 그것은 수많은 연습의 결과였다. 하지만 그것은 무엇보다도 모두가 한 팀이 되어 이루어낸 결과였다. 안나, 마크, 미하엘, 돈 호세, 안톤, 구스타포가 없었더라면 그는 이 결과를 이루어내지 못했을 것이다.

카를은 자부심 가득한 얼굴로 관객들에게 일일이 고개 숙여 인사하며 감사를 표했다. 어느새 관객들이 보내는 박수갈채가 하나의 리듬이 되어 끝날 줄 모르고 계속되었다.

카를은 마음속으로 노파를 떠올리며 부드럽게 미소 지었다. "그 할머니한테도 고맙다고 해야 하는데."

그때 키라가 무대 위로 뛰어 올라왔다. 키라는 핸드폰을 든 손을 높이 치켜들고 있었다. 핸드폰 화면에는 메시지가 떠 있었다. 바로 미하엘이 보낸 메시지였다.

> 나 전부 다 봤어요.
> 대박, 형, 완전 멋지던데요!
> 한마디로 최고였어요!!!
> 나는 형이 정말로 자랑스러워요.

고마워, 나의 친구. 카를이 얼른 답장을 보냈다.

안나가 뛰어와 그의 양팔에 힘차게 안겼다. "사랑해요." 그녀가 이렇게 속삭였다. "그리고 무엇보다도 당신의 꿈이 이루어져서 너무 기뻐요.”

마크도 기쁨이 가득한 얼굴로 카를을 꽉 껴안고 진심으로 칭찬해주었다. “인생에서 이렇게 완벽한 순간은 흔치 않아. 나는 이 멋진 순간을 죽을 때까지 잊지 못할 걸세. 고맙네!”

“감사합니다. 저를 위해 정말 많은 걸 해주셨어요.” 카를은 너무 행복해서 마음이 터질 것만 같았다.

안톤 감독과 촬영 스태프들이 몰려와 신이 나서 카를의 등과 양쪽 어깨를 힘차게 두드렸다. ‘브라보’를 외치는 소리가 오랫동안 멈추지 않았다.

그 후 골트슈타인이 그에게 다가왔다. “원래는 시범 공연 후에 우리끼리 충분히 논의할 계획이었습니다. 하지만 공동투자자들의 표정을 보니 논의할 필요가 없을 것 같네요. 이렇게 멋진 연기를 직접 볼 수 있다니 제가 정말 큰 특권을 누렸습니다. 당신에게는 탁월한 재능이 있습니다.”

카를이 그의 말 도중에 끼어들었다. “촬영장에서는 다들 서로 편하게 이름을 부릅니다. 제 이름은 카를입니다.”

투자자 골트슈타인이 미소를 지었다. “내 이름은 발터요. 이런 영광스러운 자리에 함께할 수 있어서 기뻐요.”

발터 골트슈타인은 잠시 말을 멈추었다가 계속 이야기했다. “아주 중요한 이야기를 하나 덧붙이고 싶군요. 그 어린 친구의 건강 상태가 좋지 않다는 걸 우리 모두 보았지요. 그리고 우리는 이 때문에 카를이 무척 마음 아파하는 것도 함께 보았지요. 그런 상황에서 계속 연기할 수 있었다는 것, 놀랄 만큼 멋지게 계속 연기할 수 있었다는 건 정말 대단한 일이지요.

사업가의 입장에서 말하자면, 우리는 펀드에 투자한 사람들의 돈이 적절한 곳에 투입되는지 확인해야만 했소. 그리고 이 부분은 완전히 명확해졌고. 한 개인의 입장에서 말하자면, 카를이 그 어린 친구에게 이보다 더 큰 기쁨을 선사해줄 수는 없었을 거요. 그건 내가 보장할 수 있소. 카를은 오늘 자신의 한계를 뛰어넘어 최고의 공연을 보여주었어요. 축하해요! 여기 우리 측에서 사전에 작성해둔 계약서를 가져왔으니, 천천히 살펴보고 다시 연락합시다."

...

카를은 이 모든 일들이 정말로 즐거웠지만, 서둘러 자리를 뜨려 했다. 그는 최대한 빨리 미하엘이 입원해 있는 병원으로 가고 싶었다. 안나와 마크도 함께 가겠다고 했다.

마크가 운전을 하고, 안나와 카를은 뒷좌석에서 서로 손을 꼭 붙들고 앉아 있었다. 세 사람 모두 말이 별로 없었다. 다들 한편으로는 조금 전에 만끽했던 행복감에 젖어 있었고, 다른 한편으로는 미하엘이 걱정되었다. 그때 카를은 발터에게서 건네받은 계약서가 생각났다. 난생처음 주연 배우로 계약 제의를 받은 것이었다.

계약서는 여러 장이었다. 카를은 계약서를 집중해서 읽을 수 없었다. 하지만 그때 그의 시선이 출연료를 적은 숫자에 꽂혔다.

카를은 믿기 힘들다는 얼굴로 소리쳤다. "말도 안 돼. 믿을 수가 없어. 이건 내가 몇 년을 일해도 벌기 힘든 돈이야."

마크가 말했다. "우리는 누구나 받을 만큼의 돈을 받게 되어 있다네. 이제 스스로에게 부자가 되어도 좋다고 허락해주게. 스스로에게 톱 클래스 배우가 되는 것을 허락한 것처럼."

"이제 와서 하는 말이지만, 자의식을 높이려 애쓰는 건 정말로 해볼 만한 가치가 있네요." 단, 그가 이런 말을 한 이유는 앞으로 그가 벌게 될 많은 돈 때문만은 아니었다.

11

의식

카를과 안나, 마크는 병원에 도착했다. 그들은 미하엘의 병실을 향해 있는 힘을 다해 달려갔다. 병실 복도에서 미하엘의 담당 간호사와 마주쳤다. 그들은 순간적으로 뭔가 상황이 심상치 않다는 것을 직감했다. 뭔가 아주 심각한 일이 일어난 것 같았다.

간호사의 눈에 눈물이 맺혀 있었다. 간호사들이 눈물을 흘리는 것은 흔치 않은 일이다. 간호사가 양팔을 들어 세 사람의 발길을 멈추게 했다.

"미하엘이…… 우리에게서 떠나갔어요."

이 문장은 세 사람의 머릿속에서 겉돌았다. 그 말을 이해하기까지는 시간이 걸렸다. 미하엘이 세상을 떠났다. 이제 더 이상 이곳에 없다. 이제는 그의 말소리를 들을 수 없을 것이고, 그의 웃음소리를 들을 수 없을 것이다. 세 사람은 한참 동안 간호사 앞에 미동도 하지 않고 서 있었다. 그들 모두가 미하엘과 저마다 특별한 관계가 있었다.

카를의 머리는 이를 받아들이지 않으려는 것 같았다. '그냥 해피엔드로 끝날 수는 없어? 인생이라는 대본을 쓰는 멍청이는 어디서 뭘 하고 있는 거야?' 카를의 머리는 이 일을 이해할 수도 없었고, 이해하려 들지도 않았다. 마음도 천근만근 무겁게 느껴졌다.

안나는 카를의 가슴에 머리를 기대고 소리 죽여 울었다. 카를은 자기 말고도 괴로워하는 사람이 더 있다는 걸 인식하고는 안나를 조심스럽게 안아주었다.

간호사는 이들의 슬픔을 공감하면서 오랫동안 기다려주었다. 이윽고 간호사가 말했다. "미하엘은 행복하게 떠났어요. 핸드폰으로 실시간 방송을 보면서 몇 번이나 커다란 소리로 환호했어요. 무슨 일인가 살펴보려 제가 미하엘의 병실로 뛰어갔었어요. 그러다가 이분이 연기하는 모습을 미하엘과 함께 몇 분 동안 지켜보았답니다. 정말로 좋은 연기였어요." 간호사가 카를을 쳐다보았다.

카를이 마음속으로 생각했다. '미하엘이 죽었는데 그게 다 무슨 소용이야?'

간호사가 말을 이었다. "미하엘이 편지를 한 장 남겼어요." 간호사가 가운 주머니에서 봉투를 하나 꺼내 카를에게 건네주었다. 그런 후 공감 어린 얼굴로 세 사람의 팔을 차례차례 쓰다듬어주고 나서 자리를 떠났다.

　카를은 봉투를 열어보지 않고 그냥 손에 쥐고 있었다. 봉투의 겉면에는 아이다운 필체로 다음과 같이 적혀 있었다.

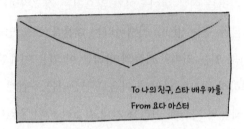

To 나의 친구, 스타 배우 카를,
From 요다 마스터

　카를은 마음이 쓰라렸다. 어린 친구가 떠올라 마음이 한없이 슬프면서도, 아주 많이 따스해졌다. 잠시 후 그는 봉투를 열어 편지를 꺼내 나지막한 목소리로 읽어 내려갔다.

내 친구에게,

형이 슬퍼하는 모습이 내 눈에 훤하게 보여요. 나는 형이 슬퍼하지 않았으면 좋겠어요. 내 말 듣고 있지요? 슬퍼하지 말아요. 지금 내가 있는 곳은 아주 쿨한 곳이니까요.

"슬퍼하는 사람은 이기적이다. 단지 자신만을 생각하는 사람이다." 마크가 이렇게 말했었지요. 맞아요. 이건 나의 죽음이에요. 따라서 내가 결정하는 거지요. 그러니까 슬퍼하지 말고 그냥 나를 기억해줘요. 그리고 날 위해 기뻐해줘요!

나는 형을 잘 알아요. 지금 형은 아마 이렇게 생각할 거예요. '그래도 나는 슬퍼. 이렇게 슬픈 생각이 드는 건 내가 바꿀 수가 없어.'

그건 바보 같은 말이에요. 형은 그걸 바꿀 수 있어요. 형은 배우잖아요! 그 것도 내가 지금까지 본 배우 중에서 최고의 배우예요. 그러니까 지금 보여주세요. 그리고 잊지 마세요. 나는 형을 볼 수 있어요. ☺

그래요, 형은 날 위해 기뻐해줘야 해요.

이제 나는 우주 최강의 축구팀으로 들어갈 거니까요. 오랫동안 기다려 온 일이에요. 이제 때가 되었어요. 내가 축구하는 모습을 사진으로 찍어서 형에게 몇 장 보내주고 싶어요. 형은 내가 아주아주 자랑스러울 거예요. 내가 형을 자랑스러워한 것처럼요.

나는 그 팀에서 한동안 축구를 할 거예요. 아주 재미있을 거예요. 정말로 신나게 지낼 거예요.

형, 그거 알아요? 이렇게 한동안 이곳에서 지내고 나서 나는 다시 돌아갈 거예요.

아마 지금 형은 이걸 불가능한 일이라고 생각하겠지요. 하지만 난 알아요. 왜냐하면 나는 이런 꿈을 여러 번 꾸었거든요. 맞아요! 나는 돌아갈 거예요.

그리고 나는 돌아가야 해요. 아직도 형은 두려움을 마음대로 통제하지 못하니까요. 그리고 나는 형, 안나, 마크와 함께 있을 때마다 항상 행복했거든요.

안나와 마크에게 안부 전해주세요.

다시 만날 때까지 안녕.
포스가 그대와 함께하기를,
요다 마스터

PS : 이건 내가 며칠 전에 써두었던 편지예요. 사람은 항상 대비를 해두어야 하니까요.

또 한 가지 할 말이 있어요. 실시간 동영상으로 형의 공연 봤어요. 정말 미쳤더라고요!!!!!! 완전 쩔던데요. 형 덕분에 너무 기뻤어요! 형은 나의 히어로예요! 태어나서 오늘처럼 기뻤던 날은 한 번도 없었던 것 같아요.

잠시 후에 간호사가 되돌아와서는 이렇게 말했다. "드릴 말씀이 한 가지 더 있어요. 혹시 모르시는 분이 있을 수도 있는데, 미하엘은 고아였어요. 그래서 여러분들이 미하엘과 함께해주셨던 것이 그만큼 더 중요했지요. 미하엘은 자주 말했어요. 안나와 카를이 자신의 엄마 아빠였으면 좋겠다고요. 그리고 마크 같은 할아버지가 있으면 좋겠다고 했어요."

잠시 후 세 사람은 감정이 북받쳐 오른 채로 미하엘이 지내던 병실에 들어갔다. 마크가 가장 먼저 마음을 추슬렀다. 카를은 마크가 어쩌면 저렇게 빨리 마음을 다잡을 수 있는지 알 수 없었다. 마크가 말했다. "미하엘이 제대로 설명해준 것 같아. 우리는 항상 죽음이 나쁜 거라고 생각하지. 죽음을 애도하는 마음에는 죽음에 대한 두려움이 잘 반영되어 있어. 하지만 어쩌면 죽음은 단지 빛을 향해 나아가는 한 걸음일 수도 있어."

카를이 생각에 잠긴 얼굴로 말했다. "미하엘의 편지를 받기 전까지 좌절감에 마음이 터질 것만 같았어요. 이렇게 자문해보았죠. 미하엘이 죽었는데 주인공이 무슨 소용이냐고……. 인생이라는 대본을 쓰는 멍청이가 도대체 누구냐고."

"심리학자들은 이를 '비이성적인 의무감'이라고 부른다네." 마크가 대답했다. "사람들은 인생이……."

카를이 마크의 말을 가로막았다. "혹시 기계 아니세요? 아직도 지혜로운 문장들을 이야기할 힘이 남아 있나요? 전혀 슬프지도 않으세요?"

"미하엘이 세상을 떠날 거라는 사실을 나는 몇 달 전부터 알고 있었어." 마크가 아주 차분하고 진지하게 말했다. "이로 인해 오랫동안 슬펐지. 이를테면 슬픔을 앞당겨서 조금씩 감내해 왔다고 할까. 그럼에도 불구하고 분명히 오랫동안 이 슬픔을 곱씹을 수밖에 없을 거야. 나는 미하엘을 아주 좋아했거든."

"미안해요." 카를이 말했다. "저는 흥분하면 말도 안 되는 말을 해요. 좀 전에 저한테 '비이성적인 의무감'에 대해 설명해주려고 하셨지요." 카를은 마크가 슬픔을 떨치기 위해 의식적으로 이성적인 말과 행동을 한다는 것을 깨달았다.

"그렇지." 마크가 말했다. "비이성적인 의무감. 이 배후에는 인생의 위대한 지혜가 숨겨져 있다네. 많은 사람들은 삶 속의 모든 부분이 평탄해야만 자신이 행복할 수 있다고 여기지. 이들은 어떤 성공을 이루어냈을 때, 자신의 삶 속의 다른 중요한 부분들이 아무 문제가 없어야만 그 성공이 의미 있고 적절하다고 여기지."

"물론이죠. 그렇지 않으면 어떻게 그 성공을 즐길 수 있겠어요?" 카를이 말했다. "한 가지 재료가 상하면 케이크 전체가 맛이 없어지잖아요."

마크가 대답했다. "그 케이크 비유는 언뜻 보면 논리적인 말처럼 들리지만, 삶 속에서는 아주 비이성적인 말이라네. 우리 인간들에게 아무 문제도 없는 시간은 극히 드물어. 삶 속의 모든 부분이 완전히 평탄해야만 행복할 수 있다고 여기는 사람에게는 행복한 시간이 아주 드물지."

"하지만 인생에서 중요한 건 행복이잖아요." 카를이 반박했다. 카를은 이렇게 말하면서 자신이 이 상황에서 이런 대화를 주고받을 수 있다는 것에 놀랐다.

"그렇지, 많은 사람들이 그렇게 말하지. 하지만 지금까지 나의 경험에 비추어 보자면, 인생에서 단지 행복만을 추구하는 사람들은 결국 우울함을 느끼게 되어 있어. 내 생각을 말하자면, 행복만을 추구하기보다는 각자의 삶의 의미를 추구하는 편이 더 나아. 삶의 의미가 분명하면 자신감도 강해지지. 반면 끊임없이 행복해지려고만 하면 이것이 실현되지 않을 경우 자신감이 약해져. 그리고 자신이 루저라고 느껴지지."

"저는 자의식이 탄탄해지면 행복하고 멋진 삶을 살 수 있을 거라고 생각했어요." 카를이 의문을 제기했다.

"당연히 자의식이 없으면 행복하고 멋진 삶을 살기 힘들겠지." 마크가 대답했다. "그리고 반대로 자의식이 탄탄하면 올바르고 좋은 삶을 살기가 훨씬 쉬워지지.

하지만 자의식이 편안한 삶을 보장해주지는 않아. 자의식이 보장해주는 건 충만한 삶이지."

카를은 여전히 확신이 들지 않았다. 그가 말했다. "하지만 지금 우리에게 닥친 건 '조금 불편한 삶' 정도가 아니잖아요. 미하엘의 죽음은 대재앙이라고요."

"그건 자네가 인생에 어떤 의미를 부여하고자 하는지에 달려 있어. 물론 미하엘의 죽음을 대재앙이라고 부를 수 있지. 하지만 이와는 달리 부를 수도 있다네. 지금 당장 받아들이기는 쉽지 않겠지만, 내게 개인적으로 많은 도움이 된 죽음의 의미 하나를 자네에게 알려주려 해. 그것은 죽음을 삶의 일부로 보는 시각이라네. 삶과 죽음을 하나로 어우러진 것으로 보는 거지. 자의식이 분명하다는 말은 삶과 죽음이 하나로 이어진다는 사실을 안다는 의미이기도 해. 우리의 삶이 항상 죽음으로 끝나는 것만 보아도 이 같은 사실을 알 수 있지. 하지만 이처럼 삶과 죽음이 하나로 이어지기 때문에, 죽음은 우리에게 있어 최고의 멘토가 되기도 하지."

"우리의 멘토요?"

"그렇지. 언젠가 내가 죽는다는 생각을 하면, 누구든 자신의 삶을 더 잘 활용하고 싶어지지. 그러면 삶을 더 의미 있게 보내고 싶을 것이고 더 많은 의미를 부여하게 되지."

"무얼 가리켜 '의미'라고 하시는 건가요?" 카를이 물었다.

"우리가 뭔가 뜻깊은 일을 할 때, 그 일은 '의미'가 있지. 역으로 죽음이라는 것에 뜻깊은 의미를 부여하는 것도 좋아. 죽음이 죽음인 동시에 우리의 멘토라면, 우리가 더 이상 죽음을 대재앙이라고 느끼지만은 않을 테니까.

그러면 우리는 시간적으로 제한된 삶에 어떻게 의미를 부여할수 있을지 고민하게 되지. 그 열쇠는 자신의 재능을 인식하고 소중히 여기는 것이라네. 그리고 그것을 다른 사람들을 위해 사용할수 있도록 발전시키는 것이지. 예를 들어 미하엘의 남다른 재능은 두려움이 없다는 거였어. 미하엘과 함께 있을 때마다 나의 두려움이 작아졌어. 그것은 내게 커다란 의미가 있었지."

"맞아요." 카를이 마크의 말에 동의했다. "저한테도 그랬어요." 카를은 잠시 조용히 생각하더니 입을 열었다. "미하엘이 없었더라면 아마 저는 시범 공연 같은 건 절대 하지 않았을 거예요. 너무 두려웠거든요. 하지만 미하엘과 약속했기 때문에⋯⋯."

얼마 후 그가 이렇게 덧붙였다. "그래도 제 눈에는 미하엘의 죽음이 너무 쓸데없는 것처럼 느껴져요. 너무 잘못된 것 같아요. 자꾸만 '도대체 왜?'라는 의문이 들어요."

"거기에는 내가 답해줄 수 없네." 마크가 이해심 가득한 얼굴로 말했다. "단지 한 가지는 확실해. 자네는 자네의 삶에 관한 문제에 답해야 한다는 거. 미하엘의 삶이 아니라 자네의 삶에 관한 문제. 내 생각에 미하엘은 이 문제에서 자신에게 주어진 몫을 아주 잘 해냈어."

◆ ◆ ◆

세 사람은 오랫동안 미하엘을 애도했다. 각자 저마다의 방식으로. 애도가 이어지는 가운데 삶은 계속되었고, 여러 가지 일이 일어났다. 카를은 첫 번째 영화 촬영을 마쳤다. 그의 영화는 매우 성공적이었다. 모든 언론이 그를 조명했다. 조용히 앉아서 생각할 시간이 없을 정도로 분주해졌다.

안나와 카를은 함께 살기 시작했다. 처음에는 수시로 미하엘 생각이 났지만, 시간이 지나면서 두 사람 모두 그의 죽음과 화해를 했다.

몇 달 동안 카를은 보라색 노트에 대해 잊고 지냈다. 그러던 어느 날, 필요한 물건을 찾던 중 우연히 보라색 노트를 발견했다. 그 순간 그가 오랫동안 떨쳐버리려 애썼던 생각, 즉 보라색 노트에 기록된 글들과 노파에 관한 미스터리가 다시 떠올랐다.

그는 주차장에서 노파와 만났던 이야기를 안나에게 들려주었다. 그리고 보라색 노트에 적혀 있던 글들에 관해서도 이야기했다.

노파의 정체에 대해서는 그 자신도 100퍼센트 믿을 수는 없었지만, 그간 어느 정도 납득할 만한 설명을 찾아냈다. 즉, 자신의 무의식이 스스로를 돕고자 일종의 환상을 만들어냈다는 해석이었다. 세상에는 별의별 일이 다 있으니까. 카를은 이에 대해 마크와 이야기한 적이 있었다. 마크도 비슷한 경험이 있다고 했다.

카를은 이렇게 이야기를 맺었다. "하지만 보라색 노트에 관한 건 정말 설명할 길이 없어."

안나가 말했다. "나한테 그 노트 좀 보여줄래요?"

"물론이지." 카를이 안나에게 노트를 건네주었다.

안나는 오랫동안 노트를 넘기며 여러 글을 읽었다. "아주 지혜로운 메시지가 많이 적혀 있네요." 노트를 읽고 나서 안나가 결론지었다.

그러고 나서 안나는 뭔가가 떠오른 듯 이렇게 물었다. "여기 이 문장을 맞은편 빈 종이에 다시 한번 적어볼래요?"

카를은 영문도 모른 채 안나가 요청한 대로 했다.

안나는 이미 적혀 있던 문장과 새로 적은 문장을 번갈아 가며

보았다. 그리고 나서 그녀는 킥킥거리기 시작했다. 급기야는 커다란 소리를 내며 정신없이 웃기 시작했다. 카를은 왜 안나가 웃음을 터뜨렸는지 이상하기만 했다.

"카를, 이건 당신 필체예요!"

"당연하지. 조금 전에 내가 썼잖아." 카를은 안나가 무슨 말을 하려는지 전혀 감이 오지 않았다.

"두 문장 모두 당신 필체라고요." 안나는 노트의 페이지를 빠른 속도로 계속 넘기며 말했다. "모두 당신 필체예요. 모두 당신이 적은 거라고요."

카를은 그제야 안나의 말을 이해했다. 하지만 그 말은 별로 설득력이 없었다. 미심쩍은 점이 너무 많았다. 안나도 같은 생각이었다. 무엇보다도 카를은 자신이 어떻게 이런 지혜로운 문장들을 생각해낼 수 있었던 것인지, 그것이 이상했다.

마침내 두 사람은 결론을 내렸다. 이 미스터리적 사건을 깔끔하게 설명할 수는 없었다. 하지만 삶 속에서 정말로 도움이 필요해지면 이처럼 기적이 일어난다는 것이었다. 기적은 마법이 아니라, 자신들이 아직 설명할 수 없는 무언가라는 것이었다.

◆ ◆ ◆

카를과 마크의 관계는 점점 더 친밀해졌다. 두 사람은 서로 깊은 연대감을 느꼈다. 시간이 지날수록 카를은 나이 많은 친구 마크를 자신이 오래전부터 바라 왔던 아버지처럼 여겼다.

두 사람은 시간을 내 한결같이 만남을 가졌다. 시간이 지날수록 마크는 종래의 멘토 역할에서 조금씩 벗어났다.

물론 마크는 여전히 카를에게 이따금 메시지를 보냈다. 카를도 여전히 그 메시지들을 보라색 노트에 기록하며 모았다. 어느 날 그는 이런 메시지를 읽었다.

> 다시는 회복되지 않으리라는 생각이 들 만큼 힘든 상황이 있었는가?
> 이제 분명 당신은 미소 짓고 있을 것이다.
> 자신이 너무나도 멋진 사람이 되었다는 것에 자부심을 느낄 테니까.

카를은 빙그레 웃으며 고개를 끄덕였다. 그는 자신이 이토록 변하리라고는 꿈에도 생각지 못했다. 이제 그는 이상형인 여성과 함께 살고, 둘은 서로를 아주 많이 사랑했다. 그는 선망해 온 직업을 갖게 되었고, 마크와 같은 멋진 친구들이 있었다. 그리고 중요한 문제가 생기면 언제든 마크와 의논할 수 있었다.

카를에게는 이런 중요한 문제들이 이따금 생겼다. 마크와 같이 현명한 친구가 있다는 것은 우주가 내려준 선물이다. 마크는 자타가 공인한 브레인이다. 하지만 카를은 마크의 마음이 적어도 그의 머리만큼이나 품이 클 거라고 여겼다.

카를은 마크에게 새빨간 스웨터를 걸친 노파에 관해 이야기했다. "생각해보세요." 카를이 말했다. "그 노파를 한 번이라도 본 사람은 저밖에 없단 말이에요."

"그렇지 않아." 마크가 반박했다. "여러 해 전에 나도 그 노파를 만난 적이 있다네. 그 무렵의 일기장도 아직 갖고 있어. 그때부터 나는 일기장 없이는 살지 못한다네. '학습일기'에는 내가 배우고 습득한 모든 걸 적어두지. 그리고 '성공일기'에는 요즘도 내가 잘 해낸 크고 작은 일들을 빠짐없이 기록해둔다네."

카를이 말했다. "우리는 생각보다 비슷한 점이 많아요. 너무 쿨하고 명석하신 분이라 처음에는 저하고 비슷한 점이 있을 거라는 생각을 전혀 하지 못했어요."

"그럼, 비슷한 점이 많지. 예컨대 우리는 둘 다 무척 섬세하지."

"가끔 제가 지나치게 섬세하다는 생각이 들 때도 있어요." 카를이 자신의 고민을 털어놓았다.

"자네의 섬세함에 또 다른 의미를 부여해보게. 자네에게는 안테나가 아주 많아. 보통 사람들보다 훨씬 많지. 자네가 뛰어난 배우인 것은 그 때문이기도 해. 나도 무척 섬세하지만, 내게는 이런 점이 다른 모습으로 발현되지. 배우로서의 소질은 빵점일 거야. 그 대신 학자로서는 우수하지. 나의 안테나들은 어떤 주제로 연구해야 할지, 여러 연구 결과를 어떻게 규합할 수 있을지를 아주 빨리 알려준다네. 단, 남에게 설명하는 능력은 별로 좋지 않아."

"설명은 안나가 잘하지요." 카를이 유쾌하게 웃었다.

"바로 그거야. 그 부분이 아주 중요해. 우리 세 사람은 서로에게 부족한 부분을 아주 잘 채워주거든. 나는 자네 두 사람이 아주 좋아."

카를은 마크의 말에 기뻐하다가 진지한 얼굴로 말했다. "만일 우리가 서로 못 만났다면 저는 어떻게 되었을까요?"

"나는 이 세상에 우연이란 없다고 생각하네. 자네는 어쨌든 나를 만나지 않은가. 우리가 서로를 처음으로 알게 된 계기가 다소 특이하긴 했지만."

마크는 카를이 자신의 자동차를 들이받았던 일을 두고 이렇게 농담했다.

"자네가 물었지. 만일 우리가 만나지 못했더라면 지금 자네가 뭘 하고 있겠느냐고? 아마 자네는 인스타그램상에서 지혜나 격려의 메시지가 담긴 글을 둘러보았겠지.

그러고 나서 그 글을 쓴 저자를 찾았을 거고. 그 사람의 유튜브와 SNS를 구독했을 수도 있지. 그리고 그 사람의 세미나와 강연에 참석했을 거고. 마지막에는 그 사람과 직접 만났을 수도 있겠네.

나는 우리가 자신의 발전에 필요로 하는 사람들을 언제든 만날 수 있다고 생각해. 우리는 그들과의 관계를 구축할 수 있어. 이를 위해 유념해야 할 점 하나가 있지. 사람 사이에 일방적인 관계란 없다는 거야. 먼저 상대방에게 뭔가를 주어야 우리도 뭔가를 받을 수 있어."

"제가 드린 건 뭐죠?" 카를이 궁금해했다.

"나는 처음부터 자네가 좋았네. 자네와 가까이 있으면 항상 기분이 좋았어. 그것 자체가 이미 하나의 선물이지. 그리고 자네는 내 목숨을 구해주었지. 벌써 잊어버린 건가?"

카를은 정말로 그 사실을 잊고 있었다. 그는 마크와의 관계에서 자신이 받은 것이 준 것보다 훨씬 많다고 여겼다. 하지만 마크의 말은 사실이었다. 그는 마크의 생명을 구해주었다. 실상 그것은 작은 일이 아니었다.

마크는 또 다른 주제에 관해 이야기하고 싶어 했다. "아주 많은 사람들이 빈부격차가 너무 크고 점점 더 커져 간다고 말하지."

"그렇지 않은가요?"

"그건 사실이야." 마크가 확실하게 말했다. "하지만 그 격차가 어디에서 오는지, 그 이유를 묻는 사람은 없어. 그리고 그 격차가 근본적인 것인지 묻는 사람도 없지. 내가 하려는 말은, 빈부격차는 단지 결과일 뿐이라는 거야. 이런 격차가 발생하는 원인은 각자의 자의식의 정도가 차이 나기 때문이지. 세상에는 마치 주문이라도 외우듯 평생 스스로에게 '난 해낼 수 없어. 난 부족한 사람이야'라고 주절대는 사람들이 있어. '시커먼 나무'의 소리에 귀 기울이는 사람들이지. 결과적으로 이들은 스스로를 좋아하지 않고 자부심도 없어. 그래서 특정한 일을 시도할 엄두조차 내지 못하지.

자신의 두려움에게 백기를 들고 항복하고 말아.

그리고 세상에는 스스로 '난 해낼 수 있어. 나는 사랑받을 만한 사람이야. 나는 내가 누구이고 어떤 사람인지 알아'라고 말하는 사람들이 있어. 이들은 사랑의 길을 선택하지. 이들에게는 수많은 문이 활짝 열려 있어."

카를이 말했다. "저는 빈부격차의 원인이 교육에 있다고 항상 생각해 왔어요. 한쪽은 평생 배우고, 다른 한쪽은 그렇지 않으니까요."

"그것 또한 하나의 결과일 뿐, 원인이 아닐세." 마크가 대답했다. "자의식이 없는 사람이 뭣 하러 뭔가를 배우겠는가? 그런 사람은 그냥 이렇게 말하고 말겠지. '뭘 배워도 나한테는 소용없어. 변하는 건 없을 테니까. 그리고 어차피 알아듣지도 못해. 뭔가를 배울 바에야 차라리 재미있는 거나 하며 시간을 보낼 거야."

"하지만 재미있는 걸 하는 것이 바람직하지 않나요?" 카를이 의문을 제기했다.

"재미만 좇는 삶은 공허하지. 반면 자신의 열정이 무엇을 향하고 있는지 알면 충만한 삶을 살 수 있어. 자의식이란 자네가 진정으로 좋아하는 것이 무엇인지 안다는 의미이기도 해. 그것을 알면 자네가 진정으로 누구인지, 어떤 사람인지 인식하게 되니까."

카를은 마크의 말을 한참 동안 생각해보고 나서 이렇게 말했다. "지난 몇 달 동안 엄청나게 많은 것을 배웠다는 기분이 들어요. 저를 만나자마자 해주셨던 말, 자의식 없이는 행복하고 성공적인 삶을 살 수 없다는 말, 그 말이 옳았어요."

"자네가 '난 해낼 수 없어'라고 생각하든, '난 해낼 수 있어'라고 생각하든, 자네는 항상 옳아." 마크는 카를이 잘 알고 있는 문구를 인용하고 나서 이렇게 설명했다. "'끌어당김의 법칙'에 따르면 우리 주변 모든 것이 자네가 옳다는 것을 명백히 증명한다네."

카를이 고개를 끄덕이며 동의했다. "저한테 처음에 뭐라고 물어보셨는지 기억하세요? '자네는 스스로를 좋아하는가? 자네는 스스로가 자랑스러운가?'라는 질문에 당시 저는 굉장히 당황했어요. 하지만 이제는 분명하게 대답할 수 있어요. '네, 저는 제가 좋아요. 그리고 저는 제가 자랑스러워요.'"

마크는 카를의 말에 진심으로 기뻐하며 축하해주었다.

"스스로가 자랑스러우신가요?" 카를이 나이 많은 친구에게 물었다.

"물론이지. 왜냐하면 나는 자의식에 관한 한 세계 최고의 전문가거든." 마크가 이렇게 말하고는 너털웃음을 터뜨렸다.

"그러면 수많은 재능과 능력 가운데 뭐가 제일 자랑스러우세요?"

"내게는 사람들로 하여금 나를 만나지 않았더라면 하지 않았을 일을 하도록 만드는 재능이 있어."

"맞아요." 카를이 마크의 말에 힘을 실어주었다. "그런데 그거 아세요? 처음 만났을 때 본인이 자의식에 관한 세계적인 전문가라고 소개하셨잖아요. 그때 저는 좀 거만한 분이라고 생각했어요."

"내 생각에 사람들은 자의식이 없을 때 거만해지는 경향이 있어. 엄밀히 보면 거만함 뒤에는 두려움이 숨겨져 있지. 거만함은 자의식의 반대편에 있어. 내가 발견한 중요한 지혜를 알려주고 싶네."

남들에게 고개를 숙이고 남들을 도와주기 힘들 만큼 커지지는 말라.
당신의 스승들이 누구였는지 기억하지 못할 정도로 이름을 날리지는 말라.
지는 것이 어떤 것인지 잊어버릴 정도로 대단한 승자가 되지는 말라.

카를은 마음 깊숙이 와닿은 이 문장들을 노트에 기록했다. 왜냐하면 그는 자의식을 키우고는 싶었지만, 결코 거만한 사람이 되고 싶지는 않았기 때문이다.

◆ ◆ ◆

그 후 몇 달은 쏜살같이 지나갔다. 안나와 카를은 서로에 대한 사랑을 만끽했고, 둘이 함께하는 삶을 만들어 가는 것이 무척 즐거웠다.

안나와 카를은 규칙적으로 실천해 온 의식들을 계속 고수했고,

그 의식들은 그들에게 많은 도움이 되었다. 카를은 자신의 멘탈이 점점 안정되어 가는 것이 느껴져 무척 기뻤다. 이제 그는 좀처럼 감정적으로 동요하지 않았다. 그렇다. 그는 여전히 예민했다. 때로는 두려움을 느낄 때도 있었다. 하지만 그의 자신감은 아주 커졌다. 그는 점점 자신의 삶을 능숙하게 이끌어 갈 수 있다는 확신이 분명하게 들었다.

그리고 카를은 자신이 혼자가 아니라는 걸 알고 있었다. 그의 곁에는 멋진 아내와 아버지 같은 친구, 마크가 있었다. 모든 것을 혼자서 해내야 할 필요도 없었다. 이런 확신은 그에게 매우 중요했고 더없는 안정감을 주었다.

마침내 안나와 카를은 결혼했다. 둘은 각자 오래전부터 꿈꿔 왔던 어느 해변으로 신혼여행을 갔다. 서로의 마음이 이런 부분에서도 일치하는 것을 보고 두 사람은 더없이 행복했다.

그들은 신혼여행을 만끽하고 자신들의 사랑을 자축했다.

낭만적인 저녁 식사를 하며 카를이 말했다. "나로서는 이보다 더 좋을 수 없어. 당신과 함께하는 삶은 무엇 하나 부족한 게 없어요. 여기에서 더 나아질 것이 없을 정도로……."

안나가 애정 어린 눈빛으로 그를 바라보았다. "그래요, 나도 너무 좋아요……."

그는 안나가 말을 제대로 맺은 것 같지 않은 느낌이 들어서 그녀를 계속 쳐다보았다. 하지만 안나는 더 이상 아무 말도 하지 않왔고, 카를은 안나의 의사를 존중했다. 그는 평소에도 안나에게 채근하는 법이 없었다. 카를은 안나가 바랄 만한 뭔가 멋진 것이 있을지 오랫동안 생각해보았지만, 결국 답을 찾을 수 없었다.

다음 날 두 사람은 해변에 앉아 어린아이가 둘 있는 젊은 부부를 지켜보았다. 네 사람이 함께 즐겁게 놀고 있었다. 그 순간 카를에게 문득 이런 생각이 들었다. '아, 바보같이 이런 생각도 못 하다니. 지금까지 안나와 함께 아이에 관해 한 번도 이야기해본 적이 없었구나!'

아이들을 지켜보는 아내의 모습을 보고 확신이 들었다. 안나에게는 또 하나의 꿈이 있었던 것이다.

카를은 안나에게 조용히 생각할 게 있다고 설명한 후, 혼자서 산책을 나갔다. 한참을 걷다가 야자수 아래에 앉아 지갑에서 미하엘의 편지를 꺼냈다. 카를은 그 편지를 항상 지니고 다녔다.

그는 마음속으로 자신의 어린 친구와 이야기를 나누었다. '난 네가 그곳에서 즐겁게 지내면 좋겠어. 분명히 너는 지금 우주 최강의 팀에서 축구를 하고 있을 거야. 그렇지?'

그의 시선이 편지의 한 문장에 계속 머물렀다. '이렇게 한동안 이곳에서 지내고 나서 나는 다시 돌아갈 거예요.'

◆ ◆ ◆

그날 저녁 카를은 특별히 낭만적인 저녁 식사를 준비했다. 그는 안나에게 지금보다 더 행복해질 일이 있을 거라는 사실을 알려주려 했다.

식사 후 그가 말했다. "오늘따라 미하엘 생각이 많이 나더군요. 당신은 뭔가를 간절히 소망하면 이루어진다는 말을 믿나요?"

"당연하지요. 우리가 지금 직접 경험하고 있잖아요."

"하지만 사람이 죽고 나서도 그 소망이 이루어질까? 이 세상을 떠난 사람이 다시 돌아올 수 있을까?" 카를이 물었다.

"그럴 수도 있지 않을까요?" 안나가 생각에 잠긴 얼굴로 말했다. "어떻게 하면 돌아올 수 있을지, 그 방법은 잘 모르겠지만."

"내게 아주 좋은 생각이 있어요. 나는 긍정적인 의식의 힘을 믿어요."

"도대체 무슨 의식을 말하는 거죠?" 안나가 물었다.

카를은 사랑이 듬뿍 담긴 눈빛으로 안나를 바라보았다. "아주 특별한 의식……."

안나는 한참 동안 카를의 눈을 쳐다보고 나서 그제야 카를이 무슨 말을 하려는지 알아들었다.

카를이 안나의 귀에 속삭였다. "난 해낼 수 있어."

9개월 후 두 사람에게는 아들이 하나 생겼다. 그들은 아들에게 미하엘이라는 이름을 지어주었다. 카를은 갓 태어난 아들에게 작은 축구공을 선물해주었다.

마크는 아기 미하엘의 대부가 되었다. 몇 주 후 마크는 이 젊은 가족에게 자신이 오래전에 사두었던 집을 보여주었다. 안나와 카를의 마음에 쏙 드는 집이었다. 그때 마크가 말했다. "이곳에 나를 가끔 초대해주면 고맙겠네."

안나와 카를은 처음에는 마크의 말을 이해하지 못하다가 몇 초 후에야 그의 말을 알아들었다. 그 집은 그들을 위한 마크의 선물이었다. 두 사람은 정중하게 사양했지만, 마크는 이렇게 말했다.

"내가 이 집을 구입했을 때만 하더라도 딱히 그 용도가 떠오르지 않았다네. 그런데 이제는 알겠어. 이 집은 자네들에게 아주 적합해. 정원 뒤쪽에는 작은 골대 두 개가 이미 설치되어 있던데. 혹시 모르지⋯⋯." 대부가 된 마크가 사랑스러운 눈길로 자신의 어린 대자를 바라보며 말했다. "내 눈에는 아주 탁월한 축구선수가 될 자질이 벌써부터 보이는데."

카를이 마크를 꼭 껴안았다. 마치 인자한 아버지와 껴안고 있는 것 같은 기분이 들었다.

안나와 카를은 아기 미하엘의 방 벽에 아름답고 밝은 나무의 그림을 걸었다. 두 사람은 이 나무가 미하엘에게 말을 걸 거라는 것을 알고 있었다. 그리고 미하엘을 위해 알록달록한 예쁜 노트를 하나 마련했다. 두 사람은 아기 미하엘과 보내는 아름다운 순간들을 모두 그 노트에 기록했다.

아기 미하엘은 '난 해낼 수 있어'라는 탄탄한 자의식을 지니고 쑥쑥 자라날 것이다.

카를에게는 가끔 이제 자신은 스타가 되었지만, 여전히 평범한 사람처럼 느껴진다는 생각이 들 때가 있었다. 그냥 상당히 연기를 잘하는 평범한 사람.

이에 대해 마크가 설명해주었다. "유명한 스타들도 지극히 평범한 사람들이지. 단, 자신이 아주 좋아하고 아주 잘하는 일에 집중하는 용기가 있는 사람들, 자신이 사랑하는 일에 도전할 만큼의 자의식을 키운 사람들이지."

카를은 만일 자신이 그 세 가지 질문에 대해 치열하게 고민하지 않고 그 대답을 찾지 않았더라면 지금의 삶이 주어지지 않았으리라는 것을 확신했다.

그리고 이러한 과정이 결코 끝나지 않으리라는 것 또한 잘 알고 있었다.

그는 책을 한 권 쓰기로 결심했다. 이 세 가지 질문에 대해 고민할 준비가 된 사람들에게 '나는 아주 멋진 삶을 새로이 펼쳐 갈 자격이 있어'라는 확신을 줄 수 있는 책을 쓰기로 마음먹었다.

그는 형용하기 힘든 이 강력한 감정을 많은 사람들이 경험할 수 있도록 돕고 싶었다.

난 해낼 수 있어.

감사의 말

나는 해낼 수 있다. 나는 이에 대한 확신이 있다. 한 가지 확실한 사실이 있다. 내가 많은 것을 잘 해낼 수 있는 이유는 내가 혼자가 아니기 때문이다. 내 곁에는 더없이 소중한 사람들이 있다. 매일 아침 나는 조용히 '아침 의식'을 반복하면서 이들에게 감사한다. 정말로 매일 아침마다.

이 자리를 빌어 나는 나의 삶을 좀 더 수월하게, 좀 더 아름답게, 좀 더 밝게 만들어주는 모든 이들에게 감사의 마음을 전하고 싶다. 그리고 이 책이 나올 수 있도록 애써준 모든 이들에게 감사의 마음을 전하고 싶다. 그 이름들을 떠올려보자면…….

나의 아내 임케, 내가 지금까지 만난 이들 중 가장 아름다운 사람이자 내 인생의 동반자. 내가 이 책에 온전히 집중할 수 있도록 배려해준 나의 아내에게 감사의 마음을 전하고 싶다.

나의 개인 비서 리자는 내가 나의 일에 매진할 수 있도록 다른 모든 일을 도맡아 처리해준다. 이 세상 어디에서도 찾아보기 힘든 유능한 비서 리자에게 감사의 마음을 전한다.

이 두 여성은 이 책의 첫 장을 가장 먼저 읽어보고 나에게 소중한 피드백을 주었다. 평소 냉철한 비평을 해주는 두 여성의 응원에 힘입어 이 책을 완성할 수 있었다.

보도 섀퍼 아카데미의 경영진 아니카, 스벤, 아드난, 네르민에게도 감사의 마음을 전한다. 이들이 아카데미를 이끌어준 덕분에 나는 여러 강의와 저술에 매진할 수 있었다.

아울러 아카데미의 모든 부서 전 직원에게 감사의 마음을 전한다. 이들과 함께 일하는 것은 나의 크나큰 즐거움이며, 이들은 나의 자랑거리다.

이 책의 원고를 읽자마자 출간을 결정해준 슈테판 요스에게도 감사의 마음을 전한다. 그가 보내준 첫 피드백을 나는 영원히 잊지 못할 것이다. 나의 특이한 아이디어에 항상 귀 기울여주며 나를 든든하게 지원해주는 편집자 카타리나 페스트너에게도 감사의 마음을 전한다.

나의 사랑하는 자녀들, 제시, 미구엘, 말론은 남다른 아버지의 인생 여정을 이해해주고 사랑해준다. 이들이 자라는 모습을 지켜보며 더없는 기쁨과 자부심을 느낀다. 무엇을 하려고 마음먹든, 잘 해낼 수 있을 것이다. 항상 내 곁에서 소중한 조언을 아끼지 않는 친구들, 발터, 볼프강, 크리스, 크리스티안, 호세에게도 감사의 마음을 전한다.

나의 조언자이자 코치 디터에게도 감사의 마음을 전한다.

마지막으로 나에게 다양한 가르침을 준 모든 작가, 사상가, 행동가들에게 감사의 마음을 전한다. 마크 오웰, 에픽테토스, 세네카 등, 나는 이들이 후대에 남긴 소중한 정신적 유산을 나의 방식으로 재현했을 뿐이다.

그리고 80만 명이 넘는 나의 SNS(유튜브, 인스타그램, 페이스북, 틱톡) 팬들에게도 감사의 마음을 전한다. 이들이 없었더라면 이 모든 것이 불가능했을 것이다. 지금까지 내게 보내준 이들의 수많은 피드백에 감사한다. 우리가 모두 함께 하나로 어우러질 때, 우리는 이 세상을 조금 더 아름답게 만들 수 있다. 우리는 해낼 수 있다!

나는 왜 이 책을 썼는가?

아마 독자들께서도 짐작하셨겠지만, 이 책에서 카를이 체험한 일들은 저자인 나 역시 똑같이 거치며 배워야 했던 일들이다. 나는 배우는 아니지만, 이 책에 담긴 중요한 교훈들은 모든 사람들에게 해당된다. 나 또한 태어날 때부터 자의식이 탄탄하지는 않았다. 나는 자의식을 의식적으로 습득해야만 했다. 내가 이제 나의 스토리를 이야기하는 동안, 당신은 내가 어떤 과정을 거치며 자의식을 키워 왔는지 알게 될 것이다.

이제 당신의 길은 어떻게 이어질까?

스물여섯 나이에 나는 파산했다. 고액의 채무가 있었을 뿐만 아니라, 과체중이었고, 어떤 에너지도, 뭔가를 해보려는 동기도, 추진력도 없었다. 무엇보다도 나는 실패를 다루는 법을 몰랐다. 나는 유약한 사람이었다.

당시 나는 대학생 신분으로 보험을 판매했다. 결혼을 일찍 한 상태에서 분수에 넘치는 생활을 했고, 빚이 매우 많았다. 보험 판매로 번 돈은 내게 아주 중요했다. 우리에게는 그 돈이 필요했다.

어느 날 나는 상당한 계약을 성사시키고 이로 인해 지급될 커

미션을 기대하고 있었다. 그런데 그 고객이 계약을 취소해버렸다. 나는 마치 온몸에서 에너지가 빠져나가고 마비라도 된 것 같이 아무것도 할 수가 없었다. 커미션으로 받게 될 수입은 이미 마음속으로 용도를 다 정해둔 상태였다. 계약 취소 통보를 듣고 처음에는 극심한 상실감을 느꼈고, 점점 공허함이 밀려왔다. 더 이상 무언가를 추진할 힘이 없었다.

이 순간 당연히 나에게는 힘과 동기가 필요했을 것이다. 전화기를 손에 들고 새로운 미팅 일정을 잡기 위해서. 그래야만 다시 돈을 벌 수 있을 테니까. 하지만 나는 그렇게 하지 못했다. 나는 자신이 너무나 유약하게 느껴졌다. 좌절이 극에 달한 상태였다. 실제로 이 상태는 사흘 동안 지속되었다. 이 사흘 동안 나는 아무것도 할 수가 없었다.

나는 내가 너무나도 불쌍했다. 그래서 다음과 같은 결론에 이르렀다. 나는 너무나도 유약해. 나는 해낼 수 없어. 나는 위너가 될 타입이 아니야.

다행히도 나는 나의 '마크', 나의 코치 피터를 만났다.

나는 그에게 전화를 걸어 나의 좌절에 관해 이야기했다. "나는 너무 유약해요." 그에게 이렇게 말했다.

나의 코치는 이렇게 반박했다. "당신은 유약한 존재가 아니고, 단지 스스로 유약하다고 느낄 뿐이에요."

"그게 그 소리지요." 내가 대답했다.

"그렇지 않습니다." 나의 코치가 말했다. "그 둘은 아주 다릅니다. 자신의 감정을 자신의 존재와 혼동해서는 안 됩니다. 왜냐하면 감정은 수시로 변하니까요."

나는 그의 말을 이해하지 못했다. 하지만 사흘이 지나고 다시 고객과의 미팅 일정을 잡을 수 있을 정도로 회복되었다. 나는 이 소식을 나의 코치에게 알렸다. 그러자 그가 이렇게 말했다. "아, 갑자기 더 이상 유약하지 않은 사람이 된 건가요?"

내가 대답했다. "그게 아니라, 이제 저 스스로 유약하다고 느껴지지 않아요."

그 순간 나는 망치로 머리를 한 대 맞은 것 같았다. 갑자기 나는 다음과 같은 사실을 깨우쳤다. 내 코치의 말이 옳았던 것이다. 나는 유약한 존재가 아니었다. 단지 나는 수시로 내가 유약하다고 느꼈을 뿐이었다.

코치는 잠시 후 이렇게 말했다. "이제 당신은 자신의 감정을 다루는 법을 배워야 합니다. 감정을 다룰 줄 알게 되면, 당신이 필요한 만큼의 에너지를 얻을 수 있습니다. 그러면 당신이 원하는 만큼의 추진력과 동기도 생길 겁니다. 이 모든 것들은 당신의 감정에 달려 있으니까요."

그때까지 나는 내게 추진력이 부족한 것을 나의 감정과 연계시켜 생각해본 적이 없었다. 하지만 그때부터 나는 내 코치의 도움을 받으며 나의 감정을 인식하고 조절하기 시작했다.

그로부터 얼마 후 나는 좌절과 낙담에 빠져 있는 시간을 단축하는 데 성공했다. 처음에는 사흘 내내 아무것도 하지 못하고 낙담한 채로 있었는데, 그 시간이 반나절로 줄어들었고, 그다음에는 세 시간으로, 30분으로 짧아졌다. 최종적으로는 정말로 참담한 실패도 3분 정도가 지나면 깨끗하게 잊을 수 있게 되었다.

거절, 실패, 실수, 비판은 더 이상 나를 뒤흔들지 못한다. 오히려 그 반대다. 이제 나는 거절, 실패, 실수, 비판을 발판 삼아 이들을 새로운 힘을 낼 계기로 만들어버릴 방법을 찾아냈다. 얼마 전까지만 해도 나를 뒤흔들었던 것들은 이제 나를 더욱 강하게 만들어주었다.

해야 할 일을 예전처럼 미루지도 않았다. 이제 내가 하려고 했던 일들, 그리고 해야 하는 일들을 하고자 하는 마음이 생겼다. 나는 배워야 할 것이 있으면 배웠고, 더 강해졌고, 얼마 지나지 않아 수입도 점점 더 많아졌으며, 빚을 갚았고, 부를 쌓아 갔다. 감정을 조절하는 법을 더 많이 익힐수록, 내게는 더 많은 에너지와 추진력이 생겼다. 그로부터 4년 후 나는 재정적으로 자유로워졌다.

하지만 돈이 많아진 것이 전부가 아니었다. 이보다 더 중요한 것은 정서적으로 자유로워진 것이었다. 나는 감정을 조절하는 법을 배웠다. 그리고 나 스스로를 강하고, 의욕이 있고, 밝고, 에너지가 넘치는 사람, 즉, 내가 원하는 모습의 사람이라 느끼는 법을 배웠다.

당신은 한 걸음씩 당신의 자의식을 구축해 가고, 이로써 자신의 꿈을 이루는 사람이 되고자 하는가? 스스로 동기를 부여하고 자신의 목표를 이루는 사람이 되고자 하는가?

카를은 코치이자 멘토가 곁에 있었기 때문에 짧은 시간 내에 그토록 많은 것을 이루어낼 수 있었다. 나의 경우도 마찬가지였다. 나의 코치도 적절한 동력, 내게 필요한 도구, 그리고 도움을 내 손에 쥐어주었다. 멘토가 없으면 같은 성과를 내기가 훨씬 어렵다. 성공한 사람 중 멘토가 있는 경우가 80% 이상인 것도 이 때문일 것이다.

이제 내가 당신의 코치가 되어 당신이 자의식을 구축하고 정서적으로 자유로워지도록 도와주고자 한다. 왜냐하면 나는 당신이 어떤 고정관념을 갖고 있든지 간에 자신의 감정을 조절하는 법을 배울 수 있다고 확신하기 때문이다.

몇 주 이내에 당신은 낙천주의, 유쾌함, 자기애가 넘치는 삶을 사는 사람이 될 수 있다. 이에 필요한 과정을 걸어가는 동안 나는 당신의 곁에서 도움이 되고 싶다.

나는 해낼 수 있다

1판 1쇄 발행 2023년 1월 26일

저　　　자 보도 섀퍼
옮 긴 이 박성원
발 행 인 유재옥

본 부 장 조병권
담 당 편 집 김혜연
편 집 1 팀 김준균 김혜연
편 집 2 팀 정영길 조찬희 박치우 정지원
편 집 3 팀 오준영 이해빈
편 집 4 팀 전태영 박소연
디 자 인 김보라 박민솔
표지디자인 곰곰사무소
라 이 츠 김정미 맹미영 이승희 이윤서
디 지 털 박상섭 김지연
발 행 처 (주)소미미디어
발 행 등 록 제2015-000008호
주　　　소 서울시 마포구 토정로 222, 403호(신수동, 한국출판콘텐츠센터)
판　　　매 (주)소미미디어
제 작 처 코리아피앤피
영　　　업 박종욱
마 케 팅 한민지 최원석 최정연
물　　　류 허석용 백철기
전　　　화 편집부 (070)4164-3960, (070)8822-2302 기획실 (02)567-3388
　　　　　판매 및 마케팅 (070)4165-6888, Fax (02)322-7665

ISBN 979 -11-384-1586-6 (03190)